PRENTICE HALL

Realidades 1

para hispanohablantes

PEARSON
Prentice Hall

Needham, Massachusetts
Upper Saddle River, New Jersey

ISBN-13: 978-0-13-322589-1

ISBN-10: 0-13-322589-5

PEARSON

2 3 4 5 6 7 8 9 10 V069 16 15 14 13

TABLA DE MATERIAS

Nota para los padres

¡Felicidades! Ustedes han comprendido la importancia de que su hijo o hija estudie español y lo (la) han animado a hacerlo. Con su ayuda, su hijo o hija logrará ser completamente bilingüe. El ser completamente bilingüe, el saber hablar, leer y escribir correctamente dos idiomas, va a aportarle muchos beneficios a su hijo o hija. Es importante que ustedes estén al corriente de los progresos que su hijo o hija realiza en español y que en todo momento lo (la) apoyen y lo (la) animen a continuar estudiando.

Estrategias para que sus hijos mejoren su español

Ustedes, como hispanohablantes, pueden ayudar muchísimo a mejorar el nivel de español de su hijo(a):

- corrigiendo en una forma positiva los errores que su hijo(a) cometa al hablar o escribir en español y felicitándolo(a) por sus progresos.
- asegurándose de que su hijo(a) comprende bien las palabras que usa en español. Pedirle a su hijo(a) que explique en español qué significa alguna palabra que él (ella) usa a menudo, es un ejercicio divertido y muy útil.
- enseñando a su hijo(a) palabras nuevas en español. Ustedes pueden ayudar a aumentar el vocabulario de su hijo(a) diciéndole qué otras palabras pueden usarse para decir algo.

Su hijo(a) conoce el español y la herencia cultural de su país de origen a través de ustedes, por eso es importante que sienta que ustedes valoran su idioma y su cultura. Con su actitud, ustedes pueden transmitirle a su hijo(a) el amor a un idioma y una herencia cultural tan rica. El conocer a fondo dos idiomas y dos culturas diferentes hará de su hijo(a) una persona más abierta y comprensiva, al mismo tiempo que le dará una mayor agilidad mental. Todo lo cual le será muy útil tanto durante sus estudios actuales como en sus estudios y en sus trabajos futuros y le proporcionará mayor seguridad en sí mismo(a).

Por todo esto, es muy importante no sólo que continúen usando el español en su vida diaria, sino que también se propongan ayudar a su hijo(a) a mejorar el español que ya saben y animarlo(a) para que siga estudiando y aprenda a escribirlo correctamente. A continuación, les presentamos algunas ideas para que siga animando a su hijo(a) a estudiar español y contribuya al éxito de su hijo(a) en sus estudios.

Consejos para ayudar a su hijo o hija a tener éxito en sus estudios de español

- ***Hablen en español.*** Usen el español para comunicarse entre sí y con sus hijos y familiares en la casa.
- ***Escriban en español.*** Cuando escriban notas para sus hijos, háganlo en español. Al principio pueden usar el español para notas sencillas, como por ejemplo: "Hay torta en el refrigerador. Besos, Papá". Con el tiempo, sus hijos comenzarán a responder a sus notas y a crear las suyas propias en español. También, ayude a su hijo(a) a escribir una carta o un mensaje de correo electrónico en español a un familiar. Si es posible, anime a su hijo(a) a mantener correspondencia con un familiar de su misma edad en su país de origen.
- ***Lean en español.*** Den ejemplo a sus hijos leyendo en español delante de ellos. Lean en voz alta cuentos, historias, artículos, etc. que ustedes sepan que pueden ser interesantes para sus hijos. Tengan en casa materiales de lectura apropiados a la edad y los intereses de sus hijos. Cuando su hijo(a) lea en español, hable con él (ella) sobre lo que leyó, lo que entendió y lo que más le gustó o le llamó la atención de la lectura.
- ***Repasen las tareas escolares juntos.*** Dediquen un tiempo del día o de la semana para repasar las tareas escolares de español con su hijo(a). Así le demostrarán a su hijo(a) que el español es importante para ustedes. También, al repasar la tarea juntos surgirán preguntas y comentarios sobre el español y sobre la cultura de los países hispanohablantes, que ustedes podrán responder ampliando los conocimiento de su hijo(a) sobre su herencia cultural.
- ***Mantengan viva la cultura y las tradiciones de su país de origen.*** Cuéntenle a su hijo(a) historias de su país de origen y muéstrenle fotografías de allí; cocinen platos típicos; jueguen con su hijo(a) a juegos tradicionales; enséñenle bailes típicos de su país. Si es posible, celebren algunas fiestas tradicionales de su país, si no, al menos recuerden el día con historias y recuerdos de cómo celebraban esas fiestas en su tierra natal. De esta forma su hijo(a) conocerá y apreciará toda su herencia cultural.
- ***Vean películas en español.*** Si donde ustedes viven hay una gran comunidad hispana, sin duda habrá algún videoclub o alguna biblioteca en donde se pueden encontrar películas en español. Si es posible, busquen películas en este idioma y véanlas y coméntenlas en familia.
- ***Mantengan una actitud positiva y abierta.*** Es importante que su hijo(a) sepa que puede contar con su apoyo en sus estudios de español y que puede comentar con ustedes temas relacionados con su país de origen.

Go Online
PHSchool.com

Códigos Web para *A primera vista* y *Manos a la obra*

Aquí están los códigos Web de *A primera vista* y *Manos a la obra* de *Realidades 1.* Estos códigos se pueden usar para acceder a prácticas adicionales de los puntos siguientes que se presentan en *Realidades para hispanohablantes, Nivel 1.*

Acceso a materiales Online:

- Ir a www.PHSchool.com.
- Introducir el código Web.
- Hacer clic en "Go!".

Capítulo	*A primera vista*	*Manos a la obra*
Para empezar	jcd-0001: Nombres jcd-0002: Los números jcd-0003: El cuerpo jcd-0004: La sala de clases	
Capítulo 1A	jcd-0101: Práctica de vocabulario jcd-0102: Práctica de vocabulario	jcd-0103: Infinitivos jcd-0104: Negaciones jcd-0105: Expresar acuerdo o desacuerdo
Capítulo 1B	jcd-0111: Práctica de vocabulario jcd-0112: Práctica de vocabulario	jcd-0114: Concordancia de los adjetivos jcd-0113: Artículos definidos e indefinidos jcd-0115: Posición de los adjetivos
Capítulo 2A	jcd-0201: Práctica de vocabulario jcd-0202: Práctica de vocabulario	jcd-0203: Pronombres personales jcd-0204: Verbos terminados en *-ar*
Capítulo 2B	jcd-0211: Práctica de vocabulario jcd-0212: Práctica de vocabulario	jcd-0214: *Estar* jcd-0213: Plurales
Capítulo 3A	jcd-0301: Práctica de vocabulario jcd-0302: Práctica de vocabulario	jcd-0303: Verbos terminados en *-er* e *-ir* jcd-0304: *Me gusta(n)/Me encanta(n)*
Capítulo 3B	jcd-0311: Práctica de vocabulario jcd-0312: Práctica de vocabulario	jcd-0313: El plural de los adjetivos jcd-0314: *Ser*
Capítulo 4A	jcd-0401: Práctica de vocabulario jcd-0402: Práctica de vocabulario	jcd-0403: *Ir* jcd-0404: Preguntas
Capítulo 4B	jcd-0411: Práctica de vocabulario jcd-0412: Práctica de vocabulario	jcd-0413: *Ir* + *a* + infinitivo jcd-0414: Jugar
Capítulo 5A	jcd-0501: Práctica de vocabulario jcd-0502: Práctica de vocabulario	jcd-0504: *Tener* jcd-0505: Adjetivos posesivos
Capítulo 5B	jcd-0511: Práctica de vocabulario jcd-0512: Práctica de vocabulario	jcd-0513: *Venir* jcd-0514: *Ser* y *estar*

Capítulo	*A primera vista*	*Manos a la obra*
Capítulo 6A	jcd-0601: Práctica de vocabulario jcd-0602: Práctica de vocabulario	jcd-0603: Hacer comparaciones jcd-0604: Superlativos jcd-0605: Verbos con cambio en el radical: *o* ⟶ *ue*
Capítulo 6B	jcd-0611: Práctica de vocabulario jcd-0612: Práctica de vocabulario	jcd-0613: Mandatos afirmativos con *tú* jcd-0614: El presente progresivo
Capítulo 7A	jcd-0701: Práctica de vocabulario jcd-0702: Práctica de vocabulario	jcd-0704: Verbos con cambio en el radical: *e* ⟶ *ie* jcd-0703: Adjetivos demostrativos
Capítulo 7B	jcd-0711: Práctica de vocabulario jcd-0712: Práctica de vocabulario	jcd-0713: Pretérito de los verbos terminados en *-ar* jcd-0714: Pretérito de los verbos terminados en *-car* y *-gar* jcd-0715: Pronombres de objeto directo
Capítulo 8A	jcd-0801: Práctica de vocabulario jcd-0802: Práctica de vocabulario	jcd-0803: Pretérito de los verbos terminados en *-er* e *-ir* jcd-0804: El pretérito de *ir* jcd-0805: La *a* personal
Capítulo 8B	jcd-0811: Práctica de vocabulario jcd-0812: Práctica de vocabulario	jcd-0813: Presente de *decir* jcd-0815: Pronombres de objeto indirecto jcd-0814: Pretérito de *hacer* y *dar*
Capítulo 9A	jcd-0901: Práctica de vocabulario jcd-0902: Práctica de vocabulario	jcd-0903: *Acabar de* + infinitivo jcd-0904: Verbos como *gustar*
Capítulo 9B	jcd-0911: Práctica de vocabulario jcd-0912: Práctica de vocabulario	jcd-0913: Verbos con cambio en el radical: *e* ⟶ *i* jcd-0914: *Saber* y *conocer*

Códigos Web para los archivos de audio en español

Go Online PHSchool.com
For: Audio files
Visit: www.PHSchool.com
Web Codes: See below.

Mientras aprendes español es muy útil que practiques tanto como puedas tus habilidades para escuchar. Para ayudarte a hacerlo puedes visitar www.PHSchool.com y descargar electrónicamente documentos auditivos que puedes escuchar en tu propio reproductor o en tu computadora. Sólo tienes que usar el código Web *(Web Code)* correcto de esta lista para indicar la sección del capítulo en la que estás trabajando y así podrás ver un menú que contiene una lista de todos los documentos disponibles. Descarga los que quieras. Mientras más escuches, ¡más pronto aprenderás!

Capítulo	*A primera vista*	*Manos a la obra*	*Repaso*
Para empezar			jcd-0099
Capítulo 1A	jcd-0187	jcd-0188	jcd-0189
Capítulo 1B	jcd-0197	jcd-0198	jcd-0199
Capítulo 2A	jcd-0287	jcd-0288	jcd-0289
Capítulo 2B	jcd-0297	jcd-0298	jcd-0299
Capítulo 3A	jcd-0387	jcd-0388	jcd-0389
Capítulo 3B	jcd-0397	jcd-0398	jcd-0399
Capítulo 4A	jcd-0487	jcd-0488	jcd-0489
Capítulo 4B	jcd-0497	jcd-0498	jcd-0499
Capítulo 5A	jcd-0587	jcd-0588	jcd-0589
Capítulo 5B	jcd-0597	jcd-0598	jcd-0599
Capítulo 6A	jcd-0687	jcd-0688	jcd-0689
Capítulo 6B	jcd-0697	jcd-0698	jcd-0699
Capítulo 7A	jcd-0787	jcd-0788	jcd-0789
Capítulo 7B	jcd-0797	jcd-0798	jcd-0799
Capítulo 8A	jcd-0887	jcd-0888	jcd-0889
Capítulo 8B	jcd-0897	jcd-0898	jcd-0899
Capítulo 9A	jcd-0987	jcd-0988	jcd-0989
Capítulo 9B	jcd-0997	jcd-0998	jcd-0999

Nombre ______________________ Fecha ______________________

¿Qué sabes ya?

(Nivel 1, pág. 1, Nivel A, pág. 1)

Piensa en los saludos y en las despedidas que conoces en español. En la tabla siguiente, escribe cuatro saludos y cuatro despedidas.

Saludos	Despedidas

Arte y cultura (Nivel 1, pág. 1, Nivel A, pág. 1)

Las relaciones sociales son un poco más formales en los países hispanos que en los Estados Unidos. Cuando dos personas se conocen por primera vez, se suelen dar la mano. Entre amigos, sin embargo, el saludo es un abrazo o un beso en la mejilla.

- ¿En qué se diferencia esta forma de saludar de la que tú usas en los Estados Unidos? Contesta en español o en inglés.

  ____

  ____

- ¿Cuál es un saludo formal en la mañana?

  ____

- ¿Cuál es un saludo informal que puedes usar a cualquier hora?

  ____

- ¿Qué saludos usas para despedirte?

  ____

Nombre ______________________ Fecha ______________________

Para empezar

Objetivos del capítulo

1. **En la escuela**
   - Saludar a otras personas en diferentes momentos del día
   - Presentarse
   - Responder a indicaciones durante la clase
   - Comenzar a usar los números
   - Decir la hora
   - Identificar partes del cuerpo
2. **En la clase**
   - Hablar sobre cosas que hay en la clase
   - Hacer preguntas sobre nuevas palabras y frases
   - Usar el abecedario español para deletrear palabras
   - Hablar sobre cosas relacionadas con el calendario
   - Aprender cosas sobre el calendario azteca
3. **El tiempo**
   - Describir las condiciones climáticas
   - Identificar las estaciones
   - Comparar el tiempo en los hemisferios norte y sur

Conexión geográfica (Nivel 1, pág. 1, Nivel A, pág. 1)

Piensa en lo que ya sabes sobre el hemisferio norte y el hemisferio sur. Después, mira el mapa e indica qué países de la lista se encuentran en cada uno de los dos hemisferios. Escribe el nombre en el lugar indicado. Si es necesario, mira los mapas de las páginas xviii a xxxi de tu libro de texto.

México	Colombia	Venezuela
Bolivia	Estados Unidos	Perú

Hemisferio Norte	Hemisferio Sur
______________	______________
______________	______________
______________	______________
______________	______________

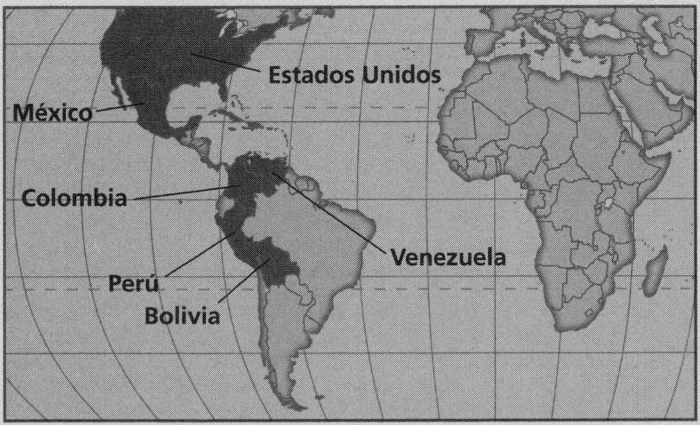

Nombre _______________ Fecha _______________

En la escuela (Nivel 1, págs. 2–9, Nivel A, págs. 2–9)

Ampliación del lenguaje

(Nivel 1, pág. 5, Nivel A, pág. 5)

Tú vs. *usted*

Para la mayoría de los hispanohablantes hay dos formas de decir "you": *tú* y *usted.* Usa *tú* para hablar con amigos, familiares, personas de tu edad, niños y mascotas. *Usted* es formal. Usa *usted* para mostrar respeto y para hablar con personas a quienes no conoces muy bien, con personas mayores o con personas que tienen cargos importantes. En su forma escrita, *usted* casi siempre se usa en su forma abreviada, *Ud.,* con una *u* mayúscula.

Para hablar con las personas siguientes, ¿usas *tú* o *usted*?

- tu hermano _______
- tu profesor(a) _______
- tu mejor amigo(a) _______
- la amiga de tu madre _______
- tu gato _______
- el(la) director(a) de tu escuela _______
- un(a) chico(a) de tu edad que acabas de conocer _______

Actividad A

Vas a ayudar a un(a) profesor(a) de tercer grado en su clase. Lee qué deben hacer los estudiantes y escribe el mandato adecuado.

Modelo sentarse *Siéntense.*

1. cerrar el libro _______________
2. repetir los números _______________
3. sacar una hoja de papel _______________
4. escribir su nombre _______________
5. levantarse _______________
6. entregar su tarea _______________
7. abrir el libro _______________

Go Online PHSchool.com Web Code jcd-0001

Nombre ______________________ Fecha ______________________

Actividad B

Completa las frases siguientes con el número apropiado. Luego, escribe el número con letras.

Modelo Mi hermano tiene *8* años. *ocho*

1. Yo tengo ________ años. ______________________
2. La semana tiene ________ días. ______________________
3. Un año tiene ________ meses. ______________________

Actividad C

Completa las frases con las palabras siguientes.

estudiantes	se dice	el pupitre	qué quiere decir	el pupitre	el bolígrafo
cómo se dice	la carpeta	el profesor	el lápiz	quiere decir	

1. En mi sala de clases somos veinte ______________.
2. ______________ de inglés es el señor White.
3. Yo no entiendo la palabra *azul* y pregunto: "¿______________ *azul*?"
4. Alfonso dice: "*Azul* ______________ 'blue' ".
5. Mi cuaderno está en ______________.
6. Para escribir uso ______________ o ______________.
7. Mis ______________ de papel están en ______________ azul.
8. La señorita Casas pregunta: "¿______________ *boy* en español?
9. Yo respondo: "*Boy* ______________ 'chico' ".

También se dice...

En muchos países o regiones hispanas, vas a oír palabras diferentes para hablar de la misma cosa. Estas palabras se presentan en las secciones *También se dice...*

Por ejemplo, en España una **sala de clases** es **el aula**, mientras que en México es **el salón de clases**.

Nombre ____________________ Fecha ____________________

En la clase (Nivel 1, págs. **10–17**, Nivel A, págs. **10–17**)

Gramática

(Nivel 1, pág. **11**, Nivel A, pág. **11**)

Gramática interactiva

Identifica formas

- Subraya terminaciones que indican el género de los nombres en las tablas.
- Encierra en un círculo los artículos definidos.

Nombres

Los nombres se usan para referirse a personas, animales, lugares, cosas e ideas. En español, los nombres tienen género, es decir, se clasifican como masculinos o femeninos.

La mayoría de los nombres que terminan en *-o* son masculinos. La mayoría de los nombres que terminan en *-a* son femeninos.

Masculino	Femenino
el libro	la carpeta
el bolígrafo	la hoja de papel

Los artículos definidos *el* y *la* también ayudan a determinar si un nombre es masculino o femenino.

Al aprender los nombres que terminan en *-e* o en consonante, tienes que memorizar también su género. Practica estos nombres con su artículo definido (*el* o *la*) para recordar su género.

Masculino	Femenino
el profesor	la noche
el lápiz	la conversación

Ampliación del lenguaje

(Nivel 1, pág. **13**, Nivel A, pág. **13**)

Puntuación y acentos escritos

Probablemente observaste que, en español, las preguntas empiezan con un signo de interrogación invertido *(¿)* y que las exclamaciones empiezan con un signo de exclamación invertido *(¡)*. Estos signos indican dónde empieza la frase y el tipo de frase que es.

Probablemente observaste el acento escrito, o tilde, en palabras como *días* o *estás*. Al escribir en español, debes incluir estos acentos y signos de puntuación.

¡Inténtalo!
Lee estas frases y añade los signos de puntuación y los acentos que faltan.

Como estas   Que tal   Hasta luego   Y tu

Go Online PHSchool.com Web Code jcd-0004

Nombre ______________________ Fecha ______________________

Fondo cultural (Nivel 1, pág. **13**, Nivel A, pág. **13**)

Los mayas fueron una de las primeras civilizaciones del hemisferio occidental que desarrollaron un tipo de escritura con símbolos, o jeroglíficos *(hieroglyphics).* Cada signo, o glifo, representa una palabra o una idea.

- ¿Qué otras formas de escritura con símbolos conoces? Contesta en español o en inglés.

Fondo cultural (Nivel 1, pág. **16**, Nivel A, pág. **16**)

Los sanfermines, o "carreras con toros", son un festival muy popular que se celebra en Pamplona, España. Durante dos semanas se conmemora al santo patrono de la ciudad, San Fermín, desde el 7 de julio. La celebración cuenta con corridas de toros a diario, ¡pero la fiesta empieza antes! Todo empieza cuando dejan a los toros salir de los corrales y correr por las calles. Mucha gente corre hasta la plaza de toros delante de los toros o junto a ellos.

- ¿Qué festivales conoces tú en los que un animal tenga un papel importante? Contesta en español o en inglés.

Conexiones La historia (Nivel 1, pág. **17**, Nivel A, pág. **17**)

Uno de los símbolos más famosos de México es el monolito, o gran piedra, tallado por los aztecas en 1479. El monolito se conoce hoy como el calendario azteca o la Piedra del Sol. Pesa casi 24 toneladas y mide aproximadamente 12 pies de diámetro. Los aztecas se lo dedicaron al Sol. El Sol está representado por una cara en el centro de la piedra. El calendario representa un año de 260 días.

Actividad D

El calendario que usamos hoy tiene 365 días. Piensa en tres fechas del año importantes para ti. Después, mira en el calendario y escribe una frase para cada fecha en una hoja de papel. Indica el día de la semana, el día del mes y el mes.

Modelo *La Navidad es el viernes 25 de diciembre.*

Nombre ______________________ Fecha ______________________

El tiempo (Nivel 1, págs. 18–21, Nivel A, págs. 18–21)

Actividad E

¿Qué tiempo hace en tu ciudad? Escribe cuatro oraciones completas para describir el tiempo en tu ciudad en cada una de las cuatro estaciones del año.

1. ______________________
2. ______________________
3. ______________________
4. ______________________

Para decir más...

Hace buen tiempo.	*It's good weather.*
Hace mal tiempo.	*It's bad weather.*
Graniza.	*It's hailing.*
Hay tormenta.	*There is a storm.*
Hay brisa.	*There is a breeze.*
Hay niebla.	*It's foggy.*

Actividad F

Lee la información de la tabla siguiente. En la tercera columna escribe si tú piensas que hace buen tiempo o mal tiempo en cada ciudad. Luego, escribe en una hoja de papel una frase sobre el tiempo en cada una de las ciudades.

Modelo *En Nueva York hace frío y nieva. Hace mal tiempo.*

Ciudad	¿Qué tiempo hace?	¿Buen tiempo o mal tiempo?
Nueva York	frío / nieva	
Miami	calor / llueve	
Caracas	tormenta / granizo	
Santo Domingo	sol / brisa	
Los Ángeles	llueve / viento	

Go Online PHSchool.com Web Code jcd-0006

Nombre ______________________ Fecha ______________________

Conexiones La geografía (Nivel 1, págs. 20–21, Nivel A, págs. 20–21)

¿Sabías que en el Hemisferio Norte y el Hemisferio Sur las estaciones están invertidas? Cuando es invierno en el Hemisferio Norte es verano en el Hemisferio Sur y viceversa. Por eso, si quieres esquiar todo el año, puedes ir desde las Montañas Rocosas de Colorado en diciembre, a las de los Andes en Bariloche, Argentina en el mes de julio. O, para escapar en diciembre a un clima más cálido, puedes ir a descansar a la costa de Viña del Mar, en Chile.

1. En febrero, ¿qué tiempo hace en Chile?

____

2. En junio, ¿qué tiempo hace en Colorado?

____

3. En tu comunidad, ¿qué tiempo hace en diciembre? ¿Y en agosto?

____

Ciudad	diciembre	julio
Asunción, Paraguay	85°F / 29°C	75°F / 24°C
Buenos Aires, Argentina	78°F / 26°C	50°F / 10°C
Caracas, Venezuela	80°F / 27°C	80°F / 27°C
La Habana, Cuba	76°F / 24°C	82°F / 28°C
Los Ángeles, Estados Unidos	67°F / 19°C	88°F / 19°C

Nota

En la mayoría de los países del mundo, las personas expresan la temperatura en grados Celsius. Una forma sencilla de convertir grados Celsius a grados Fahrenheit es multiplicar la temperatura por 9/5 y luego añadirle 32.

30°C = ¿? F

$30 \times 9/5 = 54 + 32$

30°C = 86°F

Repaso del capítulo

Para prepararte para el examen, revisa si...
- conoces el vocabulario nuevo y la gramática.
- puedes realizar las tareas de la página 9.

Repaso del capítulo (Nivel 1, pág. 22, Nivel A, pág. 22)

Vocabulario

En la escuela

para saludar a alguien

Buenos días.	Good morning.
Buenas noches.	Good evening.
Buenas tardes.	Good afternoon.
¡Hola!	Hello!
¿Cómo te llamas?	What is your name?
Me llamo...	My name is...
Encantado, -a.	Delighted.
Igualmente.	Likewise.
Mucho gusto.	Pleased to meet you.
señor, Sr.	sir, Mr.
señora, Sra.	madam, Mrs.
señorita, Srta.	miss, Miss

para preguntar y decir cómo está alguien

¿Cómo está usted? *(formal)*	How are you?
¿Cómo estás? *(familiar)*	How are you?
¿Qué pasa?	What's happening?
¿Qué tal?	How are you?
¿Y tú? / ¿Y usted (Ud.)?	And you?
(muy) bien	(very) well
nada	nothing
regular	okay, so-so
gracias	thank you

para despedirse

¡Adiós!	Good-bye!
Hasta luego.	See you later.
Hasta mañana.	See you tomorrow.
¡Nos vemos!	See you!

para decir la hora

¿Qué hora es?	What time is it?
Es la una.	It's one o'clock.
Son las...y / menos...	It's...*(time)*
y cuarto / menos cuarto	quarter past / quarter to
y media	thirty, half-past

para contar hasta 100 (Ver p. 7 del libro de texto.)

para hablar sobre el cuerpo (Ver p. 9 del libro de texto.)

En la clase

para hablar acerca de la sala de clases

el bolígrafo	pen
la carpeta	folder
el cuaderno	notebook
el estudiante, la estudiante	student
la hoja de papel	sheet of paper
el lápiz	pencil
el libro	book
el profesor, la profesora	teacher
el pupitre	(student) desk
la sala de clases	classroom

para decir la fecha

el año	year
el día	day
el mes	month
la semana	week
¿Qué día es hoy?	What day is today?
¿Cuál es la fecha?	What is the date?
Es el *(number)* **de** *(month)*	It's the...of...
Es el primero de *(month)*	It's the first of...
hoy	today
mañana	tomorrow

para decir los días de la semana y los meses del año (Ver p. 14 del libro de texto.)

otras palabras útiles

¿cuántos, -as?	how many?
en	in
hay	there is / there are
por favor	please

para pedir ayuda

¿Cómo se dice...?	How do you say...?
Se dice...	You say...
¿Cómo se escribe...?	How is...spelled?
Se escribe...	It's spelled...
¿Qué quiere decir...?	What does...mean?
Quiere decir...	It means...

Nombre ______________________ Fecha ______________________

El tiempo

para hablar acerca del tiempo	
¿Qué tiempo hace?	What's the weather like?
Hace calor.	It's hot.
Hace frío.	It's cold.
Hace sol.	It's sunny.
Hace viento.	It's windy.
Llueve.	It's raining.
Nieva.	It's snowing.

para hablar acerca de las estaciones	
la estación	season
el invierno	winter
el otoño	fall, autumn
la primavera	spring
el verano	summer

Preparación para el examen

1 Escuchar

En el examen se te pedirá escuchar y entender a personas que se saludan y se presentan. Para practicar, escucha a unos estudiantes que saludan a varias personas en los pasillos de la escuela. Responde a estas preguntas sobre los saludos: ¿Es por la mañana o por la tarde? ¿El saludo está dirigido a un adulto? ¿Cómo respondió la persona?

2 Escuchar

Se te pedirá escuchar y entender a alguien que anuncia la fecha y la hora actuales. Para practicar, escucha el mensaje y responde a estas preguntas: ¿Qué hora es? ¿Cuál es la fecha?

3 Leer

Se te pedirá leer y entender una descripción del tiempo para un día determinado. Para practicar, lee la siguiente predicción del tiempo. Responde a las preguntas: ¿Cúal es la fecha? ¿Cuál es la temperatura máxima? ¿Y la mínima? ¿Cómo está el tiempo?

El dos de septiembre
Hoy en San Antonio hace sol. La temperatura máxima es 75 grados y la mínima es 54. No llueve.

4 Leer

Se te pedirá leer y entender una lista de útiles escolares e identificarlos. Para practicar, copia la lista siguiente en una hoja de papel. Fíjate en que *un* y *una* quieren decir *"a"* o *"an"*. Luego comprueba si tienes algunos de los artículos de la lista en tu pupitre. Haz una marca de comprobación al lado de cada artículo que tienes.

un cuaderno	un lápiz
una hoja de papel	un bolígrafo
una carpeta	un libro

Nombre ______________________ Fecha ______________________

¿Qué sabes ya?

(Nivel 1, págs. 24–25, Nivel A, págs. 24–25)

¿Qué te gusta hacer? Lee y completa las frases usando las actividades a continuación:

practicar deportes	dibujar	ver la tele	cantar
usar la computadora	escuchar música	montar en bicicleta	nadar

Modelo *Cuando estoy en casa, me gusta jugar videojuegos.*

1. Cuando llego a casa después de las clases, ______________________.
2. Cuando estoy con mis amigos, ______________________.
3. Cuando hace calor, ______________________.
4. Cuando estoy con mi familia, ______________________.
5. Cuando estoy de vacaciones, ______________________.
6. Cuando hace frío y nieva, ______________________.

Arte y cultura (Nivel 1, pág. 25, Nivel A, pág. 25)

Pablo Picasso (1881–1973) es uno de los artistas españoles más conocidos del siglo XX. Tuvo una larga carrera de creación artística en varios estilos y formas. Mostró un extraordinario talento artístico desde niño y tuvo su primera exposición a los trece años. Su cuadro *Tres músicos* es un ejemplo del estilo cubista de Picasso.

- Estudia el cuadro de la página 24 de tu libro de texto e indica algunas características del estilo cubista. Contesta en español o en inglés.
- ¿Te gusta el cuadro?

Nombre ______________________ Fecha ______________

Capítulo 1A

¿Qué te gusta hacer?

Objetivos del capítulo

- Hablar acerca de las actividades que te gusta y que no te gusta hacer
- Preguntar a otros qué les gusta hacer
- Entender las perspectivas culturales sobre las actividades favoritas

Conexión geográfica (Nivel 1, pág. 24, Nivel A, pág. 24)

Mira el mapa y escribe el nombre de los lugares debajo de cada continente en la tabla.

América del Norte y Central	América del Sur	Europa	África
Estados Unidos			

Capítulo 1A

Nombre ______________________ Fecha ______________

A primera vista (Nivel 1, págs. 26–27, Nivel A, págs. 26–27)

Actividad A

Conecta las actividades con sus definiciones.

1. ___ avanzar en el agua	a. correr
2. ___ moverse con esquís	b. montar en monopatín
3. ___ mover el cuerpo con ritmo *(rhythm)*	c. bailar
4. ___ hacer figuras con un lápiz	d. nadar
5. ___ caminar rápido *(quickly)*	e. jugar videojuegos
6. ___ jugar al béisbol o al fútbol	f. esquiar
7. ___ patinar sobre una tabla	g. dibujar
8. ___ jugar usando un televisor	h. practicar deportes

Actividad B

Haz una lista de tres actividades que no estén en la lista de vocabulario de este capítulo. Escríbelas en la columna apropiada. Luego, contesta las preguntas que siguen.

Deportes	Actividades artísticas	Actividades escolares
______	______	______
______	______	______
______	______	______

1. ¿Qué te gusta hacer? ______________________.
2. ¿Qué no te gusta hacer? ______________________.
3. ¿Qué te gusta más, bailar o cantar? ______________________.

Más vocabulario

pintar
leer
salir con amigos
hacer rompecabezas
hacer crucigramas

También se dice...

computadora: ordenador
monopatín: patinete

Go Online Web Code jcd-0101 PHSchool.com

Capítulo 1A

Nombre ______________________ Fecha ______________

Videohistoria (Nivel 1, págs. **28–29**, Nivel A, págs. **28–30**)

Actividad C

Lee la *Videohistoria* de tu libro de texto. Completa esta tabla con los nombres de los países o estados de donde son los estudiantes y las actividades que les gustan.

Ignacio	**España**	**tocar la guitarra**
Claudia		
Ana		
Teresa		
Esteban		
Angélica		
Gloria		
Raúl		

Actividad D

Basándote en la *Videohistoria,* escribe el nombre de la persona que diría *(would say)* lo siguiente:

1. ____________________: Me gustan las revistas en inglés.
2. ____________________: Me gusta jugar videojuegos con mis amigos.
3. ____________________: Soy de Costa Rica y me gusta trabajar.
4. ____________________: En el verano, me gusta montar en bicicleta.

Capítulo 1A

Nombre ______________________ Fecha ______________

Manos a la obra (Nivel 1, págs. 30–31, Nivel A, págs. 32–35)

Actividad E

Lee las frases siguientes y llena los espacios en blanco con nombres de actividades.

1. Si tú eres artístico(a), te gusta ______________.
2. Si juegas al fútbol o al béisbol, te gusta ______________.
3. Si navegas por el Internet, te gusta ______________.

Actividad F

Revisa las actividades de *A primera vista* en tu libro de texto. Lee lo que dicen estas personas y escoje una actividad que les guste.

1. **Ana:** Me gusta hacer ejercicio y pasar tiempo con amigos.

   ____

2. **Ramón:** Me encanta estar en el agua y soy muy atlético.

   ____

3. **María:** Me fascina la música y quiero aprender salsa, merengue y mambo.

   ____

4. **Arturo:** Soy muy creativo y mi clase favorita es lenguaje.

   ____

Fondo cultural (Nivel 1, pág. 31, Nivel A, pág. 33)

Los cafés al aire libre son lugares de reunión populares en todo el mundo de habla hispana. Los amigos van a los cafés para comer un refrigerio o algo ligero, para conversar o para mirar a la gente pasar.

- ¿A dónde vas para pasar el tiempo con tus amigos o para hacer nuevos amigos? ¿Haces lo mismo que los adolescentes que aparecen en la foto del café en la Plaza Mayor de Salamanca? Contesta en español o en inglés.

Nombre ______________________ Fecha ______________

Actividad G

Escribe de cinco a ocho actividades que te gustan y que no te gustan en la primera columna de la gráfica. Luego escribe una pregunta sobre cada actividad y habla con un(a) compañero(a) sobre sus gustos.

Modelo *Me gusta nadar.* *¿Te gusta nadar?*
No me gusta correr. *¿Te gusta correr?*

yo	tú

Ampliación del lenguaje

(Nivel 1, pág. **34**, Nivel A, pág. **40**)

Los cognados

Las palabras que se escriben igual o casi igual y tienen significados similares en inglés y en español se llaman **cognados.** Repasa el vocabulario del capítulo y busca cinco cognados.

Palabra en español	Palabra en inglés
música	*music*

Capítulo 1A

Nombre ______________________ Fecha ______________

Gramática

El infinitivo

(Nivel 1, pág. **32**, Nivel A, pág. **36**)

Los verbos son palabras que, por lo general, nombran acciones. Los verbos en inglés tienen diferentes formas dependiendo de quién realiza la acción o cuándo se la realiza:

I **walk**, she **walks**, we walk**ed**, etc.

La forma básica de un verbo es el infinitivo. En inglés, se puede identificar los infinitivos porque empiezan con "to":

to swim, **to** read, **to** write

Los infinitivos en español no empiezan con ninguna palabra como "to". Son una sola palabra que termina en *-ar, -er* o *-ir.*

nad**ar**, le**er**, escrib**ir**

Los infinitivos pueden ser el sujeto de una oración.

Por ejemplo:

Caminar es saludable.

Gramática interactiva

Aplica

- Escribe una oración usando un infinitivo como sujeto.

____

____

- ¿Cómo sabes si un verbo está en infinitivo?

____

- ¿Cuáles son las tres posibles terminaciones?

1.

2.

3.

Ampliación del lenguaje

Más sobre el infinitivo

El *infinitivo* es el nombre de un verbo en el diccionario. Por ejemplo, si no sabes el significado del verbo *investigar* en la oración: "El policía no investiga el caso", tienes que buscar el infinitivo *investigar* en el diccionario o en un glosario. Mira estos ejemplos.

Verbo conjugado	**Infinitivo**
corremos	correr
cantas	cantar
bailas	bailar
juego	jugar

Recuerda que las palabras del diccionario aparecen en orden alfabético. En los diccionarios más recientes las palabras que comienzan *(begin)* con ***ch*** y ***ll*** están incluidas con las palabras que comienzan *(begin)* con ***c*** y ***l***, respectivamente.

Capítulo 1A

Nombre ______________________ Fecha ______________

Actividad H

Busca en el diccionario las formas en infinitivo de los siguientes verbos y cópialos en orden alfabético.

reímos	creo	tira	corren	montan	hablo	usamos	comen

____

____

____

____

____

____

____

____

Actividad I

Maritza, una estudiante de secundaria, explica lo que a ella le gusta hacer. Lee el texto y después:

- haz un círculo alrededor de los infinitivos.
- escribe tres verbos en infinitivo en la lista de abajo.
- finalmente, escribe una oración según las instrucciones.

"Soy una persona que tiene muchos intereses. Hay muchas cosas que me gusta hacer. Primero, prefiero hablar por teléfono con mis amigas que ver la televisión. Me gusta pasar tiempo con mis amigas en el centro comercial. Me encanta comprar ropa nueva. Ahora puedo conectarme y hablar con mis amigas por correo electrónico. No me gusta nada hacer mis tareas escolares, pero sé que es importante tener una buena educación."

Verbos en infinitivo	Oración usando el infinitivo
1. ______________	______________________________
2. ______________	______________________________
3. ______________	______________________________

Capítulo 1A

Nombre ____________________ Fecha ____________

Gramática

Negaciones

(Nivel 1, pág. **36**, Nivel A, pág. **42**)

Una oración negativa se forma con la palabra *no* antes del verbo o expresión.

No me gusta cantar.	I do **not** like to sing.

Para dar una respuesta negativa se usa la palabra *no* dos veces. El primer *no* responde a la pregunta. El segundo reafirma la negación.

¿Te gusta escribir cuentos? **No, no** me gusta.	Do you like to write stories? **No, I don't**.

Se pueden usar una o más negaciones después de responder *no*.

¿Te gusta cantar? **No, no** me gusta **nada**.	Do you like to sing? **No, I don't** like it **at all**.

Para decir que no te gusta ninguna opción, usa *ni... ni:*

No me gusta **ni** nadar **ni** dibujar.	I **don't** like **either** swimming **or** drawing./I like **neither** swimming **nor** drawing.

Gramática interactiva

Analiza

- Subraya las palabras negativas en toda la información de la tabla.
- Escribe un ejemplo de una oración usando **nada** y otra usando **ni... ni**.

____

____

____

____

____

____

Ampliación del lenguaje

Otras palabras que expresan negación

Las palabras **nadie** ***(no one)***, **nunca** ***(never)***, **jamás** ***(never)*** y **tampoco** ***(doesn't... either)*** también se usan para expresar negación. Van antes del verbo al que afectan.

Yo creo que **nadie** quiere comer ahora. *(Yo creo que ellos **no** quieren comer...).*

Nunca hablamos por teléfono. *(**No** hablamos por teléfono).*

Raúl **tampoco** quiere bailar. *(Raúl **no** quiere bailar).*

Jamás practico deportes. *(**No** practico deportes).*

Nombre ______________________ Fecha ______________

Actividad J

Lee el texto que Paco escribió sobre sus preferencias musicales y las de su amigo. Subraya las palabras negativas. Luego, escribe tus preferencias en una hoja de papel usando negaciones.

Nadie conoce mis gustos musicales como mi amigo Juan. A los dos nos gusta la música rap, el rock y la música latina. Nos encanta Carlos Santana pero ni a mí ni a él nos gusta Shakira... Nunca compraríamos un disco de ella. A mí también me gusta el jazz, pero a Juan no le gusta nada. Juan prefiere la música clásica pero yo no. Tampoco me gusta la música de teatro que a Juan le encanta. Nadie sabe por qué le gusta. Sin embargo, los dos pensamos lo mismo sobre la música *country* y sobre la ópera. No nos gusta ninguna de las dos.

Gramática

(Nivel 1, pág. **38**, Nivel A, pág. **44**)

Expresar acuerdo o desacuerdo

Para expresar que estás de acuerdo con lo que le gusta a una persona, puedes usar la expresión *a mí también*.

Me gusta pasar tiempo con mis amigos. **A mí también.**

Si alguien dice que no le gusta algo y tú estás de acuerdo con él/ella, puedes usar la expresión *a mí tampoco*.

No me gusta nada cantar. **A mí tampoco.**

Gramática interactiva

Aplica

Responde a estas opiniones:

Me gusta mucho usar la computadora.

____

No me gusta nada nadar.

____

Actividad K

Completa el siguiente diálogo aplicando las expresiones que aparecen en la caja.

a mí tampoco	me gusta	a mí también	no me gusta

Mario: A mí ______________ el arte cubista.

Ana: ______________. Paso horas en la sección de arte cubista.

Mario: Me gustan casi todas las obras de arte. ______________ ir a museos donde hay mucha gente. ¡Es terrible!

Ana: ______________. Los sábados los museos están llenos.

Capítulo 1A

Nombre ____________________ Fecha ____________

Fondo cultural (Nivel 1, pág. 34, Nivel A, pág. 40)

Jaime Antonio González Colson (1901–1975) fue un artista de la República Dominicana. Por lo general, pintaba cuadros sobre la gente y la cultura de su país.

El *merengue,* el baile que se muestra en la pintura que está en tu libro de texto, se originó en la República Dominicana en el siglo XIX. Uno de los instrumentos que se usan para acompañarlo es el *güiro* (mira la parte superior, a la derecha), hecho con una calabaza. Se toca rascándolo con un palo con dientes.

- ¿Qué instrumentos marcan el ritmo de la música que te gusta escuchar? Contesta en español o en inglés.

Actividad L

Imagina que hablas con un amigo sobre tu visita al museo. Completa el texto de manera lógica:

El Museo Nacional presenta ______________ de Jaime Antonio Gonzáles Colson.

Su pintura *El merengue* es muy bonita. ______________ mucho. Representa un ______________ de su país. Me gusta ______________. Deseo tomar clases de baile.

Y tú, ¿bailas merengue?

Go Online Web Code jcd-0105 PHSchool.com

Capítulo 1A

Nombre ____________________ Fecha ____________________

Conexiones La música (Nivel 1, pág. 35, Nivel A, pág. 41)

Actividad M

Lee los pies de foto de tu libro de texto y haz las siguientes actividades:

1. Ordena *(Put in order)* estos cinco tipos de baile. Comienza por el que más te guste o te interese. Termina por el que no te guste o no te interese.

El que más me gusta: ++____________________

+____________________

+ –____________________

–____________________

El que no me gusta nada: – –____________________

2. Escribe una lista de siete cognados que están en esta página. Al menos cinco deben ser adjetivos.

a. ____________________ e. ____________________

b. ____________________ f. ____________________

c. ____________________ g. ____________________

d. ____________________

El español en la comunidad

(Nivel 1, pág. 39, Nivel A, pág. 45)

Los hispanos representan un 16% de la población del país. Son el grupo minoritario de mayor crecimiento. Para el año 2050, la población hispana de los Estados Unidos representará un 29% de la población total. Por esa razón existen muchos medios de comunicación en español como revistas, periódicos, televisión, radio e Internet a lo largo y ancho de la nación.

- Haz una lista de los medios de comunicación en español que hay en tu comunidad. Trata de encontrar medios a nivel local, regional, nacional e incluso internacional. Si es posible, trae algunos ejemplos. ¿Puedes entenderlos?

Estos medios te ayudarán a mejorar tu español y así aprenderás más de la cultura hispana.

Capítulo 1A

Nombre ______________________ Fecha ______________

¡Adelante! (Nivel 1, págs. 40–41, Nivel A, págs. 46–47)

Lectura 1

Estrategia

Usar cognados Usa lo que ya sabes sobre los cognados para descifrar el significado de nuevas palabras.

Lee los apuntes que cuatro estudiantes escribieron para una revista de adolescentes. Todos están buscando *pen-pals* (amigos por correspondencia). Mientras lees, piensa en tus intereses para compararlos con los de ellos.

Lectura interactiva

Usa cognados

Encierra en un círculo seis cognados. Escribe uno a continuación con otra palabra que el cognado te ayuda a comprender.

____

____

____

Encuentra

- Busca las tres palabras que Pablo usa para expresar qué no le gusta hacer y subráyalas.
- Subraya los tres verbos en infinitivo que usó Marisol en su nota.

Determina reglas

¿Cuándo se usan las palabras *ni... ni*? Escribe tu propia regla.

____

____

____

____

¿Qué te gusta hacer?

Puerto Rico

Marisol

14 años

"¿Te gusta practicar deportes y escuchar música? ¡A mí me gusta mucho! También me gusta jugar al básquetbol. ¡Hasta luego!"

Colombia

Daniel

13 años

"Me gusta mucho ver la tele y escuchar música clásica. También me gusta tocar el piano y pasar tiempo con amigos en un café o en una fiesta. ¿Y a ti?"

España

Silvia

17 años

"Me gusta leer revistas, bailar y cantar. Soy fanática de la música alternativa. También me gusta hablar por teléfono con amigos. ¿Y a ti? ¿Qué te gusta hacer?"

Guinea Ecuatorial

Pablo

15 años

"Me gusta mucho jugar al vóleibol y al tenis. Me gusta escribir cuentos y también me gusta organizar fiestas con amigos. No me gusta ni jugar videojuegos ni ver la tele. ¡Hasta pronto!"

Capítulo 1A

Nombre ______________________ Fecha ______________

Actividad N

Escribe para el periódico de tu escuela una lista de cinco cosas que los jóvenes pueden hacer en tu ciudad para no aburrirse.

"Cinco remedios contra el aburrimiento"

1. ______________________________
2. ______________________________
3. ______________________________
4. ______________________________
5. ______________________________

Pronunciación

(Nivel 1, pág. 39, Nivel A, pág. 45)

Las vocales *a*, *e*, e *i*

El sonido de las vocales en español es diferente al de las vocales en inglés. Cada vocal tiene un solo sonido. Las vocales se pronuncian de forma más rápida y corta que en inglés.

El sonido de la letra *a* es similar al sonido de la palabra *pop* en inglés. Escucha y pronuncia las siguientes palabras:

andar	cantar	trabajar
hablar	nadar	pasar

El sonido de la letra *e* es similar al sonido de la palabra *met* en inglés. Escucha y pronuncia las siguientes palabras:

tele	me	es
Elena	deportes	

El sonido de la letra *i* es similar al sonido de la palabra *see* en inglés. Algunas veces la letra *y* tiene el mismo sonido. Escucha y pronuncia las siguientes palabras:

sí	escribir	patinar
lápiz	ti	soy

¡Inténtalo!

Escucha y di esta rima:
El perro canta para ti.
El tigre baila para mí.

Capítulo 1A

Nombre ______________________ Fecha ______________

Lectura 2

Un pasatiempo favorito de mucha gente es bailar. En España, la tradición de bailar flamenco es muy antigua. Lee este artículo sobre el flamenco.

Estrategia

Identificar la idea principal La idea principal es la que explica el tema de un párrafo. Se usa para resumir el contenido de un párrafo.

Lectura interactiva

Identifica la idea principal
Subraya la idea principal de cada párrafo. Recuerda que la idea principal puede ser la primera oración, pero no siempre es así.

Recorre el texto
Lee en voz alta las partes que subrayaste y decide si son un buen resumen de esta lectura.

El flamenco

Introducción

Entre las cosas que les gustan a los españoles, especialmente a los andaluces (habitantes del sur de España), están la comida y el flamenco. El flamenco es un arte folklórico compuesto de cante, baile y guitarra. Tiene influencias árabes, judías y gitanas.

El baile y su ropa

El flamenco es un baile con movimientos de brazos y manos y movimiento rítmico de los pies, que, con su sonido, acompañan a la guitarra y al cantante o **cantaor**. Las mujeres usan unos vestidos muy coloridos con volantes y zapatos especiales para el taconeo (movimiento rítmico hecho con el tacón). El hombre usa pantalones oscuros, chaqueta corta (que llega hasta la cintura) y botas, además de un sombrero típico. Estos trajes, especialmente los de la mujer, se han convertido en el símbolo de España alrededor del mundo.

Los tipos de flamenco

El flamenco es la forma que tienen los andaluces de expresar por medio de la música y el baile lo que sienten. En el flamenco original, había dos estilos principales: cante chico y cante jondo. El cante chico incluye canciones alegres y ligeras. Las canciones del cante jondo expresan emociones de tristeza y pasión como el amor, la pérdida y la muerte. La idea original del flamenco era la improvisación, que servía para reflejar todas las emociones humanas.

Nombre ______________________ Fecha ______________

Actividad Ñ

Basándote en la lectura de la página 24, completa las frases siguientes.

1. ¿Qué elementos componen el arte flamenco? El flamenco es un arte compuesto ______________________
2. ¿Cómo se mueve el cuerpo? Es un baile con movimientos de ______________________
3. Describe los vestidos que usan las mujeres. Las mujeres usan vestidos ______________________

Actividad O

Imagina que vas a dar un curso de baile. Prepara un anuncio ofreciendo tus servicios. Puedes incluir los puntos siguientes y el vocabulario entre paréntesis:

- qué baile vas a enseñar y si se necesita pareja
- cuánto cuesta (El curso cuesta…)
- el lugar de las clases (La sala de clases, la escuela)
- los horarios (Empieza a las…, termina a las...)

¡A bailar!

Nombre ______________________ Fecha ____________

La cultura en vivo (Nivel 1, pág. 42, Nivel A, pág. 48)

¿Te gusta bailar?

Gracias a la popularidad mundial de la música latina, los bailes han capturado la atención de las personas de todas las edades. Como resultado, las personas de los Estados Unidos han aprendido bailes como el merengue, el tango y la salsa. Aquí tienes una danza que puedes aprender. Se conoce como mambo y se originó en Cuba en la década de 1940.

El mambo

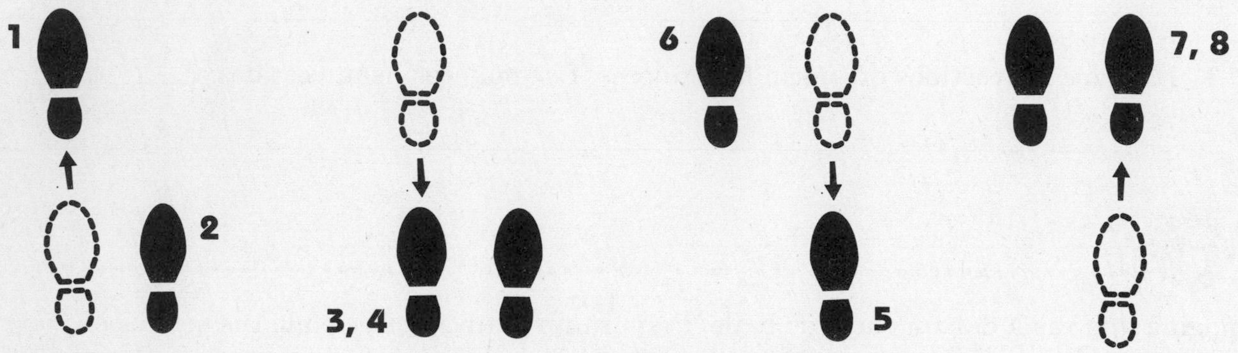

Direcciones

Compás 1 (de la música): Mueve tu pie izquierdo hacia adelante y levanta ligeramente el pie derecho hacia atrás.
Compás 2: Mueve tu pie izquierdo hacia atrás.
Compás 3: Pon el pie izquierdo al lado del pie derecho.
Compás 4: Mantén por un momento los dos pies en el mismo lugar, uno al lado del otro.

Repite la misma secuencia, pero con movimientos hacia atrás.

Compás 5: Mueve tu pie derecho hacia atrás y levanta ligeramente el pie izquierdo.
Compás 6: Mueve tu pie derecho hacia atrás.
Compás 7: Pon tu pie derecho al lado del pie izquierdo.
Compás 8: Mantén por un momento los dos pies en el mismo lugar, uno al lado del otro.

Si dos personas bailan juntas, el hombre debe empezar moviendo el pie izquierdo hacia adelante y la mujer moviendo el pie derecho hacia atrás.

¡Piénsalo!

¿En qué se parece el mambo a otros bailes? ¿Qué bailes de los Estados Unidos se bailan con pareja? Contesta en español o en inglés.

Capítulo 1A

Nombre ____________________ Fecha ____________

Presentación oral (Nivel 1, pág. 43, Nivel A, pág. 49)

A mí me gusta mucho...

Tarea

Eres un(a) estudiante nuevo(a) en la escuela y tienes que hablarle a la clase sobre lo que te gusta y no te gusta.

Estrategia

Crear ayudas visuales Puedes usar un diagrama para organizar la información mientras escribes.

1. **Preparación**
   Copia el diagrama en una hoja de papel. Escribe por lo menos cinco actividades en cada óvalo.

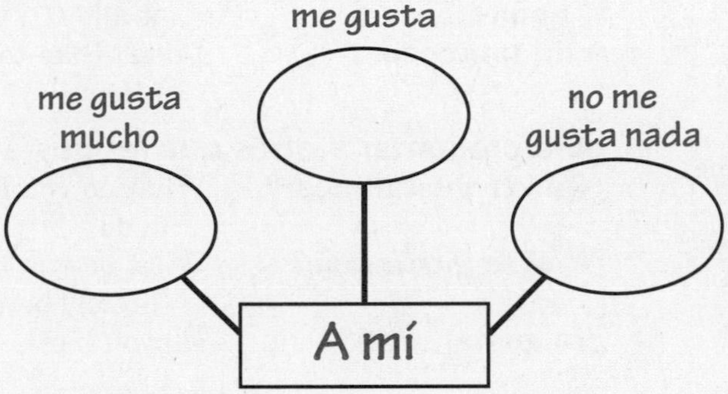

Usando tu lista, crea un cartel para ilustrar las tres categorías y por lo menos cinco de las actividades. Para ilustrar las actividades, usa dibujos, fotos de revistas o fotos tuyas haciendo alguna actividad. Asegúrate de que cada actividad sea fácil de identificar. Usarás esta ayuda visual como parte de tu presentación.

2. **Práctica**
   Repasa tu presentación varias veces frente a compañeros(as) de clase. Puedes usar tus notas una o dos veces, pero luego debes practicar usando sólo los elementos visuales.

   Modelo *Me gusta mucho...; Me gusta...; No me gusta nada...*

3. **Presentación**
   Habla sobre tus gustos usando el material que has creado. Repasa los puntos de evaluación del punto 4 para darles énfasis en tu presentación. Comienza la presentación con tu nombre. Durante la presentación, trata de:

   - usar oraciones completas.
   - hablar claramente.
   - usar los elementos visuales para enfocarla mejor.

4. **Evaluación**
   Quizá tu profesor(a) te dé los criterios de cómo va a ser evaluada tu presentación. Probablemente, tu presentación será calificada sobre:

   - la cantidad de información que comunicas.
   - lo fácil que resulta entenderte.
   - la correspondencia, claridad y orden entre los elementos visuales y lo que dices.

Capítulo 1A

Repaso del capítulo (Nivel 1, pág. 46, Nivel A, pág. 52)

Vocabulario y gramática

Repaso del capítulo

Para prepararte para el examen, revisa si...
- te sabes el vocabulario nuevo y la gramática.
- puedes hacer las actividades de la página 30.

para hablar sobre actividades

bailar	to dance
cantar	to sing
correr	to run
dibujar	to draw
escribir cuentos	to write stories
escuchar música	to listen to music
esquiar	to ski
hablar por teléfono	to talk on the phone
ir a la escuela	to go to school
jugar videojuegos	to play video games
leer revistas	to read magazines
montar en bicicleta	to ride a bicycle
montar en monopatín	to skateboard
nadar	to swim
pasar tiempo con amigos	to spend time with friends
patinar	to skate
practicar deportes	to play sports
tocar la guitarra	to play the guitar
trabajar	to work
usar la computadora	to use the computer
ver la tele	to watch television

para decir lo que te gusta hacer

(A mí) me gusta _____.	I like to _____.
(A mí) me gusta más _____.	I like to _____ better. (I prefer to _____).
(A mí) me gusta mucho _____.	I like to _____ a lot.
A mí también.	Me too.

para decir lo que no te gusta hacer

(A mí) no me gusta _____.	I don't like to _____.
(A mí) no me gusta nada _____.	I don't like to _____ at all.
A mí tampoco.	I don't (like to) either.

para preguntar a otros qué les gusta hacer

¿Qué te gusta hacer?	What do you like to do?
¿Qué te gusta más?	What do you like (prefer) better?
¿Te gusta _____?	Do you like to _____?
¿Y a ti?	And you?

otras palabras y expresiones útiles

más	more
ni . . . ni	neither . . . nor, not . . . or
o	or
pues . . .	well . . .
sí	yes
también	also, too
y	and

● Más práctica

Practice Workbook Puzzle 1A-8
Practice Workbook Organizer 1A-9

Nombre ______________________ Fecha ______________

Preparación para el examen (Nivel 1, pág. 47, Nivel A, pág. 53)

En el examen vas a...	Éstas son las tareas que te pueden ser útiles para el examen...	Si necesitas repasar...
1 Escuchar Escuchar y comprender una descripción de lo que le gusta hacer a alguien.	Escucha un mensaje telefónico de un estudiante que busca una pareja para el próximo baile. a) ¿Cuáles son dos cosas que le gusta hacer a esta persona? b) ¿Qué no le gusta hacer a esta persona?	Nivel 1: **págs. 26–29** *A primera vista* **págs. 27–33** Acts. 1–2, 13 Nivel A: **págs. 26–31** *A primera vista* **págs. 27–38** Acts. 1–2, 18
2 Hablar Hablar sobre ti mismo(a), sobre lo que te gusta y lo que no te gusta hacer. Se te pedirá que les preguntes a otros lo mismo.	Aceptaste recibir en tu casa a un estudiante de la República Dominicana por una semana. ¿Qué le dirás sobre ti en un mensaje grabado? Incluye una descripción breve de lo que te gusta hacer. ¿Cómo le pedirás al estudiante que te diga algo sobre él?	Nivel 1: **págs. 30–37** Acts. 7, 8, 12, 16–17 **pág. 43** *Presentación oral* Nivel A: **págs. 32–43** Acts. 7–10, 16–17, 22–23 **pág. 49** *Presentación oral*
3 Leer Leer y comprender cómo se describe a sí misma una persona.	Lee este correo electrónico de un amigo por correspondencia. ¿Qué le gusta hacer? ¿Tiene algo en común contigo? ¿Qué? ¡Hola! A mí me gusta mucho usar la computadora y tocar la guitarra. No me gusta ir a la escuela ni leer. En el verano me gusta nadar y en el invierno me gusta esquiar. ¿Y a ti? ¿Qué te gusta hacer?	Nivel 1: **págs. 26–29** *A primera vista* **págs. 29–38** Acts. 3, 15, 19 **págs. 40–41** *Lectura n° 3* Nivel A: **págs. 26–31** *A primera vista* **págs. 31–45** Acts. 3–4, 11, 21, 26 **págs. 46–47** *Lectura*
4 Escribir Escribir sobre ti mismo describiendo lo que te gusta y lo que no te gusta hacer.	Una escuela de la República Dominicana quiere intercambiar mensajes electrónicos con tu escuela. Dile a tu amigo por correspondencia cómo te llamas y lo que te gusta y no te gusta hacer.	Nivel 1: **págs. 30–38** Acts. 5–6, 12, 18 **pág. 41** *¿Comprendes?* Nivel A: **págs. 31–44** Acts. 5–7, 16–17, 24–25 **pág. 47** *¿Comprendes? n° 3*
5 Pensar Demostrar el entendimiento de las diferencias culturales en el baile.	¿Cómo describirías los bailes latinos que son populares en los Estados Unidos? ¿Con qué países relacionas cada baile? ¿Con qué tipo de música y qué ritmos relacionas cada baile?	Nivel 1: **pág. 34** *Fondo cultural* **pág. 35** Actividad 14 **pág. 42** *La cultura en vivo* Nivel A: **pág. 41** Actividad 20 **pág. 40** *Fondo cultural* **pág. 48** *La cultura en vivo*

Nombre ______________________________ Fecha ______________________

¿Qué sabes ya?

(Nivel 1, págs. 48–49, Nivel A, págs. 54–55)

¿Cómo eres tú? Escoje adjetivos de la lista de abajo y da más información.

estudioso(a)	trabajador(a)	perezoso(a)	gracioso(a)
impaciente	inteligente	desordenado(a)	artístico(a)

Modelo *Soy sociable. Me gusta pasar tiempo con amigos.*

Soy ____________ ______________________________

Soy ____________ ______________________________

Soy ____________ ______________________________

Soy ____________ ______________________________

Soy ____________ ______________________________

Soy ____________ ______________________________

Arte y cultura (Nivel 1, pág. 49, Nivel A, pág. 55)

Frida Kahlo (1907–1954) es una de las pintoras mexicanas más conocidas. A pesar de las enfermedades de su infancia, un accidente de tráfico que la dejó inmovilizada y una vida llena de estancias en hospitales, Kahlo se convirtió en una pintora existosa y tuvo una vida social muy activa. Usó su arte como una forma de escape para su sufrimiento físico y emocional.

- Frida Kahlo pintó más de cincuenta autorretratos. ¿Qué nos dice sobre ella la pintura de tu libro de texto? Contesta en español o en inglés.

Nombre ______________________ Fecha ______________

Capítulo 1B

Y tú, ¿cómo eres?

Objetivos del capítulo

- Hablar acerca de características personales
- Preguntar y decir cómo es la gente
- Usar adjetivos para describir a la gente
- Entender las perspectivas culturales sobre la amistad

Conexión geográfica (Nivel 1, pág. 48, Nivel A, pág. 54)

Estudia el mapa y responde a las preguntas siguientes.

1. ¿Está Bolivia al norte o al sur de México? ______________________
2. ¿Está Colombia al noreste o al suroeste de Ecuador? ______________________
3. ¿Está Cuba al suroeste o al sureste de Texas? ______________________
4. ¿Qué países son islas? ______________________
5. ¿Qué países están en América del Sur? ______________________

Go Online PHSchool.com Web Code jce-0002

Capítulo 1B

Nombre ______________________ Fecha ______________

A primera vista (Nivel 1, págs. 50–51, Nivel A, págs. 56–57)

Actividad A

En el espacio en blanco, anota la palabra del vocabulario de este capítulo que mejor se adapta a cada definición.

1. Persona a quien le gusta dibujar y pintar ______________
2. Persona a quien le gusta practicar deportes ______________
3. Persona que no tiene tolerancia o que es nerviosa ______________
4. Persona que tiene capacidad de comprender *(understand)* y razonar ______________
5. Persona que no quiere *(doesn't want)* hacer nada ______________
6. Persona que coloca *(puts)* las cosas en el lugar adecuado ______________
7. Persona que es valiente *(brave)* y que hace cosas nuevas o difíciles ______________
8. Persona muy agradable *(agreeable)* ______________
9. Persona que hace reír a los demás *(makes people laugh)* ______________

Actividad B

Escribe las características personales que te gustan y que no te gustan. Usa los adjetivos de tu libro de texto y añade otras.

Las personas que me gustan son...	**Las personas que no me gustan son...**
______________	______________
______________	______________
______________	______________
______________	______________
______________	______________
______________	______________

Go Online Web Code jcd-0111 PHSchool.com

Nombre ______________________ Fecha ______________________

Videohistoria (Nivel 1, págs. 52–53, Nivel A, págs. 58–61)

Actividad C

Fíjate en la *Videohistoria* de tu libro de texto. Hay cuatro estudiantes que hablan por correo electrónico. Los chicos están en San Antonio, Texas, y las chicas están en México. Responde.

1. En la Foto 1, Pedro está leyendo un mensaje de ______________________.
2. En la Foto 3, Pedro dice que él no es ______________________.

   Sus amigos dicen que él es ______________________.
3. Lee el diálogo de la Foto 5. ¿Cómo es Chica sociable? ______________________.

   Le gusta ______________________. No le gusta ______________________.
4. Lee el diálogo de las Fotos 6 y 7. Chica misteriosa es ______________________.

   Le gusta ______________________.
5. ¿Quién es la chica ideal para Pedro? ______________________.

   ¿Que les gusta a Pedro y a Chica misteriosa? ______________________.

Actividad D

Escoje uno de los nombres siguientes. Escribe un mensaje a Chico sociable (Pedro), Amigo de Chico sociable (Esteban), Chica misteriosa (Claudia) o Chica sociable (Teresa). Dile cómo eres.

Chico(a) interesante   Chica(o) popular   Chico(a) musical   Chica(o) deportista

____

____

____

____

____

Nombre _______________ Fecha _______________

Manos a la obra (Nivel 1, págs. 54–55, Nivel A, págs. 62–63)

Actividad E

Escribe los nombres de cuatro miembros de tu familia en las cajas. Debajo, indica las características que le gustan en otras personas.

Modelo

Tere (mi mamá) dice:
Me gustan las personas ordenadas, trabajadoras, honestas y buenas.

Actividad F

Lee las descripciones de Cecilia y Joaquín. Compárate a uno de ellos. No olvides usar *también* y *tampoco*. Comienza con *"Yo (no) soy como* _________*"*.

Cecilia es una chica deportista. Le gusta practicar deportes. Le gusta patinar y montar en monopatín. En el verano, nada. En el otoño, corre. En el invierno, esquía. Es muy sociable. Habla por teléfono con sus amigos. Le gusta la escuela pero no es muy estudiosa.

Joaquín es un chico estudioso. Le gusta ir a la escuela. Usa la computadora para escuchar música rock. No es deportista pero le gusta montar en bicicleta en la primavera. Le gusta ver la tele y escribir cuentos.

Capítulo 1B

Nombre ______________________ Fecha ______________

Ampliación del lenguaje

(Nivel 1, pág. **57**, Nivel A, pág. **68**)

Cognados que comienzan con *es* + consonante

Muchas palabras en español que comienzan con *es* + consonante son fáciles de entender porque tienen el mismo significado que palabras en el inglés. Conocer este patrón te ayudará a reconocer el significado de nuevas palabras en español y a aprenderlas rápidamente.

Mira estas palabras. Cubre la e del inicio. Escribe las palabras en inglés que provienen de la misma raíz.

estudiante ______________ **es**tudioso ______________

escuela ______________ **es**tómago ______________

esquiar ______________ **es**pecial ______________

estricto ______________ **es**cena ______________

Pronunciación

(Nivel 1, pág. **61**, Nivel A, pág. **71**)

Las vocales *o* y *u*

El sonido de la letra *o* es similar al sonido de la palabra *boat* en inglés, pero de forma más rápida y corta. Escucha y pronuncia las siguientes palabras:

bolígrafo	gracioso	cómo
teléfono	tampoco	otoño

El sonido de la letra *u* es similar al sonido de la palabra *zoo* en inglés. Escucha y pronuncia las siguientes palabras:

mucho	lunes	usted
octubre	estudioso	según

¡Ojo! ¡Cuidado! A veces no pronunciamos bien las palabras que son parecidas a palabras en inglés.

Escucha y pronuncia las siguientes palabras, enfocándote en el sonido de las vocales españolas:

agosto	regular	tropical	música
gusto	universidad	Uruguay	Cuba

Nombre ______________________ Fecha ______________

Gramática

Adjetivos

(Nivel 1, pág. **55**, Nivel A, pág. **64**)

Gramática interactiva

Encuentra

- Subraya las terminaciones masculinas en los adjetivos del segundo punto.
- Subraya las terminaciones femeninas en los adjetivos del tercer punto.
- Haz un círculo alrededor de las terminaciones de los adjetivos que no cambian para el masculino o femenino en el cuarto punto.
- Subraya con dos líneas la regla que responde a la pregunta siguiente: ¿Cómo son los adjetivos cuya forma masculina termina en *-dor* en el femenino?

Las palabras que describen a las personas y las cosas se llaman adjetivos.

- La mayoría de los adjetivos tienen las formas masculina y femenina. Por lo general, el adjetivo masculino termina en la letra *-o* y el femenino en la letra *-a*.
- Los adjetivos masculinos describen nombres masculinos.

  Marcos es ordenad**o** y simpátic**o**. *Marcos is organized and nice.*
- Los adjetivos femeninos describen nombres femeninos.

  Marta es ordenad**a** y simpátic**a**. *Marta is organized and nice.*
- Los adjetivos que terminan en *-e* describen tanto nombres masculinos como femeninos.

  Anita es inteligent**e**. *Anita is smart.*
  Pedro es inteligent**e** también. *Pedro is also smart.*
- Los adjetivos cuya forma masculina termina en *-dor* tienen un femenino que termina en *-dora*.

  Juan es trabajad**or**. *Juan is hardworking.*
  Luz es trabajad**ora**. *Luz is hardworking.*
- Algunos adjetivos que terminan en *-a*, como *deportista,* describen nombres tanto femeninos como masculinos. Tú tendrás que aprender qué adjetivos siguen este patrón.

  Tomás es deportist**a**. *Tomás is sports-minded.*
  Marta es deportist**a** también. *Marta is sports-minded.*

Masculino	Femenino
ordenad**o**	ordenad**a**
trabajad**or**	trabajad**ora**
pacient**e**	pacient**e**
deportist**a**	deportist**a**

Actividad G

Lee las combinaciones siguientes y escribe la forma correcta del adjetivo.

Modelo Francisco y Paula / simpático *simpáticos*

1. Tú y yo / impaciente ______________
2. Elena / trabajador ______________
3. Anita y Lisa / deportista ______________

Capítulo 1B

Nombre ______________________ Fecha ______________

Actividad H

Completa las oraciones usando las palabras de abajo. Presta atención a los adjetivos de la segunda frase de cada número.

perezoso	sociable	serio	artístico	gracioso

1. Pedro y Antonio son muy ________. Les gusta pasar tiempo con sus amigos.
2. Pablo es muy ________. No es gracioso.
3. Silvia es muy ________. Le gusta dibujar y escuchar música.
4. Tú eres muy ________. No eres seria.
5. Yo tengo muchos amigos ________. No les gusta montar en bicicleta, patinar ni correr.

Gramática

(Nivel 1, pág. **60**, Nivel A, pág. **70**)

Artículos definidos e indefinidos

El y *la* son artículos definidos como "the" en inglés. *El* se usa con nombres masculinos; *la* se usa con nombres femeninos. Ya has visto palabras con artículos definidos:

el libro — ***the** book* — **la** carpeta — ***the** folder*

Un y *una* son artículos indefinidos, como "a" o "an" en inglés. *Un* se usa con nombres masculinos; *una* se usa con nombres femeninos.

un libro — *a book* — **una** carpeta — *a folder*

Artículos definidos		Artículos indefinidos	
el	*the*	**un**	*a, an*
la	*the*	**una**	*a, an*

Estrategia

Aprender a través de la repetición Cuando aprendas un nombre nuevo, dilo en voz alta junto con su artículo definido tan seguido como puedas. Poco a poco te darás cuenta de que las palabras 'suenan bien' con el artículo correcto y sabrás si un nombre es masculino o femenino.

Gramática interactiva

Encuentra
- Subraya en la caja la regla que se aplica en la frase siguiente:

  la sala
- Subraya con dos líneas la regla que se aplica en la frase siguiente:

  un sombrero

Encuentra
- Busca el nombre del tipo de artículo que usamos para referirnos a un sustantivo en particular y escríbelo abajo.

  ____
- Busca el nombre del tipo de artículo que usamos para referirnos a un sustantivo en general y escríbelo abajo.

  ____

Nombre ____________________ Fecha ____________

Actividad I

Organiza estas palabras en dos grupos, las que llevan *el* y *un* y las que llevan *la* y *una*. Escríbelas en una hoja aparte con el artículo definido correcto.

El cuerpo

ojo	boca	nariz	brazo	dedo	pierna	cabeza	estómago

Los útiles de la clase

carpeta	lápiz	libro	pupitre	hoja de papel	cuaderno	bolígrafo

Las estaciones

otoño	invierno	verano	primavera

Actividad J

Susana tiene un problema y habla con su amigo Steve sobre la clase de biología. Subraya el artículo correcto en cada paréntesis.

SUSANA: Ay, Steve, me siento tan mal hoy. No me gusta (la / una) compañera de laboratorio *(lab partner)* de biología.

STEVE: Pero, antes sí te gustaba. ¿Cuál es (el / un) problema?

SUSANA: Es que tengo (la / una) compañera de laboratorio muy desordenada.

STEVE: Lo siento. Debes hablar con (la / una) profesora Girón. Tal vez ella puede ayudarte.

SUSANA: Prefiero hablar con mi compañera. Deseo explicarle (el / un) problema.

STEVE: ¡Buena suerte!

SUSANA: ¡Gracias!

Nombre ______________________ Fecha ______________

Gramática

(Nivel 1, pág. 62, Nivel A, pág. 72)

¿Recuerdas?

Para hacer una oración negativa, ubicas la palabra *no* antes del verbo.

- Eduardo **no es** un chico serio.
- **No** me **gusta** jugar videojuegos.

El orden de palabras: Ubicación de los adjetivos

En español, por lo general, los adjetivos se escriben después del nombre que describen. Fíjate en cómo en esta oración en español, la palabra *artística* se ubica después de *chica*.

Margarita es **una chica artística**. *Margarita is an* ***artistic girl.***

¿Viste que en la misma oración en inglés, el adjetivo se ubica antes del nombre?

Aquí tienes un modelo para escribir oraciones en español:

Sujeto	Verbo	Artículo indefinido + Nombre	Adjetivo
Margarita	es	una chica	muy artística.
Pablo	es	un estudiante	inteligente.
La señora Ortiz	es	una profesora	muy buena.

Actividad K

Ordena las palabras de estas oraciones y escríbelas a continuación.

1. es / Felipe / gracioso / un chico

____

2. es / talentosa / una profesora / la señora Martínez

____

3. serio / Raúl / un estudiante / es

____

4. Lilia / una estudiante / artística / es

____

5. mi amigo / deportista / es / un chico

____

Nombre ______________________ Fecha ______________

Fondo cultural (Nivel 1, pág. 58 Nivel A, pág. 68)

Simón Bolívar (1783–1830) liberó el territorio de lo que hoy dia es Venezuela, Colombia, Ecuador, Perú y Bolivia del dominio español. Fue un comandante militar audaz y un hombre de estado. Bolívar es venerado en Sudamérica como *el Libertador.*

- Menciona tres líderes que hayan tenido una influencia similar a la de Bolívar en los eventos de su tiempo. Contesta en español o en inglés.

Actividad L

Llena los espacios con las respuestas correctas.

Simón Bolívar es conocido como el ______________________. Es un héroe para los siguientes países: ______________________________. Simón Bolívar es el George Washington de América del ______________________.

Fondo cultural (Nivel 1, pág. 65, Nivel A, pág. 77)

Huipil es el nombre de una blusa llena de colorido y tejida a mano que usan las mujeres descendientes de los mayas. El color, el diseño y el estilo del tejido son únicos en cada *huipil* e identifican cuáles son los antepasados y el pueblo al que pertenece quien lo usa. Cientos de diseños y estilos de tejido han sido identificados en las regiones mayas, principalmente en Guatemala y algunas partes de México.

- ¿Qué parte de tu ropa y accesorios refleja las características de tu personalidad? ¿Refleja también lo que te gusta y lo que no te gusta? ¿De qué manera? Contesta en español o en inglés en una hoja de papel.

Actividad M

Fíjate en la página de tu libro de texto y escribe una descripción del huipil que lleva la niña.

____

____

____

Capítulo 1B

Nombre ______________________ Fecha ______________

Conexiones La literatura (Nivel 1, pág. 59; Nivel A, pág. 69)

En tu libro de texto hay un ejemplo de un poema que tiene la forma de un diamante. Trata de escribir un poema sobre un personaje de literatura.

Modelo ***Sherlock Holmes***

Inteligente, paciente,
Reservado, serio,
Talentoso y trabajador,
Y artístico también.
Así es él.

Título: ______________________

____

____

____

El español en el mundo del trabajo

(Nivel 1, pág. 63; Nivel A, pág. 73)

Paciente, inteligente, trabajador, ordenado. Estas cuatro cualidades pueden hacer de ti un buen candidato para cualquier trabajo. Y si añades que eres *bilingüe* a la lista, tus cualidades para trabajar mejorarán.

Haz una lista de las carreras en las que tu conocimiento del español sería una ventaja. ¿Cuáles de estas carreras te interesan? Contesta en español o en inglés.

____

____

____

____

Capítulo 1B Nombre ______________________ Fecha ______________

¡Adelante!

Lectura 1

(Nivel 1, págs. 64–65, Nivel A, págs. 76–77)

Estrategia

Usar pistas visuales para comprender el significado
Aunque aún no has aprendido los colores en español, fíjate si puedes inferir de qué color se trata, usando a las pistas visuales del artículo en tu libro de texto.

Lectura interactiva

Analiza

- Antes de leer, piensa en los colores rojo y amarillo. ¿Qué simbolizan estos colores para ti? Usa un adjetivo en cada caso.

Rojo: ______________________

Amarillo: ______________________

Usa pistas visuales para comprender el significado

- Al leer, subraya la palabra que creas que indica el color al que se refiere cada apartado.
- Compara tus respuestas a la primera actividad con la información del libro. Si son diferentes, escribe una ✓ sobre el adjetivo del artículo y escribe a su lado tu adjetivo.

¿Cómo eres tú?

¡Los colores revelan tu personalidad!

- ¿Eres una chica? ¿Te gusta el rojo? Eres muy apasionada.

  ¿Eres un chico? ¿Te gusta el rojo? Eres atrevido.

- ¿Eres una chica? ¿Te gusta el verde? Eres natural.

  ¿Eres un chico? ¿Te gusta el verde? Eres muy generoso.

- ¿Eres una chica? ¿Te gusta el azul? Eres muy talentosa.

  ¿Eres un chico? ¿Te gusta el azul? Eres sociable.

- ¿Eres una chica? ¿Te gusta el anaranjado? Eres artística.

  ¿Eres un chico? ¿Te gusta el anaranjado? Eres gracioso.

- ¿Eres una chica? ¿Te gusta el violeta? Eres independiente.

  ¿Eres un chico? ¿Te gusta el violeta? Eres romántico.

- ¿Eres una chica? ¿Te gusta el amarillo? Eres muy trabajadora.

  ¿Eres un chico? ¿Te gusta el amarillo? Eres serio.

Capítulo 1B

Nombre ______________________ Fecha ______________

Actividad N

La tabla es un resumen de la lectura. Piensa en tus familiares y amigos. ¿Son como dice la tabla? Incluye más información.

Color	Chica	Chico
Rojo	apasionada	atrevido
Verde	natural	generoso
Azul	talentosa	sociable
Anaranja	artística	gracioso
Violeta	independiente	romántico
Amari	trabajadora	serio

odelo *Carlos es generoso y su color favorito es el verde.*
Sara es muy trabajadora, pero su color favorito no es el amarillo. Su color favorito es el azul.

1. ______________________________
2. ______________________________
3. ______________________________
4. ______________________________
5. ______________________________
6. ______________________________

Actividad Ñ

Completa esta tabla con los adjetivos que tú elijas. Luego, escribe algunos ejemplos de personas que son así.

Color	Chica	Chico
Blanco		
Negro		

Modelo *Pedro es simpático y su color favorito es el negro.*

____

____

Capítulo 1B

Nombre ______________________ Fecha ______________

Lectura 2

Cada cultura tiene su propia interpretación de qué significan los colores. Lee este texto sobre los colores de la antigua cultura de los mayas. Busca las comparaciones mientras lees.

Estrategia

Hacer comparaciones Las comparaciones explican la forma en que dos o más cosas se parecen o se diferencian. Las comparaciones hacen que puedas entender mejor las dos cosas. Al leer el artículo, presta atención a las comparaciones.

Lectura interactiva

Haz una comparación

- Encuentra una comparación en el segundo párrafo y subráyala.

¿De qué se trata la comparación? Contesta en español o en inglés.

____

____

____

____

- Escoje un color de la lectura. ¿Qué representa para ti? Completa las siguientes oraciones de comparación.

El ______ para mí simboliza

____

______________________.

Para los mayas simboliza

____

______________________.

Los colores como símbolos

Para los mayas los colores están relacionados con la naturaleza y el cosmos.

- El rojo es el símbolo de la oración y la renovación. Para otras culturas el rojo representa peligro.
- El blanco representa paz y armonía para los mayas. Por eso, las casas estaban pintadas de blanco y eran uniformes.
- El verde o el azul representan la tierra, el agua, las plantas y los árboles.

Es otra manera de pensar sobre los colores, ¿verdad?

Capítulo 1B

Nombre ______________________ Fecha __________

Actividad O

Responde a las preguntas siguientes, usando la información de la lectura.

1. ¿Cuál es la idea principal de esta lectura?

___

2. ¿Qué representa el rojo para los mayas?

___

___

3. ¿Qué representa el rojo para otras culturas?

___

___

4. ¿Qué representa el blanco en las casas de los mayas?

___

___

Ampliación del lenguaje

¿Qué es un párrafo?

El párrafo es la unidad básica de cualquier escrito y está formado por una o varias frases con un solo tema central. La frase principal expresa la idea principal y las frases secundarias complementan esa idea. Las oraciones siguen un orden lógico: las ideas secundarias apoyan la idea principal.

Go Online Web Code jcd-0116 PHSchool.com

Perspectivas del mundo hispano (Nivel 1, pág. 66, Nivel A, pág. 78)

¿Qué es un amigo?

Marcos, un joven costarricense que viene a los Estados Unidos por medio de un intercambio estudiantil, dice: "Cuando llegué a los Estados Unidos estaba muy impresionado con la cantidad de amigos que tenían mis hermanos anfitriones. Estos amigos visitaban muy seguido la casa donde vivía y salíamos a pasear en grupos. Pasábamos algún tiempo juntos y nos conocíamos en corto tiempo. Y, una vez que los conocías, terminabas hablando de todo con ellos".

Brianna, una estudiante estadounidense que participa en un intercambio estudiantil en Colombia, dice: "Después de pasar un año en Colombia, aprendí que el concepto de amistad es un poco diferente al de los Estados Unidos. Mis hermanos anfitriones pasaban mucho tiempo con su familia. Ellos conocían a muchas personas del colegio y a otras que participaban en actividades después de la escuela, pero eran pocos los amigos cercanos con los que compartíamos el tiempo libre. Este era un grupo pequeño comparado con el que yo tenía en mi país. Parece que toma más tiempo llegar a hacerse amigos cercanos de las personas".

En español hay dos expresiones que se usan mucho para describir relaciones de amistad: *un amigo,* significa "friend" y *un conocido* significa "acquaintance". Ya conoces la palabra *amigo.* La palabra *conocido* viene del verbo conocer que en inglés es "to meet." Cada expresión implica un tipo de relación diferente.

¡Inténtalo! En muchos países hispanos encuentras muchas expresiones para llamar a alguien amigo: *hermano, cuate* (México), *amigote* (España) y *compinche* (Uruguay, Argentina, España). Haz una lista de expresiones populares que se usen en tu comunidad y que signifiquen "amigo". ¿Cómo explicas esas expresiones de amistad a alguien de un país hispano? Contesta en español o en inglés.

¡Piénsalo! Compara cómo lo que se conoce como *amistad* en los Estados Unidos, es diferente en un país hispano. Usa los términos *amigo* y *conocido* para hacer tu comparación. Contesta en español o en inglés.

Capítulo 1B Nombre ______________________ Fecha ______________

Presentación escrita (Nivel 1, pág. 67, Nivel A, pág. 79)

Amigo por correspondencia

Tarea

Escribe un correo electrónico para presentarte a un posible amigo por correspondencia.

Estrategia

Usar el proceso de escritura Para crear un buen trabajo, sigue las instrucciones de cada paso para el proceso de escritura.

1. **Antes de escribir**
   Piensa en la información que quieres darle a tu amigo por correspondencia. Contesta estas preguntas para ayudarte a organizar tu mensaje electrónico.
   - ¿Cómo te llamas?
   - ¿Cómo eres? Exp ca con detalle e incluye los adjetivos pe mentes.
   - ¿Qué te gusta cer?
   - ¿Qué no te g a hacer?

2. **Borrador**
   Escribe un p mer borrador de tu mensaje electrónico usando las respuestas a las preguntas arriba. Empieza por presentarte: *¡Hola! Me llamo....* Cuando termines, concluye *Escríbeme pronto* u otra despedida apropiada.

   ¡Hola! M llamo Pati. Soy atrevida y muy deportista. Me gusta mucho nadar y correr, pero me gu más esquiar. ¡No me gusta nada jugar videojuegos! Escríbeme pronto.

3. **Rev on**
   R sa el primer borrador de tu correo electrónico y muéstraselo a un(a) c npañero(a). Ten en cuenta las siguientes cosas sobre el borrador de tu mpañero(a):
   - ¿Está bien organizado?
   - ¿Incluye toda la información de las preguntas de la lista?
   - ¿Es correcta la ortografía? ¿Usa la forma correcta de los adjetivos para describirte?
   - ¿Incluye una introducción y una conclusión?

   Decide si vas a usar las sugerencias de tu compañero(a). Luego, reescribe tu mensaje.

4. **Publicación**
   Escribe la versión final de tu correo electrónico. Puedes mandárselo a un(a) amigo(a) por correspondencia en otra clase o escuela, a tu maestro(a), o imprimirlo y dárselo a alguien de tu clase.

5. **Evaluación**
   Quizá tu profesor(a) te dé los criterios de cómo va a ser evaluada tu presentación. Probablemente, tu presentación será evaluada teniendo en cuenta:
   - Si tu tarea está completa.
   - Si seguiste el proceso de escritura y entregaste el trabajo de *Antes de escribir* y el borrador.
   - El uso de las formas correctas de los adjetivos.

Capítulo 1B

Repaso del capítulo (Nivel 1, pág. 70, Nivel A, pág. 82)

Vocabulario y gramática

Repaso del capítulo

Para prepararte para el examen, revisa si...
- conoces el vocabulario nuevo y la gramática.
- puedes responder a las preguntas de la página **49**.

para hablar acerca de cómo eres y cómo son los demás

artístico, -a	artistic
atrevido, -a	daring
bueno, -a	good
deportista	sports-minded
desordenado, -a	messy
estudioso, -a	studious
gracioso, -a	funny
impaciente	impatient
inteligente	intelligent
ordenado, -a	neat
paciente	patient
perezoso, -a	lazy
reservado, -a	reserved, shy
serio, -a	serious
simpático, -a	nice, friendly
sociable	sociable
talentoso, -a	talented
trabajador, -ora	hardworking

para preguntar a los demás acerca de ellos mismos o de alguien más

¿Cómo eres?	What are you like?
¿Cómo es?	What is he / she like?
¿Cómo se llama?	What's his / her name?
¿Eres...?	Are you...?

para hablar acerca de lo que le gusta o no le gusta a alguien

le gusta...	he / she likes...
no le gusta...	he / she doesn't like...

para describir a alguien

soy	I am
no soy	I am not
es	he / she is

para decir de quién hablas

el amigo	male friend
la amiga	female friend
el chico	boy
la chica	girl
la familia	family
yo	I
él	he
ella	she

otras palabras útiles

a veces	sometimes
muy	very
pero	but
según	according to
según mi familia	according to my family

adjetivos

Masculino	Femenino
ordenad**o**	ordanad**a**
trabajad**or**	trabajad**ora**
pacient**e**	pacient**e**
deportist**a**	deportist**a**

artículos definidos

el	the
la	the

artículos indefinidos

un	a, an
una	a, an

Más práctica

Practice Workbook Puzzle 1B-8
Practice Workbook Organizer 1B-9

Nombre ______________________ Fecha ______________________

Preparación para el examen (Nivel 1, pág. 71, Nivel A, pág. 83)

En el examen vas a...	Éstas son las tareas que te pueden ser útiles para el examen...	Si necesitas repasar...
1 Escuchar Escuchar y entender una descripción de un(a) amigo(a).	Escucha a un personaje de una telenovela en español describir a su ex novia. ¿Qué cualidades piensa que tiene ella? ¿Cuáles cree que son sus defectos? ¿Entiendes por qué terminó con ella?	Nivel 1: **págs. 50–53** *A primera vista* **págs. 57–62** Acts. 11–12, 20 Nivel A: **págs. 56–61** *A primera vista* **págs. 62–65** Acts. 5–8, 10
2 Hablar Hablar acerca de ti mismo y cómo te percibes.	Estás hablando con tu maestro(a) de español y te das cuenta que él/ella no sabe "realmente" quién eres tú. Dile algo sobre ti que le ayude a entenderte.	Nivel 1: **págs. 50–53** *A primera vista* **págs. 56–63** Acts. 9, 11, 13, 22 Nivel A: **págs. 66–74** Acts. 11–13, 18, 27
3 Leer Leer y entender una descripción sobre una persona.	En una popular revista en español lees la entrevista a un actor que tiene el papel de un adolescente llamado Carlos, en un programa de televisión que te gusta ver. Fíjate si entiendes lo que dice acerca de su personaje. ¡No me gusta nada el chico! Él es muy inteligente, pero le gusta hablar y hablar de NADA. Es ridículo. Es muy impaciente y perezoso. Él no es ni simpático ni gracioso. Yo soy un actor… ¡no soy como Carlos!	Nivel 1: **págs. 50–53** *A primera vista* **pág. 59** Act. 14 **págs. 64–65** *Lectura* Nivel A: **págs. 56–61** *A primera vista* **pág. 69** Act. 17 **págs. 76–77** *Lectura*
4 Escribir Escribir un breve párrafo donde te describas a ti mismo(a).	El primer número del periódico en línea de tu escuela se llama "Para conocernos mejor". Presenta una descripción breve de ti mismo(a). Di qué piensa tu familia de ti y menciona qué te gusta hacer. Por ejemplo: Yo soy una chica deportista y muy sociable. Según mi familia, soy graciosa. Me gusta patinar y hablar por teléfono.	Nivel 1: **págs. 56–63** Acts. 10–12, 15, 22 **pág. 67** *Presentación escrita* Nivel A: **págs. 66–75** Acts. 11–13, 18, 27–28 **pág. 79** *Presentación escrita*
5 Pensar Demostrar un conocimiento de las perspectivas culturales con respecto a la amistad.	Explica la diferencia entre los términos *amigo* y *conocido* en la cultura de los hispanohablantes. ¿Cómo se comparan con las palabras que usamos en los Estados Unidos?	Nivel 1: **pág. 66** *Perspectivas del mundo hispano* Nivel A: **pág. 78** *Perspectivas del mundo hispano*

Go Online Web Code jcd-0117 PHSchool.com

Nombre ______________________ Fecha ______________________

¿Qué sabes ya?

(Nivel 1, págs. 72–73, Nivel A, págs. 84–85)

1 ¿Puedes clasificar las clases de una escuela secundaria? Escribe los nombres de estas clases en la columna correspondiente. Añade los nombres de otras clases que conozcas.

álgebra	arte	biología	educación cívica	español
física	geografía	geometría	historia	inglés

Humanidades	Ciencias sociales	Ciencias naturales	Matemáticas
______	______	______	______
______	______	______	______
______	______	______	______
______	______	______	______

2 ¿Cuál es tu clase favorita? ¿Cómo es?

____

____

Arte y cultura (Nivel 1, pág. 73, Nivel A, pág. 85)

El artista colombiano Fernando Botero (1932–) es uno de los artistas latinoamericanos más conocidos y respetados. Sus obras han sido exhibidas alrededor del mundo en numerosos museos, galerías y lugares al aire libre. El estilo de Botero es único e inconfundible. La pintura en tu libro de texto nos muestra a Pedrito Botero, un hijo del artista que murió en un accidente de auto cuando tenía cuatro años de edad.

- Basándote en este pintura, ¿cómo describes el estilo de Botero? Contesta en español o en inglés.

Nombre ______________________ Fecha ______________

Capítulo 2A

Tu día en la escuela

Objetivos del capítulo

- Hablar acerca de los horarios y materias escolares
- Discutir qué hacen los alumnos durante el día
- Preguntar y decir cómo se lleva a cabo una acción
- Comparar tu escuela con una de un país hispano

Conexión geográfica (Nivel 1, pág. 72, Nivel A, pág. 84)

Haz una lista de los cinco países del mapa de tu libro de texto y una lista de sus capitales. Usa los mapas del principio de tu libro de texto.

Países: 1. ______________ **Capitales:** ______________

2. ______________ ______________

3. ______________ ______________

4. ______________ ______________

5. ______________ ______________

Capítulo 2A Nombre ______ Fecha ______

A primera vista (Nivel 1, págs. 74–75, Nivel A, págs. 86–87)

Actividad A

Lee las descripciones de las siguientes clases e identifícalas.

1. Estudiamos aritmética y usamos una calculadora. ______
2. Usamos la computadora y hacemos páginas Web. ______
3. Dibujamos con lápices. ______
4. Practicamos deportes y corremos. ______
5. Estudiamos reglas y leemos literatura de los Estados Unidos. ______
6. Hacemos experimentos en un laboratorio. ______

Actividad B

Repasa el vocabulario de esta sección. Escribe por lo menos tres nombres de clases y una cosa que necesitas para cada una. Luego, escribe cuál es tu opinión de esas clases.

Nombres de clases	Cosas que necesito	Opino que esta clase es...

Go Online PHSchool.com Web Code jcd-0201

Videohistoria (Nivel 1, págs. 76–77, Nivel A, págs. 88–90)

Actividad C

Responde a estas preguntas sobre la *Videohistoria*.

1. ¿Qué enseña el señor Marín? ¿Cómo es él?

____

2. ¿Qué clase le gusta a Claudia? ¿Cómo es la clase para ella?

____

3. ¿Qué problema tiene Claudia?

____

4. ¿Qué necesita hacer Claudia?

____

5. ¿Qué dice la Srta. Santoro que es necesario hacer?

____

Actividad D

Completa el diálogo de Claudia con el señor Treviño con las palabras y frases siguientes.

fácil	a ver	necesitas hablar	estudiar	tienes

Sr. Treviño: Hola, Claudia. ¿_______________ conmigo?

Claudia: Sí, señor Treviño. Hay un error en mi horario. ¡Tengo seis clases de matemáticas al día!

Sr. Treviño: _______________, ¿cómo es posible? ¿_______________ seis clases de matemáticas?

Claudia: Sí, me gusta la clase y es _______________ para mí, pero necesito _______________ inglés, historia y ciencias también.

Sr. Treviño: Tienes razón. Voy a hablar con el director de la escuela.

Capítulo 2A

Nombre _______________ Fecha _______________

Manos a la obra (Nivel 1, págs. 78–81, Nivel A, págs. 92–97)

Actividad E

Escribe tu horario siguiendo el modelo del horario de la escuela secundaria de Querétaro. Después, contesta las preguntas que siguen.

Nombre de la escuela: _______________

PRIMER SEMESTRE

	____hs. semanales
	____hs. semanales
	____hs. semanales
	____hs. semanales
	____hs. semanales
	____hs. semanales
	____hs. semanales
	____hs. semanales

Total ____ hs. semanales

1. ¿Cuántas horas de clases hay cada semana? _______________
2. ¿Cuántas horas de inglés hay? _______________
3. ¿Cuántas horas de ciencias sociales hay? _______________
4. ¿Cuántas horas de ciencias naturales hay? _______________
5. ¿Qué clase tiene tiene mucha tarea? _______________
6. ¿Qué clase tiene poca tarea? _______________
7. ¿Que clasé te gusta más? ¿Por qué? _______________

____

____

Capítulo 2A

Nombre ______________________ Fecha ______________

Ampliación del lenguaje

Algunas palabras para hablar del tiempo

En el ejercicio anterior usaste la palabra *semanales (weekly)* para hablar de tus clases. Aquí tienes otras palabras para indicar cuándo o con qué frecuencia haces algo.

diario(s), diaria(s) – por día, cada día
semanal(es) – por semana, cada semana
semestral(es) – por seis meses, cada seis meses
mensual(es) – por mes, cada mes
anual(es) – por año, cada año

Ejemplo: *Tengo cuatro horas semanales de inglés.*

Actividad F

Clasifica tus clases según el nivel (level) de dificultad en la tabla siguiente. Luego, escribe una frase para cada clase y di por qué es así.

Modelo *educación física*
La educación física es fácil para mí porque soy deportista y no hay tarea.

Clases fáciles para mí	Clases difíciles para mí
______________	______________
______________	______________
______________	______________
______________	______________

1. ______________________________
2. ______________________________
3. ______________________________
4. ______________________________
5. ______________________________
6. ______________________________

Nombre ______________________ Fecha ____________

Gramática

(Nivel 1, pág. **82**, Nivel A, pág. **98**)

Pronombres personales

El sujeto de una oración dice quién realiza la acción. A menudo, los nombres de las personas son el sujeto:

Gregorio escucha música. — ***Gregory*** *listens to music.*
Ana canta y baila. — ***Ana*** *sings and dances.*

Los pronombres personales también se usan para decir quién realiza una acción. Los pronombres personales sustituyen los nombres de las personas.

Él escucha música. — ***He*** *listens to music.*
Ella canta y baila. — ***She*** *sings and dances.*

Aquí están todos los pronombres personales:

yo	I	**nosotros**	we *(masc., masc./fem.)*
		nosotras	we *(fem.)*
tú	you *(informal)*	**vosotros**	you *(masc., masc./fem.)*
		vosotras	you *(fem.)*
usted (Ud.)	you *(formal)*	**ustedes (Uds.)**	you *(formal)*
él	he	**ellos**	they *(masc., masc./fem.)*
ella	she	**ellas**	they *(fem.)*

Tú, usted, ustedes y *vosotros(as)* significan *"you"*.

- Usa *tú* con la familia, los amigos, las personas de tu edad o menores que tú y con cualquiera a quien llames por su nombre.
- Usa *usted* con aquellos a quienes te dirijas con un título como *señor, señora, profesor(a),* etc. Por lo general, *usted* se escribe *Ud.*
- En Latinoamérica se usa *ustedes* cuando se habla a dos o más personas, sin importar la edad. Por lo general, *ustedes* se escribe *Uds.*
- En España se usa *vosotros(as)* cuando se habla a dos o más personas a los que les puedes hablar por separado de *tú:* tú + tú = *vosotros(as).* Se usa *ustedes* cuando se habla a dos o más personas a las que les hablas por separado de *usted.*

Si un grupo está formado solamente por hombres o por hombres y mujeres, usa las formas masculinas: *nosotr***os**, *vosotr***os**, *ell***os**. Si un grupo está formado por mujeres solamente, usa las formas femeninas: *Nosotr***as**, *vosotr***as**, *ell***as**.

Puedes combinar el pronombre personal y un nombre para formar un sujeto.

Alejandro y yo = **nosotros** — Pepe y tú = **ustedes**
Carlos y ella = **ellos** — Lola y ella = **ellas**

Gramática interactiva

Encuentra

- En la tabla de pronombres personales, subraya los pronombres que usas cuando hablas con tus amigos o con niños.
- En la oración, *A todos los hombres y mujeres nos gusta comer,* ¿usarías el pronombre *nosotros* o *nosotras* para sustituir la parte de *"los hombres y mujeres"*?

  ____

- Subraya dos veces la regla donde se indica la razón de esto.

Nombre _______________ Fecha _______________

Actividad G

1. ¿Qué pronombre usas con las siguientes personas?, *¿tú* o *usted?*

una amiga de tu mamá: _______________

un niño de seis años: _______________

tu profesora: _______________

tu papá: _______________

un grupo de tus amigos: _______________

2. Completa el diálogo siguiente con pronombres personales.

MARTA: Profesora, ¿__________ enseña la clase de matemáticas?

SRA. GÓMEZ: Sí, Marta. ¿__________ eres estudiante de matemáticas?

MARTA: Sí, profesora. Antonio y yo estudiamos matemáticas la tercera hora.

SRA. GÓMEZ: ¿Tienen ya __________ su libro de texto?

MARTA: A ver, __________ lo tengo, pero Antonio no.

SRA. GÓMEZ: Necesito hablar con __________.

Actividad H

Ampliación del lenguaje

Abreviaturas

Una abreviatura es una forma corta de escribir una palabra, como hemos venido haciéndolo con *usted (Ud.)* y *ustedes (Uds.)* Por lo general terminan con un punto. Ejemplo: *capítulo (cap.), ejemplo (ej.), etcétera (etc.).*

Nombre ______________________ Fecha ______________

Gramática

(Nivel 1, pág. 84, Nivel A, pág. 100)

Gramática interactiva

Encuentra

- Encierra en un círculo las terminaciones de los verbos en **-ar.**
- Subraya la respuesta a la siguiente pregunta: ¿Por qué podemos usar, con frecuencia, el verbo sin el sujeto?
- Subraya con dos líneas la regla que indica por qué debes usar el pronombre en algunas ocasiones.

El presente de los verbos terminados en *-ar*

Tú ya sabes que en español, los verbos en infinitivo siempre terminan en *-ar, -er* o *-ir.*

El grupo más grande de verbos termina en *-ar. Hablar* es uno de éstos.

Los verbos se usan en otras formas además del infinitivo. Para hacerlo se elimina la terminación *-ar* y se hacen los cambios.

Para crear la mayoría de las formas de los verbos terminados en *-ar,* primero debes quitar la terminación *-ar* y dejar el radical:

hablar ⟶ **habl-**

Luego, debes añadir las terminaciones *-o, -as, -a, -amos, -áis* o *-an* al radical.

Aquí tienes las formas de *hablar:*

(yo)	habl**o**	(nosotros) (nosotras)	habl**amos**
(tú)	habl**as**	(vosotros) (vosotras)	habl**áis**
Ud. (él) (ella)	habl**a**	Uds. (ellos) (ellas)	habl**an**

En español, un verbo en tiempo presente puede traducirse al inglés de dos maneras:

Hablo español. — ***I speak*** *Spanish.*
I am speaking *Spanish.*

Las terminaciones de los verbos siempre indican quién realiza la acción. En este caso, indican *quién* habla. Por esto, con frecuencia puedes usar el verbo sin el sujeto:

Hablo inglés. ¿**Hablas** español?

En algunas ocasiones, los pronombres personales se usan para enfatizar o aclarar quién es el sujeto en caso de haber más de una posibilidad.

Ella habla inglés pero **él** habla español.

Capítulo 2A

Nombre ______________________ Fecha __________

Actividad I

Mónica y Alfredo están en la misma clase en su primer día de escuela. Completa el diálogo con la forma correcta de estos verbos.

escuchar	patinar	nadar	montar	tocar	cantar	bailar	practicar

MÓNICA: ¿Tú __________ deportes, Alfredo?

ALFREDO: No soy muy deportista, pero __________ en la piscina del gimnasio. También __________ en bicicleta los sábados. ¿Y tú?

MÓNICA: Mis amigos y yo __________ en el parque a veces, pero me gusta más la música que los deportes.

ALFREDO: ¿Tú __________ con el club de baile?

MÓNICA: Un poco. Y __________ la guitarra.

ALFREDO: Tengo un disco compacto nuevo. Los artistas __________ mis canciones favoritas. ¿Por qué no lo __________ tú y yo?

MÓNICA: ¡Genial!

Actividad J

¿Cómo hacen estas actividades tú y otra gente? Escoge una actividad y di si la hacen bien o mal.

dibujar	nadar	hablar español	cantar	bailar	montar en monopatín
montar en bicicleta	usar la computadora				

Modelo *Julio usa la computadora muy bien.*

1. Yo ______________________________.
2. Mi amigo(a) ______________________________.
3. Mi familia ______________________________.
4. El profesor ______________________________.
5. Mis amigos(as) ______________________________.
6. La profesora ______________________________.

Go Online Web Code jcd-0204 PHSchool.com

Capítulo 2A

Nombre ______________________ Fecha ______________

Fondo cultural

(Nivel 1, pág. **80**, Nivel A, pág. **97**)

Estudiar inglés Mientras tú estás en una clase de español en tu escuela, un gran número de alumnos hispanos están estudiando para aprender el lenguaje extranjero más popular del mundo: el inglés. Muchos niños comienzan a aprender inglés desde primer grado y continúan haciéndolo hasta terminar la secundaria. A menudo, asisten a escuelas especiales de lenguas para recibir clases de inglés adicionales. Cuando visites un país hispano, tal vez encuentres a alguien ansioso de practicar sus habilidades en inglés a cambio de ayudarte a mejorar tu español.

- ¿Por qué crees que el inglés es tan popular en otros países? ¿Estás estudiando español por razones similares? Contesta en español o en inglés.

Ampliación del lenguaje

(Nivel 1, pág. **81**, Nivel A, pág. **94**)

Conexiones entre el latín, el inglés y el español

Muchas palabras del inglés y del español vienen *(come)* del latín. Encontrar las relaciones entre estas palabras puede ayudarte a ampliar *(extend)* tu vocabulario en inglés y en español. Mira la lista de raíces *(roots)* del latín para los números del uno al diez.

¡Inténtalo! Para cada uno de los números romanos de la lista, elige una de las raíces (si hay más de una en la lista), y escribe una palabra en español y una en inglés que conoces y que tenga esa raíz.

Modelo	Raíz en latín	Palabra en español	Palabra en inglés
	prim-	*primero*	*primary*

¡Inténtalo! El año romano comenzaba en el mes de marzo. Basándote en esto, ¿puedes explicar por qué *septiembre, octubre, noviembre y diciembre* usan la raíz en latín del siete, ocho, nueve y diez? Contesta en español o en inglés.

Fondo cultural

(Nivel 1, pág. **81**, Nivel A, pág. **95**)

Muchas palabras en español se derivan del latín porque España fue parte del Imperio Romano en una etapa de su historia. Roma ocupó la mayor parte de España aproximadamente desde el año 209 a.C. hasta el 586 d.C. Durante este tiempo fueron construidos edificios públicos enormes, como acueductos y teatros. Algunos de ellos, como el acueducto que se eleva sobre la moderna ciudad de Segovia, están todavía en pie. El nombre de España en latín era *Hispania.*

- ¿Encuentras alguna similitud entre *Hispania* y el nombre del país en español, *España*? Contesta en español o en inglés.

Nombre ____________________ Fecha ____________________

Conexiones Las matemáticas

(Nivel 1, pág. 88, Nivel A, pág. 106)

Los mayas usaban tres símbolos para escribir los números: un punto ●, una barra ▬ y el dibujo de una concha. El punto equivale a 1, la barra equivale a 5 y la concha equivale a 0 (cero). Los números se escribían de arriba hacia abajo, de izquierda a derecha. Mira los números mayas que aparecen en tu libro de texto.

¿A qué números de nuestro sistema numérico corresponden los siguientes números mayas?

1. **2.** **3.**

Ahora escribe en una hoja de papel los siguientes números en el sistema maya.

4. 13 **5.** 16 **6.** 19

El español en la comunidad

(Nivel 1, pág. 89, Nivel A pág. 97)

¿Sabes si hay oportunidades de aprender español en tu comunidad, además de las que hay en tu escuela? Haz una breve investigación a través del Internet, folletos de universidades y la guía telefónica acerca de clases o lecciones privadas, para localizar las oportunidades que ofrece tu comunidad. Haz una lista de tus hallazgos. ¿Crees que la gente de tu comunidad quiere aprender español? Contesta en español o inglés.

Pronunciación

(Nivel 1, pág. 89, Nivel A pág. 107)

La letra c

La pronunciación de la letra *c* depende de la letra que le sigue. Si le sigue una *a, o, u,* u otra consonante, se pronuncia como la *c* de *cat.* Si le sigue una *e* o una *i,* la mayoría de los hispanohablantes la pronuncia como la *s* de *Sally.*

¡Inténtalo! Escucha y pronuncia la siguiente rima:

Cero más cuatro,
o cuatro más cero,
siempre son cuatro.
¿No es verdadero?

Nombre _______________ Fecha _______________

¡Adelante! (Nivel 1, págs. 90–91, Nivel A, págs. 108–109)

Lectura 1

Estrategia

Usar fotografías Mira las fotografías para ayudarte a entender el contenido de un folleto *(brochure)* o un anuncio *(advertisement).*

Lee el folleto sobre una escuela de inmersión llamada **Escuela Español Vivo**. ¿Qué te parece asistir a una escuela en la que no puedes hablar en tu idioma? Piensa en esto mientras lees.

Lectura interactiva

Usa fotografías
- En los primeros dos párrafos, haz un círculo alrededor de cuatro palabras que nombren algo que aparece en las fotografías de tu libro de texto. Si las palabras se repiten, señálalas la primera vez.

Encuentra
- En el tercer párrafo, subraya los nombres comunes, es decir, los que no llevan mayúscula.
- En el cuarto párrafo, subraya dos veces dos adjetivos.

La Escuela Español Vivo

¡Una experiencia fabulosa en Costa Rica!
¡Estudia español con nosotros en la Escuela Español Vivo!

Es verano, el mes de junio. Eres estudiante en Santa Ana, un pueblo en las montañas de Costa Rica.

Y ¿cómo es tu clase? Hay cinco estudiantes en tu clase. Uds. escuchan, hablan y practican español todo el día. También usan la computadora.

En la escuela hay estudiantes de muchos países: Estados Unidos, Inglaterra, Francia, Brasil, Canadá, Japón, India, Sudáfrica y otros. ¡Todos estudian español!

Los sábados y domingos hay actividades muy interesantes: visitar un volcán o un parque nacional, nadar en el océano Pacífico...y ¡más!

Sábados/Domingos
- visitar un volcán
- visitar un parque nacional
- nadar en el océano Pacífico

El horario de clases en la escuela de lunes a viernes es:

08:00–10:30	Clases de español
10:30–11:00	Recreo
11:00–13:00	Clases de español
13:00–14:00	Almuerzo
14:00–15:30	Conversaciones
15:30–16:30	Clases de música y baile

¿Por qué la Escuela Español Vivo?
- La naturaleza de Costa Rica en el pueblo de Santa Ana
- Amigos de muchos países
- Mucha práctica y conversación en español
- Clases de música y baile
- Excursiones los sábados y domingos

Nombre ______________________ Fecha ______________

Actividad K

Basándote en lo que acabas de leer y en tus propios conocimientos, responde a las preguntas siguientes.

1. ¿Dónde está Costa Rica y cómo se llama su capital?

____

2. ¿Cuál es el objetivo de la **Escuela Español Vivo**?

____

____

3. ¿Qué hacen los estudiantes el sábado y el domingo?

____

____

4. ¿El horario de la escuela te parece fácil o difícil? ¿Por qué?

____

____

Fondo cultural

(Nivel 1, pág. **91**, Nivel A, pág. **109**)

La hora en los países hispanos, por lo general, se muestra usando el reloj de 24 horas en horarios oficiales y avisos de programas de salidas y llegadas en aeropuertos, estaciones de tren, etc. Las horas de la mañana comprenden de las 00:00 (medianoche) a las 11:59 (11:59 A.M.). La 1:00 P.M. se muestra como 13:00, las 2:00 P.M. como las 14:00 y así sucesivamente. Este sistema también es usado por las Fuerzas Armadas de los Estados Unidos, por lo cual, se le llama hora militar.

- Mira el horario del folleto de la **Escuela Español Vivo.** ¿A qué hora tienen designado el tiempo para la conversación y las clases de música y baile?

Nombre ______________________ Fecha ______________

Lectura 2

Lee estos mensajes de un foro de chat al principio del año escolar.

Estrategia

Usar conocimientos previos La apariencia de un texto te ayuda a comprenderlo. La posición del texto, la firma *(signature)* y el uso de minúsculas y mayúsculas son pistas *(clues)*.

Lectura interactiva

Usa conocimientos previos

- Los mensajes electrónicos de los jóvenes tienen, a veces, ortografía *(spelling)* incorrecta o exagerada. Subraya 3 ejemplos.
- Otra característica es la falta *(lack)* de acentos y puntuación. En el segundo mensaje de Brian, corrige la puntuación de las tres preguntas que hace. Escríbelas arriba del texto. Busca dos o tres palabras que necesitan acento.

____

____

____

____

- ¿Qué significan las tres preguntas? ¿Cómo lo sabes?

____

____

____

____

____

____

Tema: Empezamos las clases

HOLA A TTTTOOOODDDDDOOOOOSSSS. UNA DISCULPA PRIMERO. TENGO 5 DIAS QUE NO VEO MI CORREO.

TENGO MAS DE 40 MENSAJES.

PASO MIS VACACIONES EN EL CAMPO. LLEGO A LA CIUDAD ESTA TARDE. EL LUNES TENEMOS ESCUELA. BRUTAL, ¿NO?

BUENO, A VER QUE PASA ESTE SEMESTRE

BRIAN

HOLA, BRIAN. TODAVIA NO TERMINO DE LEER TUS MENSAJES. ¡SON 12 PAGINAS! NOS CUENTAS MUCHAS COASAS MUY DIVERTIDAS. BIENVENIDO A LA CIUDAD, BRIAN.

NENA

QUE TAL QUE ONDA QUE CUENTAN. LLUEVE MUCHO Y HACE CALOR POR ESO ME DEDICO A RESPONDER AL CORREO ELECTRONICO.

LAS CLASES COMIENZAN EL LUNES Y NO TENGO NI BOLIGRAFO NI CUADERNO. QUE LAAASSSSTTTTIIIMMMAAAAA.

BRIAN

Nombre ____________________ Fecha ____________

Actividad L

Responde a las siguientes preguntas basándote en la lectura anterior.

1. ¿Dónde pasa las vacaciones Brian?

____

2. ¿Es Brian estudioso?

____

3. ¿Por qué no termina Nena de leer los mensajes de Brian?

____

4. ¿Qué necesita Brian para la escuela?

____

Actividad M

Escribe un mensaje electrónico a Brian. Dile cómo eres tú y qué te gusta hacer. Dile qué clases tienes y cómo son. Pregúntale a él lo mismo *(the same)*.

____

____

____

____

____

____

____

____

____

____

Capítulo 2A

Nombre ____________________ Fecha ____________

La cultura en vivo (Nivel 1, pág. 92, Nivel A, pág. 110)

Aficionados al fútbol

El fútbol (soccer) es el deporte favorito de casi todos los países hispanos. En realidad, es el deporte más popular en todo el mundo. Durante los últimos años también se ha incrementado su popularidad en los Estados Unidos. Al igual que otros deportes que conoces, el fútbol tiene fieles aficionados, porras, canciones para los equipos y algunas veces porristas. Si asistes a un juego en la Escuela Secundaria Bolívar, en Venezuela, es probable que escuches la siguiente tonada:

Chiquitibúm a la bim bom bam

A la bío

A la bao

A la bim bom bam

¡Bolívar! ¡Bolívar!

¡Ra, ra, ra!

A excepción del nombre de la escuela, ninguna de las frases de la porra tiene significado. Aquí te presentamos otra porra:

¡Se ve! ¡Se siente!

¡Bolívar está presente!

¡Qué sí, que no!

¡Bolívar ya ganó!

¡A la bío, a la bao!

¡El otro está cansao!

¡Inténtalo!

En grupos de cinco, seleccionen una de las porras y úsenla como modelo para crear una porra para uno de los equipos de su escuela. Preséntenla ante el resto de la clase.

¡Piénsalo!

¿En qué se parecen y en qué se diferencian estas porras y el entusiasmo de los fanáticos del fútbol a los de tu escuela?

Capítulo 2A

Nombre ________ Fecha ________

Presentación oral (Nivel 1, pág. 93, Nivel A, pág. 111)

Mis clases

Tarea

Imagina que un estudiante de Costa Rica acaba de llegar a tu escuela. Háblale de algunas de tus clases.

Estrategia

Usar organizadores gráficos Las tablas y las gráficas simples pueden ayudarte a organizar tus ideas para una presentación.

1. **Preparación**
Haz una tabla similar a la que te presentamos abajo para que la completes con la información de tres de tus clases. Usa esta tabla para pensar en todo lo que quieres decir acerca de estas clases.

Hora	Clase	Comentarios	Profesor(a)
primera	la clase de español	me gusta hablar español	La Sra. Salinas
cuarta	la clase de arte	difícil	El Sr. Highsmith
octava	la clase de ciencias naturales	divertida	La Srta. Huerta

2. **Práctica**
Repasa tu presentación varias veces. Puedes usar tus notas mientras practicas, pero tal vez tu profesor(a) no te permita usarlas durante tu presentación. Trata de:

- mencionar la información acerca de tus clases y tus maestros.
- usar oraciones completas.
- hablar con claridad.

Modelo *En la primera hora tengo la clase de español. Me gusta hablar español. La clase es muy divertida. La Sra. Salinas es la profesora.*

3. **Presentación**
Describe las tres clases que seleccionaste.

4. **Evaluación**
Quizá tu profesor(a) te dé los criterios de cómo va a ser evaluada tu presentación. Probablemente, tu presentación será calificada sobre:

- si tu presentación está completa.
- cuánta información fuiste capaz de comunicar.
- lo fácil que resulta entenderte.

Capítulo 2A

Repaso del capítulo (Nivel 1, pág. 96, Nivel A, pág. 114)

Vocabulario y gramática

Repaso del capítulo

Para prepararte para el examen, revisa si...
- conoces el vocabulario nuevo y la gramática.
- puedes realizar las tareas de la página 69.

para hablar acerca de tu día en la escuela

el almuerzo	lunch
la clase	class
la clase de ...	...class
arte	art
español	Spanish
ciencias naturales	science
ciencias sociales	social studies
educación física	physical education
inglés	English
matemáticas	mathematics
tecnología	technology/ computers
el horario	schedule
en la ... hora	in the ... hour (class period)
la tarea	homework

para describir actividades de la escuela

enseñar	to teach
estudiar	to study
hablar	to talk

para hablar acerca del orden de las cosas

***primero, -a**	first
segundo, -a	second
***tercero, -a**	third
cuarto, -a	fourth
quinto, -a	fifth
sexto, -a	sixth
séptimo, -a	seventh
octavo, -a	eighth
noveno, -a	ninth
décimo, -a	tenth

* Cambia a *primer* y *tercer* antes de un sustantivo masculino en singular.

para hablar acerca de las cosas que necesitas en la escuela

la calculadora	calculator
la carpeta de argollas	three-ring binder
el diccionario	dictionary
necesito	I need
necesitas	you need

para describir tus clases

aburrido, -a	boring
difícil	difficult
divertido, -a	amusing, fun
fácil	easy
favorito, -a	favorite
interesante	interesting
práctico, -a	practical
más ... que	more ... than

otras palabras útiles

a ver	let's see
¿Quién?	Who?
para	for
mucho	a lot
(yo) tengo	I have
(tú) tienes	you have

Pronombres personales

yo	I	**nosotros** **nosotras**	we we
tú **usted (Ud.)**	you *(fam.)* you *(form.)*	**vosotros** **vosotros** **ustedes (Uds.)**	we we you
él **ella**	he she	**ellos** **ellas**	they they

hablar

hablo	**hablamos**
hablas	**habláis**
habla	**hablan**

● **Más práctica**

Practice Workbook Puzzle 2A-8

Practice Workbook Organizer 2A-9

 Nombre ______________________ Fecha ______________

Preparación para el examen (Nivel 1, pág. 97, Nivel A, pág. 115)

En el examen vas a...	Éstas son las tareas que te pueden ser útiles para el examen...	Si necesitas repasar...
1 Escuchar Escuchar y entender a las personas cuando hablan acerca de sus nuevos horarios y qué les parecen sus clases.	Escucha a dos estudiantes que acaban de tener sus clases en los nuevos horarios. a) ¿Qué clase le gusta a cada uno? ¿Por qué? b) ¿Qué clase le desagrada a cada uno? ¿Por qué?	Nivel 1: **págs. 75–80** Acts. 1–2, 7–9 **págs. 86–91** *A primera vista* Nivel A: **págs. 87–96** Acts. 1–2, 7, 10–11
2 Hablar Hablar acerca de las actividades que tienes en común con tus amigos.	A fin de conocerte, tu consejero te pide que hables o escribas sobre lo que tienen en común tú y tus amigos, como las materias de la escuela que todos estudian y la música o las actividades que a todos les gustan. Por ejemplo: *cantamos*. También puedes decir en qué son diferentes tú y tus amigos. Por ejemplo: *Yo toco la guitarra y ellos practican deportes.*	Nivel 1: **págs. 80–87** Acts. 8, 16, 18–19 **pág. 93** *Presentación oral* Nivel A: **págs. 96–105** Acts. 11, 21, 23 **pág. 111** *Presentación oral*
3 Leer Leer y comprender la descripción que una persona hace de su clase por correo electrónico.	Lee este mensaje que recibió tu amigo(a) de un amigo por correspondencia electrónica. ¿Qué estudia en la escuela ese amigo? ¿Qué piensa de sus clases? ¿Estás de acuerdo o no? ¿Por qué? ¿Cómo son mis clases? A ver...Yo tengo ocho clases. Estudio ciencias naturales, inglés, español, educación física, geografía, matemáticas, tecnología y ciencias sociales. ¡Me gusta más la clase de inglés! Necesito hablar inglés aquí en Ecuador, pero es MUY difícil. Mi clase de geografía es muy aburrida y mi clase de educación física es muy divertida. Y, ¿cómo son tus clases?	Nivel 1: **págs. 74–77** *A primera vista* **pág. 78** Act. 4 **págs. 90–91** *Lectura* Nivel A: **págs. 86–91** *A primera vista* **pág. 92** Act. 5 **págs. 108–109** *Lectura*
4 Escribir Escribe tu horario. Incluye la hora, la clase y el nombre del maestro y da tu opinión sobre las clases.	Escribe una nota a un consejero donde expliques por qué quieres dejar dos de las clases de tu horario. ¿Cuál puede ser una razón por la que quieras cambiar de clases? Puedes decir que tu clase de la primera hora es aburrida y que la clase de la segunda es difícil.	Nivel 1: **págs. 78–79** Acts. 5–7 **pág. 93** *Presentación oral* Nivel A: **págs. 94–96** Acts. 8–10 **pág. 111** *Presentación oral*
5 Pensar Demostrar un conocimiento de las prácticas culturales en el área de los deportes.	Piensa en los deportes de tu escuela que atraen a los aficionados a sus partidos o competencias. ¿Son los mismos deportes que en los países hispanos son los más populares? ¿Cómo muestran su entusiasmo los espectadores? ¿En qué se parece o se diferencia de los Estados Unidos?	Nivel 1: **pág. 92** *La cultura en vivo* Nivel A: **pág. 110** *La cultura en vivo*

Nombre ______________________ Fecha ______________________

¿Qué sabes ya?

(Nivel 1, págs. 98–99, Nivel A, págs. 116–117)

Repasa lo que sabes de las escuelas hispanas y completa la tabla en español o en inglés. Si necesitas ayuda, repasa los ejercicios del capítulo anterior de tu cuaderno de práctica.

Materias	**Escuelas hispanas**	**Nuestra escuela**
Inglés	*Estudian inglés.*	*No estudian inglés.*
Recreo		
Deportes		
Otra(s) diferencias(s)		

Arte y cultura (Nivel 1, pág. 99, Nivel A, pág. 117)

Sor Juana Inés de la Cruz (1648–1695), nacida cerca de la Ciudad de México, fue una de las más grandes intelectuales de su tiempo. Escribió poesía, ensayos, música y obras de teatro. Sor Juana también defendió el derecho de la mujer a la educación en una época en la que pocas mujeres tenían acceso a ella. A los 19 años entró a un convento y con los años formó una biblioteca de varios miles de libros. La residencia de Sor Juana en el convento se convirtió en lugar de reunión de escritores e intelectuales, quienes se sentían atraídos por su inteligencia y conocimientos.

- Observa el retrato de Sor Juana en tu libro de texto. ¿Cómo están representados en esta pintura varios de los aspectos de la vida de Sor Juana? Si tú posaras para un retrato, ¿qué objetos incluirías para representarte a ti y tus intereses? Contesta en español o en inglés.

Nombre _______________ Fecha _______________

Capítulo 2B

Tu sala de clases

Objetivos del capítulo

- Describir un salón de clases
- Indicar dónde se encuentran las cosas
- Hablar acerca de varias personas u objetos
- Entender las perspectivas culturales sobre la escuela

Conexión geográfica (Nivel 1, pág. 98, Nivel A, pág. 116)

Contesta las preguntas sobre los países mirando el mapa. También puedes usar los mapas de tu libro de texto.

1. ¿Qué país(es) está(n) en América Central?

____

2. ¿Qué país(es) está(n) en América del Sur?

____

3. ¿Está Nicaragua al sureste o al noroeste de El Salvador?

____

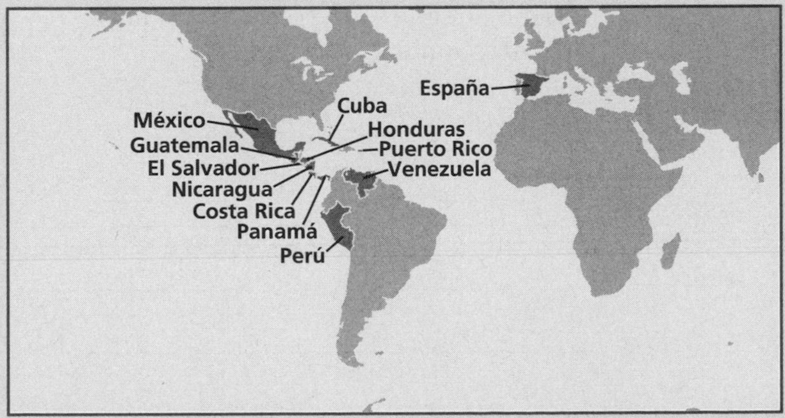

Capítulo 2B

Nombre ______________________ Fecha ______________

A primera vista (Nivel 1, págs. 100–101, Nivel A, págs. 118–119)

Actividad A

Identifica la palabra de vocabulario que mejor corresponde a cada definición. Usa el artículo definido correcto y presta atención a la ortografía.

1. Símbolo de naciones o estados ______________
2. Instrumento para medir el tiempo ______________
3. Lámina *(sheet)* de papel, con palabras y/o dibujos, para anunciar algo ______________
4. Tablero *(keyboard)* con letras y números que se usa para escribir ______________
5. Máquina que procesa información ______________
6. Recipiente para poner papeles que no sirven ______________
7. Objeto para afilar *(sharpen)* las puntas de los lápices ______________
8. Superficie plana en la que vemos imágenes electrónicas ______________

También se dice...

- computadora → ordenador (España)
- cuaderno → libreta (México)
- sala de clases → aula, salón
- bolígrafo → lapicero

Actividad B

Explícale a un amigo cómo es tu sala de clases. Escribe dónde están tres compañeros y dónde están tres objetos en relación a otros estudiantes u objetos de la clase.

Modelos *Mi amiga Carla está entre la puerta y el escritorio de Ramón.*
La papelera está al lado del escritorio del profesor.

1. Mi amigo(a) ______________ está ______________________________.
2. Mi amigo(a) ______________ está ______________________________.
3. El/La ______________ está ______________________________.
4. El/La ______________ está ______________________________.
5. El/La ______________ está ______________________________.

Go Online PHSchool.com Web Code jcd-0211

Videohistoria (Nivel 1, págs. 102–103, Nivel A, págs. 120–122)

Actividad C

Revisa la *Videohistoria* de tu libro de texto. Ahora es el turno de Antonio, que tiene que explicar por qué no tiene la tarea de su clase de español. Completa la conversación entre Antonio y su profesora con las palabras y expresiones de la lista.

computadora	mochila	dónde está	oficina	qué es esto
tarea	Aquí está	Es un	ciencias	

Sra. López: A ver, Antonio, ¿______ tu tarea?

Antonio: Profesora, creo que mi ______ está aquí, en mi ______...
¡La encontré! ______, profesora.

Sra. López: ¿______? ¡Es la tarea para la clase de ______!

Antonio: ¡Oh, lo siento! ______ error. A veces me pasa cuando quiero imprimir un documento de la ______.

Sra. López: Es la tercera vez que no tienes la tarea. Tenemos que ir a la ______ del director para hablar con él.

Actividad D

Escribe un sinónimo para cada palabra a continuación. Puedes usar una frase corta o una expresión. Contesta en español o en inglés.

recreo ______

escritorio (para estudiantes) ______

materias ______

notas ______

tarea ______

estudiantes ______

Capítulo 2B

Nombre ______________________ Fecha ______________

Manos a la obra (Nivel 1, págs. 104–106, Nivel A, págs. 124–127)

Actividad E

Imagina que un artista va a pintar un cuadro de tu habitación. Usa tu imaginación y las expresiones siguientes para elaborar la descripción para el artista:

al lado de	delante de	debajo de	detrás de	encima de	junto a

Modelo *El escritorio está junto a la cama.*

Título de la obra: ______________________

Descripción:

____

____

____

____

____

____

____

____

Ampliación del lenguaje

(Nivel 1, pág. 106, Nivel A, pág. 127)

El lenguaje de los gestos

En todos los idiomas, el lenguaje no verbal los gestos son formas importantes de comunicación. Por ejemplo, la expresión *¡Ojo!* se usa para decir "¡Ten cuidado!" o "¡Atención!". Aunque muchas veces estas expresiones acompañan a un gesto, también pueden hacerse sin decir ninguna palabra.

Capítulo 2B

Nombre ____________________ Fecha ____________

Actividad F

Ya viste el gesto que acompaña a la expresión *¡Ojo!* en tu libro de texto. Responde dibujando el gesto que haces para indicar estas cosas.

1. Para indicar que algo es muy grande, ¿qué gesto haces?
2. Para indicar que algo es muy chiquito, ¿qué gesto haces?
3. Para indicar que se debe estar en silencio, ¿qué gesto haces?
4. Para indicarle a alguien que debe levantarse *(get up)*, ¿qué gesto haces?
5. Para indicar que no oíste *(didn't hear)* bien, ¿qué gesto haces?

Actividad G

Haz una lista de tres cosas que necesitas para cada materia. Luego escoge otras tres materias e indica qué útiles necesitas para ellas. Contesta en español o en inglés.

Modelo *Para la clase de educación física necesito: unos zapatos deportivos, una pelota y una toalla pequeña.*

1. Para la clase de geometría necesito:
   ____
2. Para la clase de tecnología necesito:
   ____
3. Para la clase de ____________, necesito:
   ____
4. Para la clase de ____________, necesito:
   ____
5. Para la clase de ____________, necesito:
   ____

Nombre ____________________ Fecha ____________________

Gramática

(Nivel 1, pág. **107**, Nivel A, pág. **128**)

Gramática interactiva

Encuentra
Subraya la respuesta a la siguiente pregunta: ¿Cómo sabemos que el verbo *estar* es irregular? Subraya también las terminaciones de los verbos de la tabla que muestran esta característica del verbo.

Analiza
El verbo *estar* se usa con un adjetivo para expresar una condición. Por ejemplo: *Estoy cansado.*

Aplícalo
Escribe una oración a partir de las siguientes instruciones siguiendo el ejemplo de la sección *Gramática interactiva:*

1. Ana ________ enferma *(sick).*
2. Los niños ________ tranquilos *(quiet).*
3. Yo ________ solo(a).
4. Mis amigos y yo ________ nerviosos.
5. José ________ aburrido *(bored).*

El verbo *estar*

Los verbos terminados en *-ar* que has usado hasta ahora son **verbos regulares** porque siguen un patrón regular. Los verbos que no siguen un mismo patrón son **verbos irregulares**.

El verbo *estar* es irregular porque la forma *yo* no sigue un patrón regular y porque las formas *estás, está* y *están* llevan acento gráfico.

El verbo *estar* se usa para indicar cómo se siente alguien y dónde se encuentra alguien o algo.

(yo)	estoy	(nosotros) (nosotras)	estamos
(tú)	estás	(vosotros) (vosostras)	estáis
Ud. (él) (ella)	está	está (ellos) (ellas)	estan

¿Recuerdas?
Un verbo es irregular cuando no sigue un patrón regular de terminaciones al conjugarlo. El verbo *estar* es irregular. Otros verbos irregulares son *dar, ser, ir* y *ver.*

Actividad H

No tienes los materiales para tu clase. Llamas a tu mamá y le explicas dónde están.

Modelo *Los lápices están en la mesa de la cocina.*

1. diccionario ____________________.
2. carpeta de argollas ____________________.
3. libreta ____________________.

Nombre ________________________________ Fecha ____________________

Actividad I

¿Conoces la frase *"Si mamá **está** contenta, todos **estamos** contentos"*? Usa tu imaginación y tu sentido del humor para crear tres oraciones nuevas con el mismo patrón. Trata de usar todas las conjugaciones del verbo estar. Puedes usar palabras en inglés para referirte a los adjetivos que no conozcas.

Modelo *Si yo **estoy** preparado para el examen, mamá **está** contenta.*

1. ____
2. ____
3. ____

Actividad J

Completa las siguientes frases usando el verbo *estar* y lo que sabes sobre las estaciones del año:

Modelo *Si mis hermanos y yo nadamos en el río, estamos en verano.*

1. Si mi papá y el vecino quitan la nieve de la acera, ____________________.
2. Si alrededor de la casa hay árboles con flores, ____________________.
3. Si mi mamá y yo recogemos las hojas del jardín, ____________________.

Fondo cultural

(Nivel 1, pág. 106, Nivel A, pág. 127)

Uniformes escolares En los países hispanos muchas escuelas requieren que sus estudiantes lleven uniformes. A menudo los estudiantes llevan un uniforme completo, como los de la foto. Algunas veces el uniforme se parece a un blusón que se usa sobre la ropa de los alumnos para protegerla de la suciedad y los daños durante el día escolar.

- Compara y contrasta estos uniformes con los de los estudiantes de secundaria en los Estados Unidos. Contesta en español o en inglés.

Nombre ______________________ Fecha ______________

Gramática

(Nivel 1, pág. 110, Nivel A, pág. 132)

Gramática interactiva

Encuentra

- Subraya todos los nombres terminados en vocal y que estén en plural en el primer párrafo.
- En el texto de la caja de la derecha, haz un círculo alrededor de todos los nombres terminados en consonante y que estén en plural.
- Hace mucho tiempo, para indicar el final feliz de un cuento, se decía: *"Fueron **felices** y comieron **perdices**"*. ¿Qué regla se aplica a las dos palabras en negrilla de este dicho? Busca la regla en el texto y subráyala dos veces.

El plural de los nombres y los artículos

Para formar el plural de los nombres generalmente se agrega *-s* a las palabras que terminan en vocal y *-es* a las palabras que terminan en consonante.

silla → silla**s**   teclado → teclado**s**   cartel → cartel**es**

En el caso de los nombres singulares que terminan en *z* se cambia la *z* por *c* para formar el plural.

el lápiz → los lápi**ces**

Los artículos definidos en plural son *los* y *las*.
Al igual que *el* y *la,* ambos significan *"the"*.

las sillas → ***the** chairs*

Los artículos indefinidos en plural son *unos* y *unas*. Ambos significan "some" o "a few".

unos carteles → ***some** posters*

Singular	Plural
el reloj	**los** relojes
la ventana	**las** ventanas
un cuaderno	**unos** cuadernos
una mesa	**unas** mesas

Actividad K

Escribe el plural de las siguientes palabras según la información anterior.

1. luz ______________
2. libro ______________
3. nariz ______________
4. clavel ______________
5. matiz ______________
6. castor ______________
7. tapiz ______________
8. canción ______________
9. teléfono ______________
10. raíz ______________

Nombre ________________________ Fecha ____________

Ampliación del lenguaje

Algunos sustantivos no forman el plural de manera regular; son excepciones:

1. el/un **test** → los/unos **tests**
2. el/un **martes** → los/unos **martes**
3. el/un **análisis** → los/unos **análisis**
4. el/un **tenis** → los/unos **tenis**
5. el/un **lunes** → los/unos **lunes**
6. la/una **crisis** → las/unas **crisis**

Estas palabras siguen la regla pero a menudo producen confusión:

1. el/un **pie** → los/unos **pies**
2. el/un **compás** → los/unos **compases**

Actividad L

Al lado de cada sustantivo, escribe los artículos definidos correspondientes. Usa las terminaciones correctas para el singular o el plural y para la forma masculina y femenina.

Modelo silla *la silla* *las sillas*

Sustantivo	Artículo definido singular	Artículo definido plural
reloj		
ratón		
calculadora		
lápiz		
clase		
lunes		
compás		

Actividad M

Corrige el siguiente texto. Busca los sustantivos y artículos y subraya todos los errores. En tu cuaderno, escribe en una columna todas las palabras en su forma correcta.

Todos los días tengo el mismo problema. No puedo encontrar los materials para mis clases. La cosas que necesito son mis lápizes, mis marcadors y mis libro. Por lo general, me gusta ir a las escuela pero cuando olvido algunas cosas, la maestra me regaña. Mi padres dicen que tengo que prestar más atención antes de salir de mi casas.

Nombre ________________ Fecha ________________

Conexiones Las matemáticas (Nivel 1, pág. 109, Nivel A, pág. 131)

El precio de una mochila es diferente en varios países. Mira la tabla de abajo y busca la información que falta en la biblioteca o en el Internet. Puedes usar este enlace para encontrar una calculadora automática de cambio de moneda: http://www.xe.com/ucc/.

País	Nombre de la moneda oficial	¿Cuál es su valor en dólares?
Venezuela		
Guatemala		
Nicaragua		
Honduras		
El Salvador		
Chile		
Panamá		

Pronunciación

(Nivel 1, pág. **113**, Nivel A, pág. **137**)

La pronunciación de la letra *g*

En español, la letra *g* suena como la *g* de "go" cuando está seguida de una *o, a* o de una *u.* Sin embargo, a menudo este sonido es ligeramente más suave que en inglés. Escucha y pronuncia las siguientes palabras:

Gustavo	domin**g**o	ten**g**o
a**g**osto	pre**g**unta	lue**g**o
ami**g**o	ar**g**ollas	**g**ato

En español, la letra *g* suena como la letra *h* en "hot" cuando está seguida de una *e* o de una *i.* Escucha y pronuncia las siguientes palabras. ¿Puedes adivinar el significado de sus cognados?

inteli**g**ente	**g**eneroso	**g**eneral
gimnasio	tecnolo**g**ía	biolo**g**ía

¡Inténtalo!

Intenta adivinar cómo pronunciar los siguientes nombres en español. Recuerda las reglas para el sonido de la *g*.

Gabriela	Ángela	Gerardo
Gilberto	Gustavo	Rodrigo
Olga	Rogelio	Gregorio

Nombre ______________________ Fecha ______________

El español en el mundo del trabajo

(Nivel 1, pág. **111**, Nivel A, pág. **137**)

Los distritos escolares de los Estados Unidos tienen muchos puestos de trabajo donde los empleados deben saber español. Por ejemplo, los consejeros de la escuela trabajan con los nuevos estudiantes y con padres de países hispanos. Los consejeros los ayudan a preparar sus horarios, les explican las reglas de la escuela y responden a sus preguntas. Tanto los padres como los nuevos estudiantes se sienten más cómodos si el consejero puede comunicarse con ellos en español.

- ¿Tu distrito emplea a personas que hablan español? ¿En qué otros trabajos del sistema escolar puede ser útil el hablar español? Contesta en español o en inglés.

Actividad N

Haz una lista de cinco personas que trabajan en una escuela y que deben saber español. Si algunos de los puestos que tienen esas personas te gustan, escribe un asterisco al lado de esa palabra. Contesta en español o en inglés.

1. ______________ **2.** ______________ **3.** ______________

4. ______________ **5.** ______________

Ampliación del lenguaje

Algunas palabras para preguntar

Como en inglés, en español usamos algunas palabras para hacer preguntas o para buscar información. Ya conoces algunas de estas palabras que usamos para preguntar.

¿Qué? →	What ...?	***¿Dónde?*** →	Where ...?
¿Cuándo? →	When ...?	***¿Quién?*** →	Who ...?
¿Por qué? →	Why ...?	***¿Cómo?*** →	How ...?

Actividad Ñ

Responde a las siguientes preguntas en tu cuaderno. Contesta en español o en inglés.

1. ¿Dónde está tu escuela?
2. ¿Qué es lo que más te gusta de tu escuela?
3. ¿Quién es tu profesor(a) favorito(a)?

Nombre ______________________ Fecha ______________

¡Adelante! (Nivel 1, págs. 114–115, Nivel A, págs. 138–139)

Lectura 1

Haz la primera actividad del margen y después lee el artículo sobre UNICEF, uno de los organismos de las Naciones Unidas.

Estrategia

Predecir Predecir es una técnica que nos ayuda a comprender un texto. Da un vistazo al título y a los subtítulos para obtener una idea del tema del artículo.

Lectura interactiva

Predice

Antes de leer el artículo, lee los títulos y los subtítulos y mira las fotografías. Piensa en lo siguiente:

- ¿Qué crees que es UNICEF?

____

- ¿Qué crees que es una convención para los niños?

____

____

- ¿Cómo son los niños de los que habla este artículo?

____

____

Recorre el texto

Si alguna de las ideas que escribiste en las tres respuestas anteriores está en el artículo, subráyala.

El UNICEF y una convención para los niños

¿Sabes que es un privilegio estar en una escuela, tener una mochila con libros, unos lápices, una calculadora, unas hojas de papel y un profesor bueno? En ciertas naciones, ir a la escuela es difícil o no es posible.

El UNICEF es la organización internacional de las Naciones Unidas que trabaja para los niños. UNICEF es una sigla inglesa que significa "Fondo Internacional de Emergencia de las Naciones Unidas para los Niños". Tiene siete oficinas regionales en diversas naciones y un Centro de Investigaciones en Italia.

El 20 de noviembre de 1989, la Organización de las Naciones Unidas escribió "una convención para los niños" en inglés, árabe, chino, ruso y francés.

Esta convención dice que los niños de todas las naciones necesitan:

- dignidad
- una casa
- protección
- una buena dieta (buena comida)
- la práctica de deportes
- atención especial para los niños con problemas físicos
- amor y la comprensión de la familia
- expresar sus opiniones
- una comunidad sin violencia
- ir a la escuela para ser inteligentes y sociables

Nombre ______________________ Fecha ______________

Actividad O

Responde a las preguntas siguientes según la información del artículo y tu opinión sobre el tema. Contesta en español o en inglés.

1. Según el artículo, ¿qué es un privilegio en algunas naciones?

2. ¿Qué es UNICEF?

3. Lee la lista de las cosas que todos los niños necesitan según la Convención del UNICEF. Elige las tres más importantes para ti y explica por qué.

4. ¿Cuál crees que es la sigla en español para la Organización de las Naciones Unidas?

5. Da un ejemplo de otra organización que conoces e incluye su nombre completo y su sigla correspondiente.

Actividad P

Investiga organizaciones de tu escuela o de tu comunidad que se dedican a ayudar a los niños. Contesta en inglés o en español.

- ¿Cómo se llama esta organización y cuál es su sigla (si la tiene)?
- ¿Cuándo fue creada?
- ¿Dónde está la organización?
- ¿Qué servicios ofrece?
- ¿Cómo se pueden recibir estos servicios?

Nombre ______________________ Fecha ______________

Lectura 2

Lee este artículo sobre un programa de la Cruz Roja. Después, compara tu lista con el contenido del artículo y escribe los temas adicionales en el margen. Contesta en español o en inglés.

Estrategia

Anticipar el contenido Antes de leer, podemos buscar pistas para saber de qué tratará un texto informativo. Lee el título y los subtítulos y piensa de qué tratará este artículo.

Lectura interactiva

Anticipa el contenido

- Antes de leer, haz una lista de las actividades que ya sabes que realiza la Cruz Roja y escríbelas.

____

____

____

____

- El título de este artículo es **Escuelas solidarias de la Cruz Roja Juventud.** Según el título, ¿de qué crees que va a tratar el artículo?

____

____

____

____

- Al leer, verifica si tus hipótesis son correctas o no. Luego, subraya los temas que aparecen en el texto pero que no están en tu lista.

Escuelas Solidarias de la Cruz Roja Juventud

¿Sabes cómo puedes ayudar a los niños del mundo? La Cruz Roja tiene un programa que se llama "Escuelas, Puentes de Solidaridad". Su objetivo es dar materiales escolares a los niños que no tienen materiales en los países en desarrollo. Lee esta información sobre los estudiantes de una escuela en España que están tratando de ayudar a los niños del mundo.

Los alumnos de quinto y sexto grado del Colegio Público San Miguel en Madrid, colaboran en el envío de material escolar. Esto no es nada nuevo en España. En 2000, 716 escuelas españolas también participaron en esta iniciativa, enviando 77.311 bolsas llenas de materiales a los países bálticos y a El Salvador. En esta ocasión, los estudiantes están tratando de ayudar a estudiantes de Colombia y Mozambique. Alrededor de dos millones de niños colombianos no asisten a la escuela. Y casi la mitad de los niños de Mozambique no van nunca a la escuela.

Los estudiantes españoles envían cuadernos, bolígrafos, lápices, gomas y sacapuntas a los niños de estos países. Los estudiantes llenan bolsas de plástico con materiales escolares. Cada bolsa contiene un cuaderno, un bolígrafo, dos lápices, un sacapuntas y una goma. Hay una etiqueta con el nombre de la escuela pegada a la bolsa para que los niños puedan comunicarse con los estudiantes.

La coordinadora del programa dice que de esta manera se abrirán las líneas de comunicación para crear un entendimiento entre todos los niños del mundo.

Nombre ______________________ Fecha ______________

Actividad Q

Contesta las preguntas, basándote en la lectura.

1. ¿Cuál es la idea principal del primer párrafo?

____

____

2. ¿Cuál es la idea principal del segundo párrafo?

____

____

3. ¿Cómo ayudan los estudiantes a los niños?

____

____

Actividad R

Imagina que recibes una bolsa con materiales escolares de una escuela de España. Escribe un correo electrónico de agradecimiento. Incluye lo siguiente:

- Tu nombre
- El nombre de tu escuela
- Agradecimiento y lista de útiles escolares que recibiste

____

____

____

____

____

____

Nombre ______________________ Fecha ______________

Perspectivas del mundo hispano (Nivel 1, pág. 116, Nivel A, pág. 140)

¿Cómo es la escuela?

¿Sabías que los estudiantes de muchos países hispanos pasan más tiempo en la escuela que tú? La gráfica siguiente te muestra la duración del año escolar en varios países.

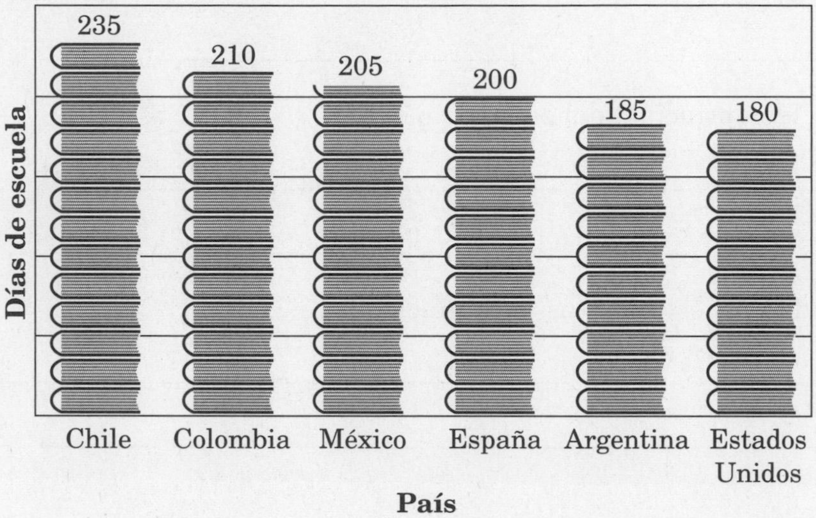

Aquí te presentamos otros datos que tal vez no sepas:

- En muchas escuelas, cuando un profesor entra a la clase, los alumnos se levantan en señal de respeto.
- El profesor llama a los alumnos por su apellido en vez de por su nombre propio.
- Por su parte, los alumnos se dirigen a su profesor diciéndole simplemente *maestro(a), profesor(a),* o sólo *profe,* sin decir su apellido.
- Generalmente, el profesor da la clase en forma de conferencia la mayor parte del tiempo, sin discusiones de grupo.
- En muchos colegios, privados o públicos, los alumnos llevan uniforme.

¡Verifícalo!

¿En qué se parecen las escuelas de tu área a tu escuela? ¿En qué se diferencian? ¿En qué se parecen o se diferencian de las escuelas de los países hispanos? Haz una lista de las escuelas de tu área y describe lo que es similar y diferente. ¿Hay algunas escuelas más formales? ¿Las clases son diferentes a las que de tu escuela?

¡Piénsalo!

Basándote en la información anterior, ¿qué piensas de las actitudes hacia la escuela en los países hispanos? ¿En qué se parecen o se diferencian de las actitudes en tu comunidad? Haz una lista de cinco ideas para ayudar a un alumno de intercambio que llega de la Ciudad de México a tu escuela.

Nombre ______________________ Fecha ______________

Presentación escrita (Nivel 1, pág. 117, Nivel A, pág. 141)

Tu sala de clases

Tarea

Tu amigo por correspondencia va a venir de México a visitar tu sala de clases el semestre que viene y quiere saber qué puede encontrar allí. Escríbele una carta describiendo tu sala de clases de español.

Estrategia

Usa un apoyo visual Crear un boceto o un dibujo te puede ayudar a recordar las cosas que deseas escribir en una descripción.

1. **Antes de escribir**
   Haz un dibujo sencillo de tu sala de clases de español, mostrando los objetos que vas a describir en tu carta. Pon una etiqueta a cada objeto.

2. **Borrador**
   Escribe el primer borrador de tu carta. Tu dibujo te ayudará a recordar qué cosas quieres describir y dónde están. Usa el modelo como ayuda.

   Modelo
   En mi sala de clases hay cuatro ventanas. Mi pupitre está delante del escritorio de la profesora. La bandera está al lado de la puerta. Las computadoras están encima de la mesa.

3. **Revisión**
   Lee tu borrador de la carta y revisa si la ortografía es correcta y si tienes los criterios de evaluación.

   Comenta tu carta con un(a) compañero(a). Tu compañero(a) debe verificar lo siguiente:
   - ¿Es fácil de entender la carta?
   - ¿Hay más información que puedes incluir?
   - ¿Hay errores?

   Vuelve a escribir la carta y haz los cambios necesarios.

4. **Publicación**
   Escribe una copia final de tu carta. Puedas exhibirla en la sala de clases o añadirla a tu portafolios.

5. **Evaluación**
   Quizá tu profesor(a) te dé los criterios de cómo va a ser evaluada tu presentación. Probablemente, tu presentación será calificada teniendo en cuenta:
   - el uso del vocabulario
   - el uso correcto del verbo *estar*
   - la cantidad de información presentada

Capítulo 2B

Repaso del capítulo (Nivel 1, pág. 120, Nivel A, pág. 144)

Vocabulario y gramática

Repaso del capítulo

Para prepararte para el examen, revisa si...
- conoces el vocabulario nuevo y la gramática.
- puedes realizar las tareas de la página **89**.

para hablar acerca de artículos de la sala de clases

la bandera	flag
el cartel	poster
la computadora	computer
la mochila	bookbag, backpack
la pantalla	(computer) screen
la papelera	wastepaper basket
el ratón	(computer) mouse
el reloj	clock
el sacapuntas	pencil sharpener
el teclado	(computer) keyboard

para hablar acerca de los muebles de la sala de clases

el escritorio	desk
la mesa	table
la silla	chair

para hablar acerca de las partes de una sala de clases

la puerta	door
la sala de clases	classroom
la ventana	window

para indicar un lugar

al lado de la / del	next to, beside
allí	there
aquí	here
debajo de la / del	underneath
delante de la / del	in front of
detrás de la / del	behind
¿Dónde?	Where?
en	in, on
encima de la / del	on top of

para expresar posesión

de	of
mi	my
tu	your

para identificar (descripción, cantidad)

Es un(a)...	It's a ...
Hay	There is, There are
¿Qué es esto?	What is this?

estar

estoy	**estamos**
estás	**estáis**
está	**están**

Para identificar el género y el número de los nombres

los, las	the
unos, unas	some

Más práctica

Practice Workbook Puzzle 2B-8
Practice Workbook Organizer 2B-9

Nombre ____________________ Fecha ____________________

Preparación para el examen (Nivel 1, pág. 121, Nivel A, pág. 145)

En el examen vas a...	Éstas son las tareas que te pueden ser útiles para el examen...	Si necesitas repasar...
1 Escuchar Escuchar e identificar salones de clases y lugares.	Escucha a un estudiante que pregunta desesperadamente a sus amigos dónde está su tarea. ¿Puedes identificar todos los salones y lugares donde debe buscarla?	Nivel 1: **págs. 100–103** *A primera vista* **págs. 105–111** Acts. 6–7, 18 Nivel A: **págs. 118–123** *A primera vista* **págs. 124–135** Acts. 5–6, 27
2 Hablar/Escribir Hablar o escribir sobre dónde se encuentra una persona, describiendo dónde está esa persona en relación a los objetos del salón.	Quieres saber el nombre de una persona de tu clase. Le preguntas a la persona que está junto a ti, pero no entiende de quién hablas. Haz tres enunciados para identificar a la persona. Puedes explicar dónde se encuentra en relación al escritorio, la ventana, el escritorio de alguien más, etc.	Nivel 1: **págs. 100–103** *A primera vista* **págs. 105–111** Acts. 6–7, 11–13, 18 Nivel A: **págs. 118–123** *A primera vista* **págs. 125–136** Acts. 7, 9, 16–17, 24, 27, 29
3 Leer Leer y comprender una carta que trata sobre dudas y preocupaciones relacionados con la escuela.	El (La) consejero(a) de la escuela te pide que le ayudes a leer una nota de un estudiante hispano de la escuela. Después de leerla, dile al (a la) consejero(a) cuál es el problema y qué preguntas tiene el(la) estudiante. Necesito una clase para la primera hora. ¿Cómo es la clase de tecnología, fácil o difícil? ¿Qué necesito para la clase? ¿Cuántos estudiantes hay en la clase? ¿Hay mucha tarea?	Nivel 1: **págs. 100–103** *A primera vista* **pág. 112** Act. 19 **pág. 114** *Lectura* Nivel A: **págs. 118–122** *A primera vista* **pág. 128** Act. 11 **págs. 138–139** *Lectura*
4 Escribir Escribe un correo electrónico a un(a) amigo(a) acerca de una de sus clases.	Acabas de mudarte a una ciudad nueva y le envías un correo electrónico a un(a) amigo(a) de tu escuela anterior. Tienes muchas preguntas sobre sus clases. Escribe por lo menos tres preguntas sobre una de sus clases: si le gusta o no, cuántos estudiantes hay en la clase, dónde está su pupitre en el salón, qué más hay en el salón, etc.	Nivel 1: **págs. 100–103** *A primera vista* **pág. 112** Act. 19 Nivel A: **págs. 118–123** *A primera vista* **págs. 124–137** Acts. 6–7, 28, 30
5 Pensar Demostrar una comprensión de las diferencias culturales en las escuelas.	Piensa en cómo interactúan los estudiantes y los maestros dentro de una sala de clases típica de un país hispano. ¿Cuáles son por lo menos cuatro diferencias que tiene con la mayoría de las escuelas de los Estados Unidos?	Nivel 1: **pág. 106** *Fondo cultural* **pág. 113** *Fondo cultural* **pág. 116** *Perspectivas del mundo hispano* Nivel A: **pág. 127** *Fondo cultural* **pág. 134** *Fondo cultural* **pág. 140** *Perspectivas del mundo hispano*

Nombre ______________________ Fecha ______________________

¿Qué sabes ya?

(Nivel 1, págs. **122–123**, Nivel A, págs. **146–147**)

1 Haz una lista de la comida que comes en el almuerzo. Marca con un asterisco tu comida favorita. Intenta incluir algunos platos de origen hispano.

1. ______________________
2. ______________________
3. ______________________
4. ______________________
5. ______________________

2 Escribe tres oraciones con *Me gusta(n)* o *Me encanta(n)* para hablar de tus platos favoritos.

____

____

____

Arte y cultura (Nivel 1, pág. **123**, Nivel A, pág. **147**)

Bartolomé Murillo (1617–1682) fue uno de los primeros pintores españoles que alcanzó fama en Europa. Algunas de sus primeras pinturas representan niños en Sevilla, su ciudad natal. Murillo usó el color, la luz y el retrato natural de sus modelos para crear obras maestras memorables.

Observa el cuadro de Murillo en tu libro de texto. Estudia la pintura y piensa en tres adjetivos para describirla. ¿Crees que la imagen que Murillo da de los chicos es positiva o negativa? ¿Por qué? Contesta en español o en inglés.

Nombre ______________________ Fecha ______________

Capítulo 3A

¿Desayuno o almuerzo?

Objetivos del capítulo

- Hablar de las comidas y bebidas del desayuno y el almuerzo
- Hablar de lo que nos gusta y no nos gusta
- Expresar con qué frecuencia hacemos algo
- Entender las perspectivas culturales con respecto a la comida

Conexión geográfica (Nivel 1, pág. **122**, Nivel A, pág. **146**)

El ecuador es la línea imaginaria que pasa por el centro de la Tierra y que la divide en hemisferios. Observa los mapas de las páginas xxvii y 122 (págs. xxi y 146 Nivel A). ¿Puedes ver los países y/o continentes por los que pasa el ecuador? Escríbelos.

1. ______________________________

2. ______________________________

3. ______________________________

Capítulo 3A Nombre ______________________ Fecha ____________

A primera vista (Nivel 1, págs. 124–125, Nivel A, págs. 148–149)

Actividad A

Escoge una palabra de vocabulario para cada definición.

1. La primera comida del día: ________________.
2. Los ponen las aves; son blancos y ovalados: ________________.
3. Una fruta redonda y roja: ________________.
4. Bebida que se toma caliente, a base de hierbas: ________________.
5. Bebida preparada con frutas: ________________.

Actividad B

Completa las tablas siguientes. En las columnas debajo de *Qué,* escribe las cosas que comes para el desayuno y el almuerzo. En las columnas debajo de *Cuándo,* escribe la hora a la que tomas el desayuno y el almuerzo.

De lunes a viernes		
Comidas	Qué	Cuándo
Desayuno		
Almuerzo		

Los fines de semana		
Comidas	Qué	Cuándo
Desayuno		
Almuerzo		

Más vocabulario

pescadería
carnicería
panadería
frutería

También se dice...

banana: plátano
bistec: filete
chócolo: maíz

Nombre ____________________ Fecha ____________

Videohistoria (Nivel 1, págs. 126–127, Nivel A, págs. 150–153)

Actividad C

Lee las siguientes frases y escribe si son ciertas *(C)* o falsas *(F)*. Para las falsas, escribe una frase con la información correcta.

1. La mamá de Raúl piensa que todos los americanos comen mucho en el desayuno. ____

 ____

2. Tomás siempre come mucho en el desayuno. ____

 ____

3. A Tomás le encanta la leche. ____

 ____

4. A Raúl le gustan los huevos, el tocino y las salchichas. ____

 ____

5. Mañana, la mamá de Raúl va a hacer pizza, hamburguesas y ensalada para el desayuno. ____

 ____

Actividad D

Estás en casa de un(a) amigo(a) durante el almuerzo. La comida no te gusta. ¿Qué haces? ¿Qué dices? Usa la imaginación. Puedes responder en inglés o en español.

1. ¿Qué le dices a tu amigo(a)?

 ____

2. ¿Qué le dices al padre o a la madre de tu amigo(a)?

 ____

Capítulo 3A

Nombre ______________________ Fecha ______________

Manos a la obra (Nivel 1, págs. 128–131, Nivel A, págs. 154–159)

Actividad E

Usa tus respuestas de la primera tabla de la actividad B. Escribe una oración explicando si cada comida es buena o mala para la salud.

Desayuno ____

____

Almuerzo ____

____

Ampliación del lenguaje

c, s y *z*

En el español que se habla en España, el sonido de la *z* y el de la *c* antes de la *-e* y de la *-i* es similar al de la combinación *th* en inglés. Lee: **zumo, cereal, ciruela.**

Sin embargo, en otros países hispanos la *z* y la *c* antes de *-e* y de *-i* tienen el sonido de *s.* Por esta razón, algunas personas tienen dificultad para escribir palabras con *c, z* o *s.* Una buena recomendación para escribir estas palabras correctamente es leer mucho en español; cuantas más veces veas las palabras escritas, más fácil te será recordarlas.

Completa el párrafo siguiente escribiendo *c, s* o *z* según corresponda.

No me gusta co___inar, pero me gusta la comida ___aludable. Por eso, almuer___o en___alada con tomate y ___ebolla. De postre, como man___anas, fre___as y ___ere___as.

Actividad F

Visita un supermercado y anota nombres de frutas y verduras de países hispanos. Lleva tu lista a clase y compárala con la de tus compañeros. ¿Hay muchas diferencias entre lo que encontraron?

FRUTAS Y VERDURAS	LUGAR DE ORIGEN
uvas	*Chile*

Capítulo 3A

Nombre ______________________ Fecha ______________

Actividad G

Lee la lista de abajo. ¿Conoces otros nombres para lo mismo? Escribe los términos que conozcas. Si conoces el país que usa la palabra alternativa, escríbelo al lado de la palabra.

Modelo el sándwich *bocadillo (España)*

1. el plátano ______________________
2. el pavo ______________________
3. los guisantes ______________________

Ampliación del lenguaje

Usar un nombre para modificar otro nombre

En inglés, un nombre se usa para modificar otro nombre: *vegetable soup, strawberry yogurt.* Fíjate en que el nombre que se modifica es el que se escribe en segundo lugar.

En español, sin embargo, el nombre que se modifica se escribe en primer lugar, seguido por *de* más el nombre modificador: *la sopa* ***de*** *verduras, el yogur* ***de*** *fresa.* Fíjate en que no se usa el artículo antes del segundo nombre.

La forma del nombre precedido por *de* no cambia cuando el primer nombre va en plural.

el sándwich de **jamón** los sándwiches de **jamón**

¡Inténtalo!
Nombra cinco ejemplos de comidas o bebidas de este capítulo que sigan este patrón.

Ahora que ya conoces el patrón, di cómo se llaman los siguientes alimentos:

Conexiones La historia (Nivel 1, pág. 131, Nivel A, pág. 159)

Piensa lo diferentes que serían tus comidas sin maíz, frijoles, calabaza, tomates, limones, aguacates (paltas), chiles (ajíes), cacahuate (maní), nueces, pavo, piña, batatas, papas, vainilla y chocolate. ¿Qué tienen en común estas comidas? Todas ellas son originarias de las Américas y eran desconocidas en Europa hasta que Cristóbal Colón las llevó en sus viajes durante el siglo XV. Hoy en día, estos alimentos forman parte de los platos de muchos países. El intercambio de productos benefició a ambos lados del océano Atlántico. Los europeos trajeron a las Américas una gran variedad de comidas como la gallina, el puerco, la res, la leche, el queso, el azúcar, las uvas y los cereales, como el trigo y la cebada.

Capítulo 3A

Nombre ______________________ Fecha ______________

Gramática

(Nivel 1, pág. **132**, Nivel A, pág. **160**)

Gramática interactiva

Encuentra

- Compara cómo varían las conjugaciones de los verbos terminados en *-er* e *-ir*. Subraya las terminaciones de los verbos *comer* y *compartir*.
- Subraya dos veces las diferencias entre las terminaciones de estos dos verbos.

El presente de los verbos terminados en *-er* e *-ir*

Para formar el presente de los verbos terminados en *-er* e *-ir*, sustituye las terminaciones del infinitivo por las terminaciones *-o, -es, -e, -emos / -imos, -éis / -ís* o *-en*.

Aquí están las formas del presente de los verbos terminados en *-er* y en *-ir*, usando los verbos *comer* y *compartir*:

(yo)	como	(nosotros) (nosotras)	comemos
(tú)	comes	(vosotros) (vosotras)	coméis
Ud. (él) (ella)	come	Uds. (ellos) (ellas)	comen

(yo)	comparto	(nosotros) (nosotras)	compartimos
(tú)	compartes	(vosotros) (vosotras)	compartís
Ud. (él) (ella)	comparte	Uds. (ellos) (ellas)	comparten

- Los verbos regulares terminados en *-er* que ya conoces son *beber, comer, comprender, correr* y *leer.*
- Los verbos regulares terminados en *-ir* que ya conoces son *compartir* y *escribir.*
- También conoces el verbo *ver.* Es regular excepto en la forma *yo,* que es *veo.*

Actividad H

Basándote en la información anterior, completa las tablas para los verbos *correr* y *vivir.*

(yo)	corro	(nosotros) (nosotras)	
(tú)		(vosotros) (vosotras)	
Ud. (él) (ella)		Uds. (ellos) (ellas)	corren

(yo)		(nosotros) (nosotras)	vivimos
(tú)	vives	(vosotros) (vosotras)	
Ud. (él) (ella)		Uds. (ellos) (ellas)	

Capítulo 3A

Nombre ______________________ Fecha ______________________

Actividad I

Lee el párrafo siguiente y fíjate en los verbos subrayados. Después, escribe el verbo y su infinitivo debajo de la columna para verbos que terminan en ***-er*** o en ***-ir***.

En los Estados Unidos el idioma oficial es el inglés. En las diferentes regiones del país, existen diferentes palabras para nombrar la misma cosa. Los que *viven* en el sur dicen *soda* para hablar de un refresco. Las personas del noreste dicen *tonic*. Los del medio-oeste dicen *pop*. También hay diferencias entre el inglés de los Estados Unidos y el de Inglaterra. Un *camión* es *truck* en los Estados Unidos y *lorry* en Inglaterra. Lo mismo ocurre en español. Por eso, en ocasiones, dos personas de distintos países hispanohablantes no comprenden lo que dice la otra persona y tienen que explicarse de qué hablan para poder comunicarse con claridad.

Verbo *-er*	**Infinitivo**	**Verbo *-ir***	**Infinitivo**

Actividad J

Ya sabes conjugar los verbos regulares que terminan en ***-ar***, ***-er***, e ***-ir***. Completa las oraciones de abajo con tus propias palabras, explicando cómo se conjugan estos verbos.

1. Para conjugar los verbos regulares terminados en ***-ar:*** uso las terminaciones…

   ____

2. Para conjugar los verbos regulares terminados en ***-er:*** uso las terminaciones…

   ____

3. Para conjugar los verbos regulares terminados en ***-ir:*** uso las terminaciones…

   ____

Capítulo 3A

Nombre ______________________ Fecha ______________

Gramática

(Nivel 1, pág. **135**, Nivel A, pág. **164**)

Me gustan, me encantan

Me gusta y *me encanta* se usan para hablar sobre un nombre en singular.

Me gusta el té pero me encanta el té helado.

Me gustan y *me encantan* se usan para hablar de los nombres en plural.

Me encantan las fresas pero no me gustan mucho los plátanos.

Cuando usas *me gusta(n)* y *me encanta(n)* para hablar de un nombre, se incluyen *el, la, los* o *las.*

Me encanta el jugo de naranja pero no me gusta la leche.
¿Te gustan más las hamburguesas o los perritos calientes?

Las frases *me gusta* y *me encanta* pueden ir seguidas de un verbo en infinitivo que funciona como un nombre.

Me gusta desayunar cereales.
Me encanta almorzar pizza.

En estos casos, no cambian aunque se hable de dos o más verbos.

Me gusta desayunar cereales y almorzar pizza.

Gramática interactiva

Encuentra

- Subraya las terminaciones de los ejemplos que puedes usar con *me gusta* y *me encanta* acompañando a un nombre singular.
- Haz un círculo alrededor de las terminaciones de *me gusta* y *me encanta* que puedes usar con un nombre plural o con más de un nombre.

Actividad K

Fíjate en las frases siguientes y completa los pasos que se indican en la lista de abajo.

A mí me gustan las verduras, las frutas y la carne. También me encanta el postre. Me gusta comer postre todos los días.

1. Subraya un ejemplo del uso del verbo *gustar* o *encantar* con sustantivos plurales.
2. Subraya dos veces un ejemplo del uso de *gustar* o *encantar* con un sustantivo singular.
3. Haz un círculo alrededor de un ejemplo del uso de *gustar* o *encantar* con otro verbo.

Nombre ______________________ Fecha ______________

Actividad L

¿Qué cosas te gustan a ti? Escribe una frase sobre cosas que te encantan, te gustan, o no te gustan según se indica a continuación.

1. comidas

   ____

2. tu comida favorita

   ____

3. tu actividad o deporte favorito

   ____

4. qué te gusta hacer en la escuela

   ____

5. qué te gusta beber cuando hace calor

   ____

Actividad M

Imagina que un(a) amigo(a) va a pasar el fin de semana a tu casa y tu papá quiere preparar una comida especial. Usa los verbos *gustar* y *encantar,* para escribir cinco preguntas para tu amigo(a). Necesitas saber qué puede preparar tu papá. Pregunta sobre comidas y bebidas.

Modelo *¿Te gusta la ensalada?*

1. ______________________________
2. ______________________________
3. ______________________________
4. ______________________________
5. ______________________________

Nombre ______________________ Fecha ______________

Fondo cultural (Nivel 1, pág. 134, Nivel A, pág. 163)

El desayuno Existe una gran variedad de alimentos que se comen en el desayuno en los países hispanos. Por ejemplo, en España se desayunan los populares *churros* con chocolate caliente; en otros países se desayuna *pan dulce.* Con frecuencia, la gente prefiere un desayuno ligero con pan o panecillos, café o té, y tal vez jugo. El cereal, los huevos, el jamón y las salchichas son menos comunes.

- En España, puedes pedir un *desayuno americano.* ¿Qué crees que te servirán? Contesta en español o en inglés.

Ampliación del lenguaje

Uso de la coma

La coma (,) marca una pausa corta. Uno de los usos de la coma es para separar los elementos de una enumeración o serie.

El cereal, los huevos, el jamón y las salchichas son menos comunes.

Fíjate en que este uso de la coma es similar en español y en inglés, aunque en español generalmente no se usa la coma antes de *y* ni antes de *o.*

Actividad N

Escribe una combinación de alimentos y bebidas que te gustan para las siguientes comidas. Usa las comas correctamente al preparar tus listas:

Desayuno: Me gusta comer ______________________________

______________________________ en el desayuno.

Almuerzo: Me gusta comer ______________________________

______________________________ en el almuerzo.

Cena: Me gusta comer ______________________________

______________________________ en la cena.

Capítulo 3A

Nombre ____________________ Fecha ____________

Conexiones La salud

El desayuno y la salud

Durante la noche nuestro cuerpo consume mucha energía y baja el nivel de azúcar en la sangre. Por eso, es muy importante comer un buen desayuno después de 8 horas de sueño y ayuno. Un desayuno saludable nos da energía durante la primera parte del día.

Según los expertos, un "buen desayuno" debe tener frutas variadas (frescas, ralladas, licuadas, secas, etc.), cereales (avena, arroz, trigo), un poco de grasa (semillas) y miel o azúcares no refinadas. Debemos evitar las galletitas, los dulces, los pastelitos y cualquier comida con mucha grasa, azúcar y harina procesada. Poco tiempo después de comer estos alimentos, volvemos a tener hambre y deseamos comer alimentos poco nutritivos otra vez.

Actividad Ñ

De acuerdo con la información del artículo anterior, responde a las preguntas siguientes.

1. ¿Por qué es importante comer un desayuno saludable?

____

____

2. ¿Qué grupos de alimentos debemos incluir en un "buen desayuno"?

____

____

El español en la comunidad

(Nivel 1, pág. **137**, Nivel A, pág. **166**)

Las comidas de algunos países hispanos son muy populares en los Estados Unidos. Visita una tienda cerca de tu casa y haz una lista de los tipos de comida que provienen de países hispanos. ¿Cuáles de estos productos has probado?

Nombre ______________________ Fecha ____________

¡Adelante! (Nivel 1, págs. 138–139, Nivel A, págs. 168–169)

Lectura 1

Lee el artículo sobre las frutas y verduras de las Américas y haz las actividades del margen.

Estrategia

Hacer suposiciones Cuando encuentras una palabra desconocida, tratas de adivinar su significado. ¿Es un cognado? ¿Qué significa de acuerdo con el contexto de la lectura y las otras palabras que la rodean? Sigue leyendo y tal vez el significado se aclare.

Lectura interactiva

Hacer suposiciones
Subraya una palabra que no conoces. Luego:

1. Vuelve a leer la oración en donde se encuentra esa palabra.
2. Fíjate si es un cognado. ¿Hay cognados que te puedan ayudar a descifrar su significado? Subráyalos.
3. Sigue leyendo. Fíjate si encuentras información que aclare el significado.

Si alguna de estas estrategias te sirvió, subráyala y escribe el significado de la palabra que elegiste:

____

____

____

Frutas y verduras de las Américas

Hay muchas frutas y verduras que son originalmente de las Américas que hoy se comen en todos los países. Las verduras más populares son la papa, el maíz, los frijoles y muchas variedades de chiles. También hay una gran variedad de frutas como la papaya, la piña y el aguacate. Estas frutas y verduras son muy nutritivas, se pueden preparar fácilmente y son muy sabrosas. La papaya y la piña son frutas que se comen en el desayuno o de postre. ¿Cuáles de estas frutas comes?

El aguacate: La pulpa del aguacate es una fuente de energía, proteínas, vitaminas y minerales. Tiene vitaminas A y B.

El mango: Aunque el mango es originalmente de Asia, se cultiva en las regiones tropicales de muchos países de las Américas. Tiene calcio y vitaminas A y C, como la naranja.

La papaya: Es una fruta con mucha agua. Es perfecta para el verano. Tiene más vitamina C que la naranja.

Licuado de plátano

El licuado es una bebida muy popular en los países tropicales. ¡Es delicioso y muy nutritivo!

Ingredientes:
1 plátano
2 vasos de leche
1 cucharadita de azúcar
hielo

Preparación:
1. Cortar el plátano.
2. Colocar los ingredientes en la licuadora.
3. Licuar por unos 5 ó 10 segundos.

Capítulo 3A Nombre ______ Fecha ______

Actividad O

Basándote en lo que acabas de leer, responde a las preguntas siguientes:

1. ¿Qué fruta no viene originalmente de un país de las Américas?

______

2. ¿Qué frutas tienen vitamina A?

______

3. ¿Qué frutas tienen vitamina C? ¿Qué fruta tiene más vitamina C que la naranja?

______

Actividad P

Lee la lista de alimentos en el artículo sobre frutas y verduras. Subraya todos los alimentos que has probado. Escribe cuatro frases para explicar cuáles de estos alimentos te gustan o no te gustan y por qué.

Modelo *Me gusta mucho el mango porque es dulce.*

1. ______
2. ______
3. ______
4. ______

Fondo cultural (Nivel 1, pág. 139, Nivel A, pág. 169)

Frutas y verduras Durante el invierno, los Estados Unidos importan una amplia variedad de frutas tales como cerezas, duraznos y uvas. Al comprar uvas en el supermercado en enero, fíjate si tienen una etiqueta que dice *Producto de Chile* o *Importado de Chile.*

- ¿Qué otras frutas o verduras del supermercado local son productos de otros países? Contesta en español o en inglés.

Nombre ______________________ Fecha ______________

Lectura 2

Lee el artículo sobre el aguacate. Presta atención a las palabras en itálica y piensa en por qué están escritas así.

Estrategia

Pistas en base a la tipografía
Cuando encuentras palabras en itálica *(italics)* en un texto, es un ejemplo o parte de una palabra, o es algo que se quiere resaltar o enfatizar.

Lectura interactiva

- Lee el primer párrafo del artículo y subraya las palabras que tú crees que deben estar en itálica.
- Explica por qué crees que esas palabras deben resaltarse. Puedes contestar en español o en inglés.

____

____

____

____

____

____

El aguacate

El aguacate es una fruta típica de América Central y América del Sur. Su nombre en español viene de la palabra náhuatl ahuacatl. Se conoce como palta en América del Sur y avocado en inglés.

El aguacate viene de México. Aunque los mayas y los aztecas lo comían desde la época de la conquista española, fue en el año 1932 cuando empezaron a cultivarlo en todo el mundo. Hoy cultivan aguacate en California, la Florida, Israel y Sudáfrica. México es el mayor productor mundial.

El aguacate tiene forma de pera grande. Su piel es gruesa y de color verde brillante. Su pulpa es amarilla o verde, cremosa y con sabor a nuez. Es bueno para la salud. Contiene minerales, proteínas y vitaminas.

Aunque es una fruta, no se usa de la misma forma que la mayoría de las frutas. Comemos aguacate en sopas, como plato principal o simplemente con pan, tortillas o galletas, como la mantequilla. Es perfecto para acompañar carnes y para hacer ensaladas. La forma más popular es la salsa de guacamole.

Más vocabulario...

Otras palabras derivadas del náhuatl y usadas en México (y muchos otros lugares) son:

- jitomate = tomate
- chocolate
- cacahuate = maní
- guajolote = pavo
- coyote = una especie de lobo de las Américas

Actividad Q

Basándote en lo que acabas de leer, contesta las preguntas.

1. ¿De dónde es originario el aguacate?

2. ¿Qué país produce la mayor cantidad de aguacates en todo el mundo?

3. ¿En qué otros lugares cultivan aguacates?

4. ¿Cómo es el aguacate?

5. ¿Es el aguacate bueno para la salud? Explica.

Actividad R

Piensa en un producto agrícola (fruta o verdura) que se cultiva en la región donde vives. Responde a las preguntas siguientes.

1. ¿Cuál es ese producto? ¿Es una fruta o una verdura?

2. ¿En qué tipo de clima se cultiva? ¿Se necesita mucho sol o mucha lluvia?

3. Describe el producto.

Nombre ______________________ Fecha ______________

La cultura en vivo (Nivel 1, pág. **140**, Nivel A, pág. **170**)

Churros y chocolate

En muchos países hispanos la combinación de los *churros* con *chocolate* es un refrigerio o merienda muy popular. Los churros son masas largas y delgadas, parecidas a los *doughnuts,* que se fríen en aceite caliente. Las *churrerías* son pequeños restaurantes especializados en churros y en un delicioso chocolate caliente. También puedes encontrar churros en puestos de la calle.

¡Inténtalo! Aquí tienes la receta. Los churros tienen mucha grasa y calorías, así que ¡no comas demasiados!

Churros

1 taza de agua	1/2 taza de mantequilla sin sal (1 *barrita*)
1/4 cucharadita de sal	1 taza de harina
4 huevos grandes	aceite para freír (el aceite debe cubrir los churros)
1 taza de azúcar	

En una sartén resistente pon a hervir el agua, la mantequilla y la sal. Retírala del fuego. Añade toda la harina y bate rápidamente. Sigue batiendo hasta que la mezcla pueda despegarse y forme una bola. Pasa la mezcla a un recipiente. Con una batidora a velocidad media, añade los huevos uno a uno. Después de añadir el último huevo bate la mezcla durante un minuto más.

Con la supervisión de un adulto, calienta de 2 a 3 pulgadas de aceite a 375ºF en una sartén profunda. Prepara una bolsa para moldear la masa o un molde para preparar galletas de manera que obtengas tiras cuyo diámetro en forma de estrella tenga 1/2 pulgada. Estos "tubos" de masa deben tener una longitud de 6 pulgadas. Pónlos a freír en el aceite. ***Ten mucho cuidado al poner la masa en el aceite, porque el aceite puede salpicar y quemarte.*** Fríelos, volteándolos varias veces, de 3 a 5 minutos o hasta que se pongan dorados. Pon azúcar en un plato. Escurre bien los churros sobre servilletas de papel y hazlos rodar sobre el azúcar.

Chocolate caliente

En México, para hacer chocolate caliente, los granos del cacao se muelen hasta convertirlos en polvo. Entonces se les añade canela, polvo de almendras y azúcar; al final se añade leche caliente. La mezcla se bate con una varilla de madera llamada *molinillo* o *batidor.* Puedes encontrar chocolate estilo mexicano para preparar *chocolate caliente* en muchos supermercados.

¡Piénsalo!

¿Qué tipos de comidas y bebidas les gustan a ti y a tus amigos? ¿Está el chocolate entre sus preferidos? ¿Recuerdas algunas combinaciones de comidas y bebidas que son populares entre mucha gente de los Estados Unidos? ¿Son estas combinaciones populares en todas partes?

Nombre ______________________ Fecha ______________

Presentación oral (Nivel 1, pág. **141**, Nivel A, pág. **171**)

Tarea

Un estudiante de intercambio estadounidense va a ir al Uruguay. Tú y un(a) compañero(a) de clase van a representar los papeles del estudiante de intercambio y el del (la) estudiante anfitrión(a). En una conversación telefónica cada uno(a) hace preguntas o responde a la otra persona.

Estrategia

Hacer listas Hacer listas puede ayudarte en conversaciones donde necesitas encontrar información específica.

1. **Preparación**
Practica la conversación con tu pareja. Prepárate para hacer ambos papeles en la conversación.

Estudiante anfitrión(a): Haz una lista de por lo menos cuatro preguntas. Averigua qué le gusta estudiar a tu invitado(a), sus actividades favoritas y qué le gusta comer y beber para el desayuno y el almuerzo.

Estudiante de intercambio: Escribe algunas posibles respuestas a preguntas que crees que puede hacer tu anfitrión(a). Debes estar preparado(a) para proporcionar información sobre ti mismo(a).

2. **Práctica**
Trabajen en grupos de cuatro, en los cuales dos serán estudiantes de intercambio y los otros dos serán estudiantes anfitriones. Practiquen juntos las preguntas y respuestas. Pueden empezar así su conversación telefónica:

Estudiante anfitrión(a):	¡Hola, Pablo! Soy Rosa. Hablo desde el Uruguay.
Estudiante de intercambio:	¡Hola, Rosa! ¿Cómo estás?
Estudiante anfitrión(a):	Bien, gracias. Pues Pablo, ¿te gusta...?

Continúa la conversación utilizando tus notas. Acuérdate de que puedes usar tus notas durante la práctica pero no en la presentación.

3. **Presentación**
Tu profesor(a) va a formar parejas de estudiantes y va a decidir el papel que cada uno va a representar. El (La) estudiante anfitrión(a) comenzará la conversación. Escucha lo que dice tu pareja y continúa la conversación.

4. **Evaluación**
Quizá tu profesor(a) te dé los criterios de cómo va a ser evaluada tu presentación. Probablemente, tu presentación será calificada teniendo en cuenta:
   - si completaste la tarea
   - lo fácil que resulta entenderte
   - tu habilidad para mantener una conversación de forma natural

Capítulo 3A

Repaso del capítulo (Nivel 1, pág. **144**, Nivel A, pág. **174**)

Vocabulario y gramática

Repaso del capítulo

Para prepararte para el examen, revisa si...
- conoces el vocabulario nuevo y la gramática.
- puedes realizar las tareas de la página **145** (Nivel A, pág. 175).

para hablar acerca del desayuno

en el desayuno	for breakfast
el cereal	cereal
el desayuno	breakfast
los huevos	eggs
el pan	bread
el pan tostado	toast
el plátano	banana
la salchicha	sausage
el tocino	bacon
el yogur	yogurt

para hablar acerca del almuerzo

en el almuerzo	for lunch
la ensalada	salad
la ensalada de frutas	fruit salad
las fresas	strawberries
la galleta	cookie
la hamburguesa	hamburger
el jamón	ham
la manzana	apple
la naranja	orange
las papas fritas	French fries
el perrito caliente	hot dog
la pizza	pizza
el queso	cheese
el sándwich de jamón y queso	ham and cheese sandwich
la sopa de verduras	vegetable soup

para hablar acerca de las bebidas

el agua *f.*	water
el café	coffee
el jugo de manzana	apple juice
el jugo de naranja	orange juice
la leche	milk
la limonada	lemonade
el refresco	soft drink
el té	tea
el té helado	iced tea

para hablar sobre comer y beber

beber	to drink
comer	to eat
la comida	food, meal
compartir	to share

para expresar frecuencia

nunca	never
siempre	always
todos los días	every day

para decir que te gusta / te encanta algo

Me / Te encanta(n) ___.	I / You love (___).
Me / Te gusta(n) ___.	I / You like (___).

otras palabras útiles

comprender	to understand
con	with
¿Cuál?	Which? What?
más o menos	more or less
por supuesto	of course
¡Qué asco!	How awful!
sin	without
¿Verdad?	Right?

Presente de los verbos terminados en *-er*

como	**comemos**
comes	**coméis**
come	**comen**

Presente de los verbos terminados en *-ir*

comparto	**compartimos**
compartes	**compartís**
comparte	**comparten**

● Más práctica

Practice Workbook Puzzle 3A-8
Practice Workbook Organizer 3A-9

Capítulo 3A

Nombre ______________________ Fecha ______________

Preparación para el examen (Nivel 1, pág. 145, Nivel A, pág. 175)

En el examen vas a...	Éstas son las tareas que te pueden ser útiles para el examen...	Si necesitas repasar...
1 Escuchar Escuchar y entender a personas que describen lo que comen y beben en el almuerzo.	Escucha a tres estudiantes describir lo que acostumbran comer y beber en el almuerzo. ¿Cuál se parece más a lo que tú comes en el almuerzo? ¿Mencionaron algo que no puedes comprar en la cafetería de tu escuela?	Nivel 1: **págs. 124–127** *A primera vista* **págs. 125–128** Acts. 1–2, 5 Nivel A: **págs. 148–153** *A primera vista* **págs. 149–155** Acts. 1–2, 8
2 Hablar Decirle a alguien lo que acostumbras comer en el desayuno y preguntar a otros lo mismo.	Tu club de español se reúne para desayunar antes de la escuela la próxima semana. Averigua qué desayunan otras personas de tu clase. Después de decirles por lo menos a dos personas lo que desayunas, pregúntales qué les gusta comer. ¿Todos desayunan lo mismo o les gusta desayunar cosas diferentes?	Nivel 1: **págs. 129–134** Acts. 7–8, 11, 13, 15–16 **pág. 141** *Presentación oral* Nivel A: **págs. 156–163** Acts. 10, 12, 19–21 **pág. 171** *Presentación oral*
3 Leer Leer y entender las palabras típicas de un menú.	Tratas de ayudar a un niño a pedir algo del menú de abajo, pero es muy difícil complacerlo. No le gusta nada blanco y no quiere comer frutos de un árbol. ¿Qué cosas del menú crees que se negará a comer o beber? ALMUERZO hamburguesa — plátanos pizza — manzana ensalada — leche	Nivel 1: **págs. 124–127** *A primera vista* **págs. 131–137** Acts. 10, 20 **págs. 138–139** *Lectura* Nivel A: **págs. 148–153** *A primera vista* **págs. 159–167** Acts. 15, 28 **págs. 168–169** *Lectura*
4 Escribir Escribir una lista de comidas que te gustan y que no te gustan.	Tu club de español patrocina un "Super sábado de español". Tu profesor(a) quiere saber qué comidas le gustan a la clase y cuáles no le gustan. Así, el club compra lo que le gusta a la mayoría. Escribe los encabezados *Me gusta(n)* y *No me gusta(n)* en dos columnas. Haz una lista de por lo menos cuatro cosas que te gusta comer y beber en el desayuno y cuatro del almuerzo. Luego haz una lista de lo que no te gusta comer y beber para las mismas comidas.	Nivel 1: **págs. 128–137** Acts. 4, 6, 11, 16, 18, 20 Nivel A: **págs. 155–164** Acts. 7–9, 16, 21, 24
5 Pensar Demostrar una comprensión de las diferencias culturales con respecto a los refrigerios.	Piensa en combinaciones de comida populares en los Estados Unidos, tales como el café y la rosquilla *(doughnut)*. ¿Qué combinación parecida es popular en varios países de habla hispana y dónde se compra?	Nivel 1: **pág. 140** *La cultura en vivo* Nivel A: **pág. 170** *La cultura en vivo*

Nombre ______________________ Fecha ______________________

¿Qué sabes ya?

(Nivel 1, págs. 146–147, Nivel A, págs. 176–177)

1 ¿Qué cenan *(have for dinner)* en tu casa? Completa la tabla siguiente con nombres de comidas y bebidas *(beverages)*.

	En mi casa cenamos...	**En mi casa no cenamos...**
Para beber		
Para el plato principal		
Para el postre		

2 Ahora, escribe tres oraciones completas sobre lo que comes y bebes para el desayuno, el almuerzo y la cena.

1. ______________________________.
2. ______________________________.
3. ______________________________.

Arte y cultura (Nivel 1, pág. 147, Nivel A, pág. 177)

Diego Rivera (1886–1957) La fotografía de tu libro de texto muestra un detalle del mural *La Gran Tenochtitlán,* del artista mexicano Diego Rivera, que se encuentra en el Palacio Nacional de la Ciudad de México. Muestra el *tianguis,* el bullicioso mercado de Tenochtitlán, la capital del Imperio Azteca. En el primer plano hay muchas clases de productos que se intercambiaban, como el tomate, la calabaza y diferentes variedades de chiles. Este mural es una de las muchas obras en las que Rivera se enfocó en la vida y las civilizaciones precolombinas.

- ¿Qué impresión crees que Diego Rivera da de la vida de las civilizaciones precolombinas?

Nombre ______________________ Fecha ______________

Capítulo 3B

Para mantener la salud

Objetivos del capítulo

- Hablar de comidas y bebidas para la cena
- Describir cómo son las personas y las cosas
- Conversar sobre la selección de comida, la salud y el ejercicio
- Entender las perspectivas culturales con respecto a la dieta y la salud

Conexión geográfica (Nivel 1, pág. 146, Nivel A, pág. 176)

Observa el mapa de la página 146 (pág. 176 Nivel A). Escribe el nombre de cada país en las líneas.

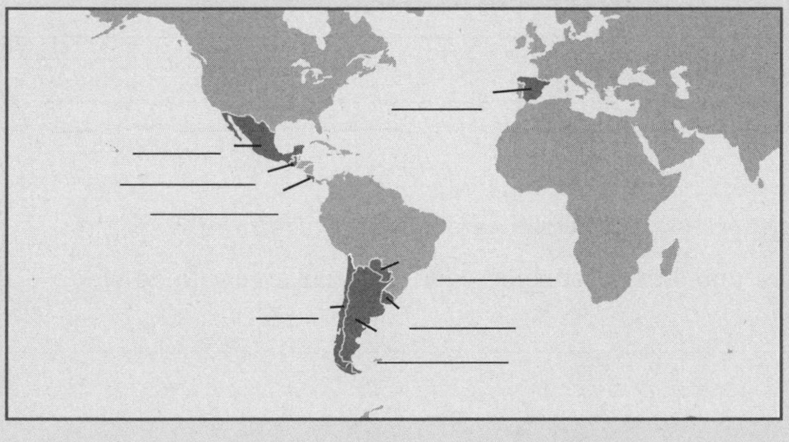

Nombre ______________________ Fecha ______________

A primera vista (Nivel 1, págs. **148–149**, Nivel A, págs. **178–179**)

Actividad A

Un amigo tuyo quiere mejorar *(improve)* su salud. Crea un plan para él. Para cada día de la semana incluye una cena saludable *(healthful)* y una actividad física diferente.

	lunes	**martes**	**miércoles**	**jueves**	**viernes**
Una cena saludable					
Una actividad física					

Actividad B

Después de una semana con tu plan, tu amigo(a) todavía está cansado(a). Escribe tres preguntas sobre el estilo de vida de tu amigo(a).

1. ______________________________
2. ______________________________
3. ______________________________

Actividad C

Escribe las respuestas de tu amigo y uno o más consejos para mejorar su estilo de vida.

1. ______________________________
2. ______________________________
3. ______________________________

Consejo(s): ______________________________

Capítulo 3B

Nombre ____________________ Fecha ____________

Videohistoria (Nivel 1, págs. **150–151**, Nivel A, págs. **180–183**)

Actividad D

Responde a las preguntas con frases completas. Contesta en español o en inglés.

1. ¿Qué es un *refresco* en Costa Rica?

____

2. ¿Cuáles son dos maneras de preparar los refrescos en Costa Rica?

____

Actividad E

¿Cómo crees que termina la historia después de que la mamá de Raúl prepara la cena? En una hoja de papel, escribe un diálogo corto para continuar la historia. Usa palabras y expresiones de la lista siguiente.

Creo que	(No) Estoy de acuerdo.	porque
¡Creo que no!	No tengo hambre.	prefiero
Tengo sed.		prefieres

Actividad F

Al día siguiente, los chicos deciden preparar una cena rica y sana para la mamá de Raúl. Éstas son sus sugerencias.

1. Arroz frito con papas a la mantequilla
2. Pescado asado con ensalada y tomate
3. Ensalada de frutas y sándwich de pavo
4. Sopa de verduras con ensalada
5. Espaguetis con crema y pan

¿Qué plato crees que escogen? Explica por qué.

____

____

____

Capítulo 3B Nombre ______ Fecha ______

Manos a la obra (Nivel 1, págs. 152–155, Nivel A, págs. 184–189)

Actividad G

Lee las siguientes descripciones y escribe la comida del vocabulario que corresponda.

1. Son productos de los mares, ríos y lagos: ______
2. Es una carne blanca que se come en muchas partes: ______
3. Esta verdura se parece a pequeñas bolitas verdes: ______
4. Esta verdura es buena para la vista y les encanta a los conejos: ______
5. Es el ingrediente básico para una ensalada: ______
6. Este postre tiene muchos sabores como el chocolate y la vainilla: ______
7. Este cereal casi siempre acompaña la comida china: ______

Actividad H

¿A qué hora comes? Escribe una frase explicando qué comes y bebes en tres momentos específicos del día.

Modelo Por la mañana *A las siete y media de la mañana bebo un jugo de naranja.*

1. Por la mañana ______.
2. Por la tarde ______.
3. Por la noche ______.

Fondo cultural (Nivel 1, pág. 152, Nivel A, pág. 185)

El mate es la bebida nacional de Argentina, Paraguay y Uruguay. Este té de hierbas se bebe con familiares y amigos. Se sirve caliente en una calabaza hueca, también llamada *mate,* con una pajita de metal llamada *bombilla.*

- ¿Hay alguna bebida parecida en los Estados Unidos?

Nombre ______________________ Fecha ______________

Actividad 1

Completa la siguiente conversación de dos amigos en la cafetería de la escuela. Usa algunas de las siguientes palabras y expresiones del vocabulario.

caminar	creo que	hambre	la mantequilla	sed
la carne	estoy de acuerdo	un helado	prefiero	sabrosas

ARTURO: ¡Vamos a comer! ¡Tengo ____________________!

ERNESTO: Yo voy a comer un bistec. Me gusta mucho ____________________.

ARTURO: Yo ____________________ el pescado.

ERNESTO: Estas papas son muy ____________________.

ARTURO: No ____________________. ¡Están horribles!; ____________________ voy a comer arroz.

ERNESTO: De postre, voy a comer ____________________.

ARTURO: Yo no quiero postre, pero quiero agua; tengo mucha ____________________.

Pronunciación

(Nivel 1, pág. **155**, Nivel A, pág. **191**)

Las letras *l* y *ll*

En español, la letra *l* se pronuncia de forma muy parecida a la letra *l* en la palabra inglesa *leaf.*

Lee las siguientes palabras en voz alta.

lechuga	lunes	pasteles	helado
almuerzo	sol	abril	difícil

Para la mayoría de los hispanohablantes, el sonido de la combinación *ll* es similar al sonido de la letra *y* en *yes.*

Lee las siguientes palabras en voz alta.

llamo	silla	allí	llueve
cebolla	pollo	ella	mantequilla

¡Inténtalo!
Lee en voz alta la siguiente canción.

Canta el gallo, canta el gallo
con el kiri, kiri, kiri, kiri, kiri;
La gallina, la gallina
con el cara, cara, cara, cara, cara;
Los polluelos, los polluelos
con el pío, pío, pío, pío, pío, pío, pí.

Capítulo 3B

Nombre ______________________ Fecha ______________

Gramática

(Nivel 1, pág. **156**, Nivel A, pág. **190**)

El plural de los adjetivos

Gramática interactiva

Analiza

- En cada ejemplo de la caja subraya los adjetivos singulares.
- Traza una línea para unirlos con el nombre que modifican.
- Encierra en un círculo los adjetivos plurales en cada ejemplo.
- Traza una línea para unirlos con el nombre o nombres que modifican.

Así como los adjetivos concuerdan con un nombre masculino o femenino, también concuerdan con un nombre en singular o plural. Para formar el plural de los adjetivos, sólo añade una *-s* después de la vocal al final del adjetivo. Si el adjetivo termina en consonante, añade *-es.*

La hamburguesa es sabrosa. Las hamburguesas son sabrosas.

El pastel es muy popular. Los pasteles son muy populares.

Cuando un adjetivo describe a un grupo que incluye nombres masculinos y femeninos, se usa el masculino plural.

La lechuga, las zanahorias y los tomates son buenos para la salud.

No olvides que el singular *mucho* corresponde a "much" o a "a lot of" en inglés, pero el plural *muchos(as)* corresponde a "many".

No como mucha carne, pero como much**as** verdur**as**.

¿Recuerdas?
Los adjetivos concuerdan en género con los nombres masculinos o femeninos que describen:

- El bistec es sabroso.
- La ensalada es sabrosa.

Actividad J

Encierra en un círculo la palabra que complete cada oración correctamente.

1. El pescado es muy (bueno/buena) para la salud.
2. Los helados y la crema batida son muy (sabrosas/sabrosos) pero contienen mucha grasa y azúcares.
3. En el mercado venden (mucho / muchas) clases de verduras.
4. Caminar todos los días es una (buenos/buena) actividad para jóvenes y mayores.
5. Creo que esta sopa tiene (mucho/mucha) sal.

 Nombre ______ Fecha ______

Actividad K

Completa las frases para describir cómo eres tú y cómo son las personas que te rodean. Luego, escribe dos frases más sobre tres miembros de tu familia.

Modelo *Yo soy sociable y deportista.*

1. Yo soy ______.
2. Mis amigos(as) son ______.
3. Mi profesor(a) es ______.
4. Los(as) estudiantes de mi escuela son ______.
5. El / La director(a) de mi escuela es ______.
6. ______.
7. ______.
8. ______.

Fondo cultural (Nivel 1, pág. 156, Nivel A, pág. 195)

La Tomatina ¿Te gustaría asistir a una fiesta en la cual el momento culminante es una gigantesca batalla de tomates? Esto es lo que ocurre cada año en la *Fiesta de la Tomatina,* en Buñol, España. Después de que el concejo municipal distribuye más de 130 toneladas de tomates crudos a los participantes, el festival comienza y los participantes se arrojan tomates durante dos horas.

- Describe cualquier festival de comida que distinga a tu comunidad o a tu estado. ¿En qué se parece a *La Tomatina*? Contesta en español o en inglés.

Nombre ______________________ Fecha ______________

Gramática

El verbo *ser*

(Nivel 1, pág. 158, Nivel A, pág. 192)

Gramática interactiva

Analiza
Escribe el sujeto de la forma conjugada del verbo *ser* en los ejemplos.

El verbo *ser* es irregular y significa *"to be"*. *Ser* se usa para describir cómo es una persona o cosa. Éstas son las formas del tiempo presente:

(yo)	**soy**	(nosotros) (nosotras)	**somos**
(tú)	**eres**	(vosotros) (vosotras)	**sois**
Ud. (él) (ella)	**es**	Uds. (ellos) (ellas)	**son**

¿Recuerdas?
En capítulos anteriores, hablamos del uso del verbo *ser* para indicar cómo es una persona.

— Tú **eres** muy deportista, ¿no?
— Sí, **soy** deportista.
— Mi amigo Pablo **es** deportista también.

Actividad L

Enrique escribió un párrafo sobre su rutina para mantener la salud. Completa el siguiente párrafo con la forma correcta del verbo **ser**.

Mi rutina de salud ____________ simple. En mi casa ____________ cuatro hermanos y hacemos ejercicio todas las mañanas. Antonio y Eduardo ____________ muy fuertes y casi siempre levantan pesas. Yo ____________ muy activo y me gusta correr. Mi hermano pequeño siempre camina cuando debe correr. Yo le digo: "Tú ____________ un perezoso". En general, nuestra rutina de ejercicio ____________ bastante completa.

Nombre ______________________ Fecha ____________

Actividad M

Fíjate en cada comida y responde a las preguntas para describirla.

1. ¿Qué alimentos son éstos?

____

2. ¿A qué hora comes esta comida?

____

3. ¿Es una comida saludable? ____________

4. ¿Qué opinas de esta comida?

____

1. ¿Qué alimentos son éstos?

____

2. ¿A qué hora comes esta comida?

____

3. ¿Es una comida saludable? ____________

4. ¿Qué opinas de esta comida?

____

1. ¿Qué alimentos son éstos?

____

2. ¿A qué hora comes esta comida?

____

3. ¿Es una comida saludable? ____________

4. ¿Qué opinas de esta comida?

____

Nombre ______________________ Fecha ______________

Fondo cultural

(Nivel 1, pág. **160**, Nivel A, pág. **193**)

Los mercados al aire libre son muy comunes en toda Latinoamérica. Muchas ciudades tienen un mercado central que ocurre en un día determinado de la semana y al que acude gente de los alrededores para comprar comida, flores, artesanías y ropa.

- ¿Puedes comparar este mercado con los lugares donde compras frutas y verduras en tu ciudad?

Actividad N

Imagina que durante el verano participas en un mercado de comida saludable en tu comunidad. Escribe en una hoja de papel una lista de los alimentos que vendes.

Ampliación del lenguaje

(Nivel 1, pág. **160**, Nivel A, pág. **194**)

¿De dónde viene?

Los nombres de muchas comidas en español vienen de diferentes idiomas como el latín, el árabe, el italiano, el griego, el turco y el inglés. Mientras que es muy claro que la palabra *espaguetis* viene de la palabra italiana *spaghetti,* no es tan obvio que la palabra *zanahoria* viene de la palabra árabe *safunariya.*

¡Inténtalo!

Lee las palabras en español de la primera columna y traza una línea a la palabra de la segunda columna que creas es su origen.

agua	*piscatus* (latín)
arroz	*aqua* (latín)
pan	*beefsteak* (inglés)
bistec	*panis* (latín)
salchichas	*pullus* (latín)
pescado	*kahvé* (turco)
café	*salciccia* (italiano)
pollo	*óryza* (griego)

Capítulo 3B Nombre ____________ Fecha ____________

Conexiones Las matemáticas (Nivel 1, pág. 157)

1. Pregunta a los compañeros de tu grupo qué frutas, verduras, carnes y bebidas son sus favoritas. Escribe las respuestas en una hoja de papel.

   Modelo A — *¿Qué verduras prefieres?*
   B — *Prefiero las zanahorias.*

2. Anota los resultados para ver qué comidas y bebidas son las más populares de cada grupo. Indica estas preferencias en una gráfica de barras. Escribe cuatro oraciones sobre los resultados.

   Modelo *Del grupo de las verduras, cuatro estudiantes prefieren papas.*

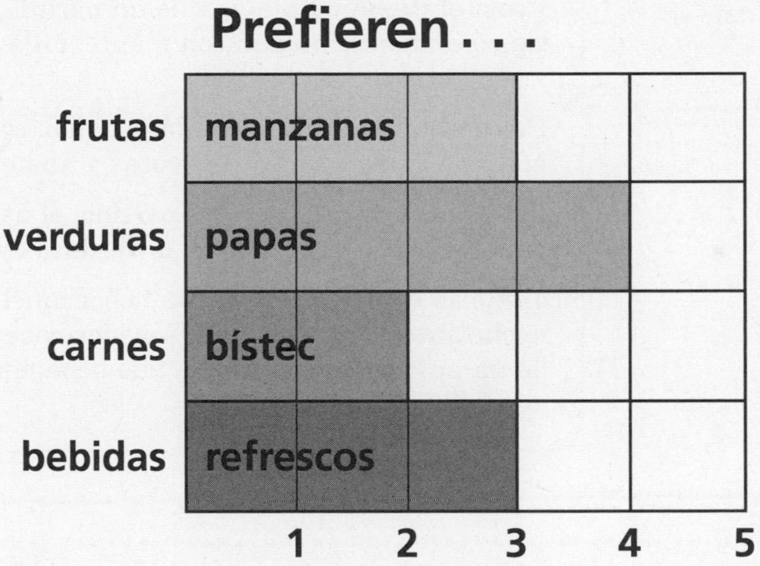

El español en el mundo del trabajo

(Nivel 1, pág. 160, Nivel A, pág. 197)

La carrera de Rick Bayless como un chef de clase mundial de comida mexicana comenzó cuando tenía catorce años, cuando visitó México y decidió estudiar español. Desde 1978 Rick ha abierto restaurantes de comida mexicana gourmet, ha creado y participado en programas de televisión sobre cocina; incluso ha escrito libros de cocina y ganado muchos premios.

- ¿Crees que las habilidades en español de Rick lo ayudaron en su carrera? Explica tu respuesta. Contesta en español o en inglés.

Capítulo 3B

Nombre ______________________ Fecha ____________

¡Adelante! (Nivel 1, págs. 162–163, Nivel A, págs. 198–199)

Lectura 1

Estrategia

Dar un vistazo al texto antes de leerlo es una estrategia que nos ayuda a anticipar su contenido.

Lee el artículo sobre las necesidades nutritivas de los atletas y haz las actividades del margen.

Lectura interactiva

Da un vistazo al texto

- En una hoja de papel, escribe tres cosas que esperas encontrar en la lectura.
- Después de leer, subraya las cosas que anticipaste y que luego encontraste en el texto.

¿Qué come un jugador de fútbol?

Los jugadores de fútbol comen comidas equilibradas con muchos hidratos de carbono, minerales y vitaminas. Ellos consumen cerca de 5.000 calorías en total todos los días.

Los atletas comen: 17% proteínas; 13% grasas; 70% hidratos de carbono.

Para el desayuno el día de un partido, un jugador típico come mucho pan con mantequilla y jalea, yogur y té.

Para el almuerzo antes del partido, come pan, pasta, pollo sin grasa, verduras, frutas y una ensalada.

Para la cena después del partido, el atleta come papas, carne sin grasa y más verduras y frutas.

También es muy importante beber muchos líquidos. La noche antes del partido, el jugador bebe un litro de jugo de naranja y durante el partido bebe hasta dos litros de agua y bebidas deportivas.

Actividad Ñ

Usa la información que aprendiste del artículo y lo que ya sabes del tema para responder a las preguntas siguientes. Contesta en español o en inglés.

1. ¿Cuánto come un jugador de fútbol el día de una competencia?

____

2. ¿Qué importancia tienen las bebidas para un jugador de fútbol?

____

____

3. ¿Qué le puede pasar a una persona que come 5.000 calorías al día y no hace ejercicio?

____

Nombre ____________________ Fecha ____________

Actividad O

Tu mejor amigo(a) va a participar en una maratón mañana, a las tres de la tarde. Escribe un plan de tres comidas para tu amigo(a). Usa el plan del artículo como modelo, pero no repitas las mismas comidas. Incluye lo que debe comer o beber después de la maratón.

El desayuno: ____________________

____

El almuerzo: ____________________

____

La cena: ____________________

____

Las bebidas: ____________________

____

Después de la maratón: ____________________

____

Fondo cultural

(Nivel 1, pág. **163**, Nivel A, pág. **199**)

¡Gooooooooooool! En el fútbol, anotar el gol que gana el partido es el momento más emocionante del juego. El fútbol es el deporte más popular del mundo y tiene muchos fanáticos en todas los países hispanos. Cada cuatro años los equipos de todo el mundo compiten regionalmente para ser uno de los 32 equipos que participan en el campeonato de la Copa Mundial. Muchos países hispanos compiten en lo que se ha convertido en el evento deportivo que más público tiene en todo el mundo. Desde que el campeonato comenzó en 1930, tres países hispanos han ganado la Copa Mundial: el Uruguay en 1930 y 1950, la Argentina en 1978 y 1986, y España en 2010.

- ¿Hay equipos de fútbol en tu comunidad? ¿Quién participa? ¿Dónde juegan?

Capítulo 3B

Nombre ______________________ Fecha ______________

Lectura 2

Lee la biografía de Gabriel Omar Batistuta y completa las actividades del margen.

Estrategia

Recorrer el texto Un lector puede recorrer el texto en busca de información. Por ejemplo, puede identificar hechos u opiniones.

Lectura interactiva

Recorre el texto
Recorre el texto y subraya la frase de la primera oración que contiene una opinión.

Encuentra
Subraya con dos líneas las evidencias que apoyan la opinión del autor.

Gabriel Omar Batistuta

Gabriel Omar Batistuta, uno de los mejores futbolistas del mundo, nace el primero de febrero de 1969 en Santa Fe, Argentina.

A los diecisiete años decide jugar al fútbol profesionalmente. Aunque Bati-Gol (como lo llaman por sus muchos goles) es un jugador brillante, también es un hombre humilde *(humble)*.

En 1989 va a Europa a jugar. Es difícil al principio, pero finalmente alcanza sus metas. Lo más importante para Bati es divertirse mientras juega y ayudar a sus compañeros. Con esa actitud y con su carácter sincero, pronto gana el corazón de Florencia y del resto de Italia. Y su equipo comienza a ganar. La población de Florencia quiere mucho a este muchacho de pelo largo, rizado y rubio, de pies mágicos y de carácter agradable.

Batistuta se hace famoso en todo el mundo cuando su equipo gana la Copa de América en 1991. Bati decide quedarse en Florencia. En 1998 se convierte en el jugador argentino con más goles, quitándole el título a Diego Maradona.

Actividad P

Lee las siguientes oraciones sobre Gabriel Omar Batistuta. Escribe una **H** si la oración es un hecho y una **O** si es una opinión.

1. En 1989 va a Europa a jugar. ______
2. Nace el primero de febrero de 1969 en Santa Fe, Argentina. ______
3. Es uno de los mejores futbolistas del mundo. ______
4. En 1998 se convierte en el jugador argentino con más goles, quitándole el título a Diego Maradona. ______

Nombre ______________________ Fecha __________

Actividad Q

Escribe datos sobre un(a) deportista destacado(a), real o imaginario(a). Escribe en español o en inglés.

Nace en ______________________, hace __________ años.

Su niñez es ____.

Sus inicios en este deporte son ____.

Después, juega con el(los) equipo(s) ____.

Gana (campeonatos, trofeos, medallas, títulos) ____.

Actualmente, él (ella) ____.

Yo lo/la admiro porque ____.

Sus amigos lo/la llaman __________________.

Actividad R

¿Qué cualidades crees que debe tener un deportista profesional? Escribe por lo menos tres y explica por qué son importantes. Escribe en español o en inglés.

____

____

____

Capítulo 3B Nombre ______ Fecha ______

Perspectivas del mundo hispano (Nivel 1, pág. 164, Nivel A, pág. 200)

¿Qué haces para mantener la salud?

¿Alguna vez has tomado caldo de pollo cuando tienes un resfrío? ¿Te has puesto aloe en una quemadura del sol? En muchos países, incluyendo los hispanos, los remedios tradicionales a base de hierbas medicinales han sido usados durante siglos para tratar problemas médicos comunes. En México, una especie de menta conocida como *yerbabuena* se prepara como un té y se les da a las personas que tienen dolor de estómago. Puede que los médicos no receten remedios como éstos, pero la gente tiene confianza en esos remedios porque han pasado de generación en generación. Muchas de estas hierbas son muy buenas para la salud, pero otras tienen efectos secundarios dañinos.

Los investigadores están estudiando los remedios naturales tradicionales para encontrar soluciones a problemas médicos en la actualidad. En la selva del Amazonas, en América del Sur, existe una sorprendente abundancia de vida vegetal que puede contener la clave para tratar una amplia variedad de enfermedades y molestias comunes. Las compañías farmacéuticas están buscando los efectos curativos de estas plantas y hierbas que podrían ser usadas en medicinas modernas hoy en día.

Cada vez se acepta más la medicina natural, no sólo como base de medicamentos farmacéuticos, sino por sus propias cualidades curativas. En muchos países, como los Estados Unidos, los remedios naturales se usan algunas veces en combinación con los cuidados convencionales de salud.

¡Verifícalo! ¿Qué alternativas a la medicina convencional están disponibles en tu comunidad? Haz una lista de todos los servicios de salud que se te ocurran y que no sean ofrecidos por médicos tradicionales. ¿Hay alguna tienda de productos para la salud que venda medicinas naturales? ¿Qué tipo de medicinas naturales se venden y qué remedios se les atribuyen a estas medicinas?

¡Piénsalo! En muchos países hispanos los remedios naturales han sido aceptados durante siglos. ¿Crees que las medicinas naturales pueden aliviar y curar enfermedades? ¿Por qué? Contesta en español o en inglés.

Capítulo 3B

Nombre ______________________ Fecha ____________

Presentación escrita (Nivel 1, pág. 165, Nivel A, pág. 201)

Tarea

Para tu clase de salud, estás investigando sobre los hábitos alimenticios y el ejercicio. Haz un cartel en español con cinco sugerencias para mejorar la salud.

Estrategia

Obtener información Usa información de varias fuentes para ayudarte a crear una presentación más completa de un tema.

1. **Antes de escribir**
Habla con compañeros de clase, maestros, el(la) enfermero(a) de la escuela y tus padres acerca de la buena alimentación y los hábitos de ejercicio, especialmente para jóvenes. Después, haz una lista de sus ideas bajo las siguientes categorías para organizar la información:

• *Debes comer...* • *Debes beber...* • *Debes... para mantener la salud.*	• *No debes comer mucho(a)...* • *No se debe...*

2. **Borrador**
Escribe el primer borrador. Decide cómo presentar la información de una manera lógica. Piensa si usarás ayudas visuales para lograr mayor claridad. Incluye bosquejos en tu borrador. Ponle un título al cartel.

3. **Revisión**
Comenta tu borrador con un(a) compañero(a). Tu compañero(a) debe revisar los siguientes puntos:
   - ¿Has comunicado bien tus cinco sugerencias?
   - ¿Sirven tus ayudas visuales para expresar el significado y hacer el cartel atractivo?
   - ¿Son correctos el vocabulario y la gramática?

   Decide si vas a usar las sugerencias de tu compañero(a). Después, corrige tu cartel.

4. **Publicación**
Haz una versión final añadiendo ilustraciones o diseños y haciendo los cambios necesarios. También puedes:
   - colocarlo en la oficina del(de la) enfermero(a), en el centro comunitario local o en tu sala de clases.
   - incluirlo en tu portafolios.

5. **Evaluación**
Quizá tu profesor(a) te dé los criterios de cómo va a ser evaluado tu cartel. Probablemente será calificado teniendo en cuenta:
   - lo completa que es tu tarea.
   - la precisión en el uso del vocabulario y la gramática.
   - el uso eficaz de las ilustraciones.

Capítulo 3B

Repaso del capítulo (Nivel 1, pág. 168, Nivel A, pág. 204)

Vocabulario y gramática

Repaso del capítulo

Para prepararte para el examen, revisa si...
- conoces el vocabulario nuevo y la gramática.
- puedes realizar las tareas de la página 129.

para hablar acerca de comidas y bebidas

la cena	dinner
el bistec	beefsteak
la carne	meat
el pescado	fish
el pollo	chicken
la cebolla	onion
los guisantes	peas
las judías verdes	green beans
la lechuga	lettuce
las papas	potatoes
los tomates	tomatoes
las uvas	grapes
las zanahorias	carrots
el arroz	rice
los cereales	grains
los espaguetis	spaghetti
las grasas	fats
la mantequilla	butter
el helado	ice cream
los pasteles	pastries
las bebidas	beverages

para hablar acerca de tener hambre o sed

Tengo hambre.	I'm hungry.
Tengo sed.	I'm thirsty.

para hablar acerca de la salud

caminar	to walk
hacer ejercicio	to exercise
(yo) hago	I do
(tú) haces	you do
levantar pesas	to lift weights
para la salud	for one's health
para mantener la salud	to maintain one's health

para indicar una preferencia

(yo) prefiero	I prefer
(tú) prefieres	you prefer
deber	should, must

para indicar acuerdo o desacuerdo

creer	to think
Creo que...	I think...
Creo que sí / no.	I (don't) think so.
(No) estoy de acuerdo.	I (don't) agree.

para preguntar o dar una respuesta

¿Por qué?	Why?
porque	because

para expresar cantidad

algo	something
muchos, -as	many
todos, -as	all

para describir algo

horrible	horrible
malo, -a	bad
sabroso, -a	tasty, flavorful

otras palabras útiles

cada día	every day

El plural de los adjetivos

Masculino Singular / Plural	**Femenino Singular / Plural**
sabros**o** / sabros**os**	sabros**a** / sabros**as**
popular / popular**es**	popular / popular**es**

ser *to be*

soy	**somos**
eres	**sois**
es	**son**

Más práctica

Practice Workbook Puzzle 3B-8
Practice Workbook Organizer 3B-9

Nombre ______________________ Fecha ______________

Preparación para el examen (Nivel 1, pág. 47, Nivel A, pág. 53)

En el examen vas a...	Éstas son las tareas que te pueden ser útiles para el examen...	Si necesitas repasar...
1 Escuchar Escuchar y entender a personas que describen un estilo de vida saludable o no saludable.	Escucha la entrevista a dos personas acerca de sus hábitos. Fíjate si puedes decir quién es un patinador olímpico y quién es un baterista. Prepárate para explicar tus conclusiones "bien informadas".	Nivel 1: **págs. 148–151** *A primera vista* **pág. 149** Act. 2 Nivel A: **págs. 178–183** *A primera vista* **pág. 179** Act. 2
2 Hablar Expresar tus preferencias en la comida y dar una opinión.	Durante una entrevista por teléfono, te hacen preguntas en español sobre qué comida prefieres. Di, según tu opinión, si la comida que prefieres es buena o mala para la salud.	Nivel 1: **págs. 153–159** Acts. 6–10, 14, 18 Nivel A: **págs. 187–197** Acts. 11–14, 23, 27
3 Leer Leer y comparar lo que la gente hace y come para determinar si llevan un estilo de vida saludable o no.	Lee la conversación en línea a la que te acabas de unir en un salón de charlas. Decide si cada persona lleva un estilo de vida saludable o no saludable a partir de lo que dice cada una. Chato: ¿Qué hago yo? Cuando hace buen tiempo, corro por treinta minutos. Cuando llueve, levanto pesas. Chispa: No me gusta hacer ejercicio. Prefiero comer papas fritas. Son muy sabrosas. Andrés: ¿Papas fritas? Son horribles para la salud. Para mantener la salud, nunca debes comer papas fritas.	Nivel 1: **págs. 148–151** *A primera vista* **págs. 154–161** Acts. 9, 11, 19 **págs. 162–163** *Lectura* Nivel A: **págs. 178–183** *A primera vista* **págs. 188–196** Acts. 13, 15, 25 **págs. 198–199** *Lectura*
4 Escribir Escribir una lista de cosas que una persona debe hacer para mantener un estilo de vida saludable.	Muchas personas piensan que los jóvenes no saben nada acerca de un estilo de vida saludable. Tú y tus amigos están compilando una lista de las diez formas principales de mejorar la salud de los jóvenes. Escribe por lo menos tres sugerencias para la lista.	Nivel 1: **págs. 154–161** Acts. 9, 11, 19 **pág. 165** *Presentación escrita* Nivel A: **págs. 188–196** Acts. 13, 15, 25 **pág. 201** *Presentación escrita*
5 Pensar Demostrar una comprensión de las perspectivas culturales con respecto al cuidado de la salud.	Da un ejemplo de un remedio natural que en los países hispanos se considera un remedio para un malestar común. Compara este remedio con un remedio natural parecido que en los Estados Unidos se considera una cura para un malestar común.	Nivel 1: **pág. 164** *Perspectivas del mundo hispano* Nivel A: **pág. 200** *Perspectivas del mundo hispano*

Go Online Web Code jcd-0316 PHSchool.com

Nombre ______________________ Fecha ______________

¿Qué sabes ya?

(Nivel 1, págs. 170–171, Nivel A, págs. 206–207)

Completa el diagrama escribiendo tres cosas que te gusta hacer en tu tiempo libre durante el invierno. Después, escribe lo que te gusta hacer durante las vacaciones de verano. ¿Hay algo que te gusta hacer durante todo el año?

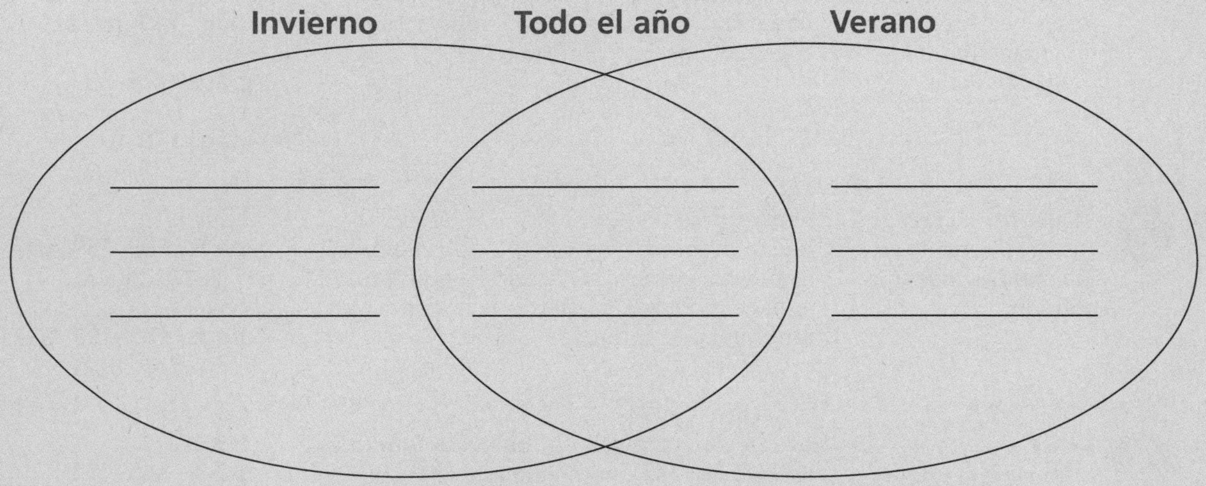

Arte y cultura (Nivel 1, pág. 171, Nivel A, pág. 207)

El quitasol es una obra del pintor español Francisco de Goya (1746–1828). Él creó esta pintura como diseño para la fabricación de un tapiz real. En ese tiempo, Goya ya era famoso por la elegancia de su trabajo y por su habilidad para capturar sucesos de la vida diaria de forma realista. Los colores brillantes de esta pintura sugieren un momento feliz y tranquilo entre dos jóvenes.

- ¿Por qué la gente que vive en la ciudad sale al campo para relajarse? Contesta en español o en inglés.

Nombre ______ Fecha ______

Capítulo 4A

¿Adónde vas?

Objetivos del capítulo

- Hablar acerca de lugares de tu comunidad
- Hablar sobre actividades para el tiempo libre
- Hablar acerca de adónde ir y con quién
- Aprender a hacer preguntas
- Entender las perspectivas culturales sobre las actividades de tiempo libre

Conexión geográfica (Nivel 1, pág. 170, Nivel A, pág. 206)

Estos países y estados tienen una conexión con el tema de este capítulo. Mira el mapa y empareja los estados con los sitios turísticos.

1. Texas ______ a. El Gran Cañón
2. California ______ b. Lago Michigan
3. Arizona ______ c. Disneyworld
4. Florida ______ d. Disneylandia
5. Illinois ______ e. El Álamo

Nombre ______________________ Fecha ______________

A primera vista (Nivel 1, págs. 172–173, Nivel A, págs. 208–209)

Actividad A

Completa las frases siguientes con la palabra apropiada del vocabulario.

1. Yo como en el restaurante muy pocas veces; ______________ como en mi casa.
2. Esta tarde voy al cine para ______________ muy interesante.
3. Me gusta correr en ______________ por la mañana.
4. ¿______________ va Rosa a la biblioteca? Ella va con Lucía.
5. Me gusta ______________ al centro comercial.
6. Pilar va al ______________ a las siete de la mañana. Trabaja hasta las 2:00 p.m.
7. Por la mañana voy con Inés a nadar, y ______________ vamos al Café el Sol.
8. Carlos es un gran músico, todos los días va a su ______________.

Actividad B

En la tabla escribe a la izquierda tres lugares adonde vas en tu tiempo libre; a la derecha, escribe algunos detalles, como qué haces allí o con quién vas.

Mi tiempo libre	
Lugares	Detalles

Más vocabulario
la cafetería
la sala de juegos
el polideportivo
la cancha

También se dice...

piscina: alberca, pileta
restaurante: mesón, taberna
iglesia: capilla

Go Online PHSchool.com Web Code jcd-0401

Nombre ______________________ Fecha ____________

Videohistoria (Nivel 1, págs. **174–175**, Nivel A, págs. **210–213**)

Actividad C

Haz un resumen visual de lo que hacen todos los amigos en la *Videohistoria*. Escribe una actividad que hace cada uno.

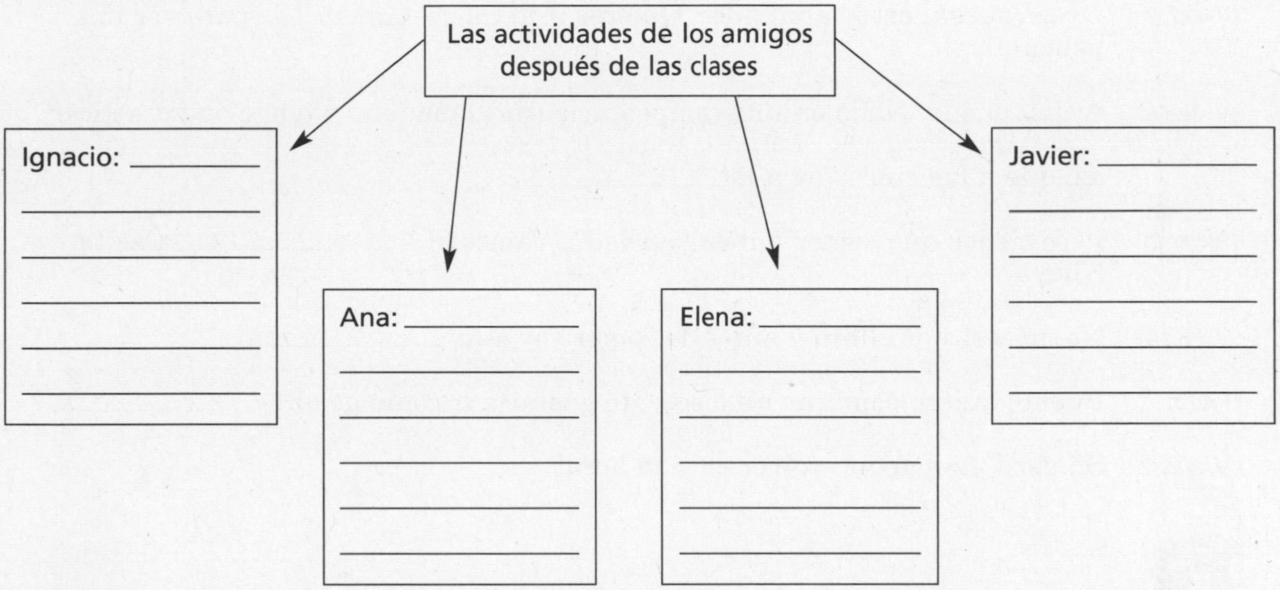

Actividad D

Imagina que un(a) estudiante nuevo(a) acaba de llegar a tu sala de clase. Escribe un diálogo corto entre él (ella) y tú, usando palabras o expresiones de la lista y otras que conozcas.

Mucho gusto.	con tus/mis amigos	los fines de semana	¡No me digas!
¿De dónde eres?	¿Cuándo?	Me quedo en casa.	soy/eres de...

Yo: ______________________

Estudiante: ______________________

Yo: ______________________

Estudiante: ______________________

Capítulo 4A

Nombre ______________________ Fecha ______________

Manos a la obra (Nivel 1, págs. 176–179, Nivel A, págs. 214–217)

Actividad E

Paco está aburrido y no sabe qué hacer. Completa la conversación entre Paco y Vanesa con palabras o expresiones lógicas del vocabulario de esta lección.

PACO: Oye, Vanesa, estoy aburrido. ¿Quieres ir al ______________ para ver una película?

VANESA: Ay, no puedo. Nado en una competencia *(race)* mañana y tengo que practicar, así que a las cinco voy a la ______________.

PACO: Pero tienes que comer antes, ¿verdad? ¿Vamos al ______________ Casita Nueva?

VANESA: No, necesito un libro y antes de comer voy a la ______________.

PACO: Bueno, quiero comprar un disco, ¿te gustaría ir conmigo al ______________?

VANESA: Sí, pero, ¡tengo que volver en una hora!

Actividad F

Escribe adónde vas para hacer las siguientes actividades.

1. Esquiar ______________________
2. Nadar ______________________
3. Comes y bebes aquí ______________________
4. Sacar muchos libros para un proyecto ______________________
5. Levantar pesas ______________________
6. Comprar ropa, discos compactos y un libro ______________________
7. Hacer un picnic ______________________

Capítulo 4A

Nombre ______________________ Fecha ______________

Fondo cultural (Nivel 1, pág. 177, Nivel A, pág. 215)

La plaza Pasear por la plaza principal de la mayoría de los pueblos y ciudades de los países hispanos es una actividad popular entre personas de todas las edades. La plaza mayor suele estar rodeado por tiendas, cafés, iglesias y edificios del municipio. El cuadro "La plaza" de Pedro Lázaro celebra la belleza y importancia de este lugar en la cultura hispana.

- ¿Qué lugar de reunión social de tu comunidad es similar a *la plaza*? Contesta en español o en inglés.

Actividad G

Estas tres personas no saben qué hacer durante sus vacaciones de verano. Lee las descripciones, elige una actividad para cada una y explica por qué crees que debe hacerla.

Alberto: Es muy tímido e introvertido. Le gusta mucho el agua y también el sol.

Actividad recomendada: ______________________

Explicación: ______________________

Silvia: Es muy extrovertida y le encantan los deportes de equipo. Le gusta practicar deportes al aire libre y prefiere la montaña a la playa.

Actividad recomendada: ______________________

Explicación: ______________________

Enrique: Le encantan los videojuegos y el cine; también le gusta tener unos músculos muy grandes en los brazos.

Actividad recomendada: ______________________

Explicación: ______________________

Actividad H

Imagina que tienes sólo cinco días de vacaciones. Elige una actividad diferente para cada día y haz una lista en tu cuaderno. ¿Qué actividades prefieres? Indica la actividad que quieres y explica por qué.

Modelo El domingo: *Voy a nadar, porque los domingos mis amigos van a la piscina.*

Capítulo 4A

Nombre ____________________ Fecha ____________

Gramática

El verbo *ir* (Nivel 1, pág. **180**, Nivel A, pág. **218**)

El verbo *ir* se usa para decir adónde va alguien. Éstas son las formas del presente del verbo *ir:*

(yo)	**voy**	(nosotros) (nosotras)	**vamos**
(tú)	**vas**	(vosotros) (vosotras)	**vais**
Ud. (él) (ella)	**va**	Uds. (ellos) (ellas)	**van**

El verbo *ir* casi siempre va seguido de *a*. Para preguntar hacia dónde se dirige alguien, se usa *¿Adónde?*

—¿Adónde va Emilio?

—Va a casa de Carlos.

—¿Adónde van Rosa y su hermana?

—Van a la playa.

—¿Vas a tu casa?

—No, voy a casa de Ana.

—¿Van a ir a la piscina?

—Sí, Ana y yo vamos a ir a la piscina.

- Con frecuencia escucharás decir *¡Vamos!* Significa "Let's go!"

¿Recuerdas?

Ya has usado el infinitivo *ir* al hablar sobre ir a la escuela.

- Me gusta **ir** a la escuela.

Gramática interactiva

Identifica formas

- En los ejemplos, subraya con una línea las formas personales del verbo *ir* y con dos líneas el infinitivo.
- Identifica el sujeto de cada una de las formas personales. Si el sujeto está explícito en la frase, enciérralo en un círculo. Si no está, escríbelo junto a la frase correspondiente.

Fondo cultural (Nivel 1, pág. **181**, Nivel A, pág. **221**)

Los clubes deportivos y gimnasios son muy populares en los países hispanos. Debido a que hay pocos equipos deportivos en las escuelas, muchos jóvenes se unen a gimnasios privados para hacer ejercicio individualmente o juegan en equipos patrocinados de forma privada para competir en su deporte favorito.

- ¿Qué crees que harían los estudiantes si tu escuela no ofreciera la oportunidad de jugar y competir en deportes? Contesta en español o en inglés.

Capítulo 4A

Nombre ____________________ Fecha ____________

Actividad I

Completa las siguientes oraciones y preguntas con la forma correcta del verbo *ir*. Después, escribe adónde va(n) la(s) persona(s) en cada oración.

1. Nosotros siempre ______________ cuando ponen películas de aventura.

   ¿Adónde ______________ nosotros? Al ______________.

2. Roberto ______________ a estudiar allí. Es un lugar con muchos libros.

   ¿Adónde ______________ Roberto? A la ______________.

3. Julia y Juan ______________ allí porque les gusta la arena y el sol.

   ¿Adónde ______________ Julia y Juan? A la ______________.

4. Yo ______________ cinco veces a la semana a nadar.

   ¿Adónde ______________ yo? A la ______________.

Actividad J

Mira el horario de los dos estudiantes. Escribe tu horario de esta semana en la primera columna. Después, escribe tres frases con el verbo *ir* para comparar adónde van tú y los otros estudiantes.

	Tú	**Carlos**	**Verónica**
lunes		Club de tecnología hasta las 4:00	Club de tecnología hasta las 4:00
martes		libre	libre
miércoles		lecciones de piano a las 5:00	natación a las 5:00
jueves		estudiar en la biblioteca hasta las 6:00	libre
viernes		libre	natación a las 5:00

1. ____

2. ____

3. ____

Capítulo 4A

Nombre ______________________ Fecha ______________

Gramática

(Nivel 1, pág. 184, Nivel A, pág. 224)

Hacer preguntas

Para hacer preguntas se usan las palabras interrogativas.

¿Qué?	¿Dónde?	¿Cuál?
¿Cómo?	¿Cuántos, -as?	¿Por qué?
¿Quién?	¿Adónde?	¿Cuándo?
¿Con quién?	¿De dónde?	

En español, cuando usas una palabra interrogativa en una pregunta, debes poner el verbo antes del sujeto.

¿Qué **come Elena** en el restaurante?
¿Adónde **van Uds.** después de las clases?
¿Por qué **va Ignacio** a la playa todos los días?

Tú has usado ya varias palabras interrogativas. Fíjate en que todas las palabras interrogativas llevan acento gráfico. Sin embargo, la misma palabra sin ser interrogativa no necesita el acento. Mira estos dos ejemplos:

Tengo **que** ir a mi casa.
¿**Qué** tengo que hacer?

En el caso de preguntas sencillas que se contestan con *sí* o *no,* puedes indicar con tu voz que estás haciendo una pregunta:

¿**Ana va** a la escuela?
¿**Va Ana** a la biblioteca?
Ana va a la biblioteca, **¿verdad?**

Gramática interactiva

Reflexiona

- Lee el ejemplo de pregunta con *por qué* y escribe una posible respuesta para esa pregunta.
- Fíjate en que cuando la pregunta se usa *por qué,* en la respuesta se usa una palabra que suena casi igual pero que se escribe de forma diferente. Subraya esta palabra en tu respuesta y escribe cuáles son las diferencias.

Actividad K

Completa el diálogo entre dos amigas durante una fiesta de cumpleaños, con la palabra interrogativa correcta.

ANA: ¿______________ es ese chico?

ROSA: Es el primo de Raúl.

ANA: Y entonces, ¿______________ está Raúl?

ROSA: Está en la cocina preparando los refrescos. ¿______________ preguntas tanto?

ANA: Por nada, porque soy curiosa. Oye, ¿______________ hermanos tiene Raúl?

Nombre ______________________ Fecha ______________

Pronunciación

(Nivel 1, pág. **183**, Nivel A, pág. **223**)

Acento de intensidad y acento escrito

¿Cómo puedes saber qué sílaba se acentúa en español? Éstas son algunas reglas generales. Lee los ejemplos y añade dos más para cada sección.

1. Las palabras que terminan en vocal, en *n* o en *s* llevan el énfasis en la penúltima sílaba.

centro	pasteles	piscina	computadora	______________
trabajo	parque	mantequilla	generalmente	______________

2. Las palabras que terminan en consonante (excepto en *n* o en *s*), llevan el énfasis en la última sílaba.

señor	nariz	escribir	profesor	______________
reloj	español	trabajador	arroz	______________

3. Cuando una palabra lleva un acento escrito, se enfatiza la sílaba acentuada.

café	número	teléfono	difícil	______________
película	lápiz	plátano	artístico	______________

Actividad L

Usa las palabras interrogativas adecuadas para escribir una pregunta y obtener información. Usa una palabra interrogativa diferente para cada pregunta. ¡Ojo!, puede haber más de una manera posible de formar algunas preguntas.

1. El nombre del gimnasio ¿______________________________?
2. La hora de la cena ¿______________________________?
3. El número de estudiantes en tu clase ¿______________________________?
4. Tu amigo(a) favorita ¿______________________________?
5. El libro de tu amiga ¿______________________________?
6. Lo que hace Julián los domingos ¿______________________________?
7. Tengo $10 en mi bolsillo. ¿______________________________?

Capítulo 4A

Nombre ______________________ Fecha ______________

Actividad M

Imagina que hablas con el director famoso de una película de Hollywood. Escribe seis preguntas para obtener información sobre él y su película. Usa una palabra interrogativa diferente para cada pregunta.

1. ______________________________

2. ______________________________

3. ______________________________

4. ______________________________

5. ______________________________

6. ______________________________

Fondo cultural (Nivel 1, pág. **185**)

Las películas son una forma de entretenimiento muy popular entre los adolescentes de los países hispanos. España, México, Argentina, Colombia y Venezuela tienen importantes industrias de cine, aunque las películas norteamericanas son también muy populares. Los adolescentes hispanos suelen ir al cine en grupos.

Responde a las siguientes preguntas teniendo en cuenta la lectura y tu propia experiencia. Contesta en español o en inglés.

- ¿En qué se parecen y en qué se diferencian tus costumbres de ir al cine de las costumbres de los jóvenes de los países hispanos?

  ____

  ____

  ____

- ¿Son populares en tu comunidad las películas de los países hispanos? ¿Por qué?

  ____

  ____

Nombre ______________________ Fecha ______________

Conexiones La historia (Nivel 1, pág. 187, Nivel A, pág. 229)

El Viejo San Juan es una zona histórica, pintoresca, colonial y muy popular en la capital de Puerto Rico. Los jóvenes pasan el tiempo con sus amigos en los parques, cafés y plazas. Allí cantan, bailan y comen en los restaurantes típicos.

El Morro fue construido en el siglo XVI para combatir los ataques de los piratas ingleses y franceses.

La Catedral de San Juan tiene muchas obras de arte. Allí descansan los restos de Juan Ponce de León, famoso explorador de la Florida.

Datos importantes:

- Cristóbal Colón llega aquí durante su segunda visita a las Américas en 1493.
- El viejo San Juan llega a ser la capital de Puerto Rico en 1521.

Responde a las siguientes preguntas:

1. ¿Durante cuántos años ha sido San Juan la capital de Puerto Rico?

   ____

2. ¿En cuál de sus viajes llegó Cristóbal Colón a Puerto Rico?

   ____

3. ¿Por qué construyeron El Morro los españoles?

   ____

4. ¿Qué dos cosas vas a ver si visitas la catedral?

   ____

El español en la comunidad

En muchos negocios y barrios de los Estados Unidos puedes escuchar cómo se habla español. Por ejemplo, en el barrio Pilsen de Chicago, Illinois, está una de las mayores comunidades mexicanas del país. Murales coloridos, negocios que prosperan y restaurantes populares le dan a este barrio su propia personalidad.

¿Hay zonas cerca de donde tú vives donde puedes ver muestras *(examples)* de comunidades hispanas? ¿Qué muestras hay? ¿Cuáles son? Contesta en español o en inglés.

____

Capítulo 4A

Nombre ____________________ Fecha ____________

¡Adelante! (Nivel 1, págs. 188–189, Nivel A, págs. 230–231)

Lectura 1

Lee el anuncio de lo que puedes hacer en el centro comercial y haz las actividades del margen.

Estrategia

Usar conocimientos previos Antes de leer un texto, piensa en otros textos similares y en el tipo de información que se encuentra en ellos. Estas ideas te ayudarán a prepararte para el texto que vas a leer.

Lectura interactiva

Usa conocimientos previos

Piensa en lo que ya sabes sobre las fechas de los eventos especiales en los centros comerciales.

- En una hoja de papel, haz una lista de los eventos que crees que pueden ocurrir en una semana en un centro comercial.
- Después de leer, busca en el texto eventos similares a los que tú anotaste y escribe al lado de cada evento de la lectura el evento de tu lista que se relaciona con él.

¡Vamos a la Plaza del Sol!

Aquí en la Plaza del Sol, ¡siempre hay algo que hacer!

Música andina

El grupo Sol Andino toca música andina fusionada con bossa nova y jazz el lunes a las 8:00 P.M. Abierto al público.

Clase de yoga

La práctica de yoga es todos los martes desde las 7:00 P.M. hasta las 9:00 P.M. La instructora Lucía Gómez Paloma enseña los secretos de esta disciplina. Inscríbase llamando al teléfono 224-24-16. Vacantes limitadas.

Sábado flamenco

El Sábado flamenco es el programa más popular de la semana. María del Carmen Ramachi baila acompañada por el guitarrista Ernesto Hermoza el sábado a las 8:00 P.M. Es una noche emocionante y sensacional de música y danza. Abierto al público.

Clase de repostería

Inscríbase gratis en la clase de repostería programada para el jueves a las 7:00 P.M. Preparamos unos pasteles deliciosos gracias a la Repostería Ideal y al maestro Rudolfo Torres. Inscríbase llamando al teléfono 224-24-16. Vacantes limitadas.

Capítulo 4A

Nombre ______________________ Fecha ______________

Actividad N

Piensa en tres de tus amigos(as) y elige una actividad del anuncio del centro comercial para cada uno(a). Después, indica qué actividad te gusta más para cada uno(a) de tus amigos(as) y explica por qué.

Mi amigo(a)

Mi amigo(a)

Mi amigo(a)

Actividad Ñ

El centro comercial de tu ciudad tiene una semana especial para estudiantes de tu escuela. Prepara una lista de eventos interesantes. Haz una lista de por lo menos cinco actividades. Menciona los días y las horas de cada evento.

Nombre ______________________ Fecha ______________

Lectura 2

Lee el artículo sobre el reloj de veinticuatro horas y completa las actividades del margen.

Estrategia

Tomar apuntes Al leer un texto lleno de números, detalles y problemas matemáticos, es una buena idea tomar apuntes en una hoja o un cuaderno, para anotar la información más importante. Los apuntes te ayudarán a entender la lectura sin tener que releer los párrafos anteriores una y otra vez.

Lectura interactiva

Toma apuntes

- Subraya la idea principal de cada párrafo del artículo.
- Estudia lo que has subrayado. ¿Puedes usar esa información para resumir *(summarize)* la lectura? Anota aquí las ideas principales con tus propias palabras, no las del artículo.

____

____

____

____

____

____

____

____

____

____

¿Qué hora es?

¿Sabías que existe otra forma de dar la hora? El sistema que se usa en los Estados Unidos es el del reloj de doce horas, pero en otros países, como España y Guatemala, se usa el reloj de veinticuatro horas, o el "reloj militar". Se llama así porque este tipo de reloj lo usan los ejércitos de todo el mundo.

Este sistema se utiliza en los países hispanos para indicar el horario de los medios de transporte (trenes, aviones y autobuses), los horarios de trabajo, de establecimientos comerciales como tiendas y bancos, y los espectáculos públicos como el teatro, cine, exposiciones y programas de televisión.

Cuando no se utiliza el reloj de veinticuatro horas, se tiene que aclarar si estás hablando de la mañana, antes del mediodía (A.M. = ante-meridiem) o de la tarde, después del mediodía (P.M. = post-meridiem). Cuando se utiliza el reloj de veinticuatro horas, no es necesario indicar si es por la mañana o por la tarde. Algo que pasa a la 1:00 P.M. se representa como las 13:00; cuando algo ocurre a las 4:30 P.M., se representa como las 16:30.

Si vas a un país que use este sistema y te parece un poco complicado, acuérdate de esto: resta el número 12 a las horas que son 13 o mayores que 13 y sabrás la hora. Por ejemplo, las 14:00 son las dos de la tarde.

Nombre ______________________ Fecha ____________

Actividad O

Calcula la hora en el sistema de 12 horas. Escribe una frase completa.

1. Son las 15:15.

____

2. Son las 21:30.

____

3. Son las 24:00.

____

4. Son las 19:45.

____

Actividad P

Responde a las preguntas sobre la lectura.

1. ¿Qué es el "reloj militar" y por qué se llama así?

____

____

2. ¿Qué otras organizaciones usan el reloj de veinticuatro horas?

____

____

3. ¿Tú crees que el reloj de veinticuatro horas es mejor que el de doce? Explica tu opinión. Contesta en español o en inglés.

____

____

____

____

____

Nombre ______________________ Fecha ______________

La cultura en vivo (Nivel 1, pág. 190, Nivel A, pág. 232)

Rimas infantiles

¿Recuerdas las canciones *(songs)* que aprendiste *(you learned)* cuando eras niño(a)? O ¿recuerdas los ritmos que tú y tus amigos cantaban mientras saltaban a la cuerda *(jumped rope)*?

Aquí tienes algunas canciones que cantan los niños cuando juegan en los países hispanos. La primera canción es la que equivale en inglés a *"Eenie, meenie, minie, moe..."* Estos versos no tienen sentido; se usan para seleccionar a la persona que será *"It"* en varios juegos.

Tin Marín de dopingüé
cucaramanga titirifuera
yo no fui,
fue Teté.
Pégale, pégale,
que ella fue.

Aquí hay un canto para saltar la cuerda:
Salta, salta la perdiz
por los campos de maíz.
¡Ten cuidado, por favor,
porque viene el cazador!

¡Inténtalo!
Éste es un juego tradicional que combina el español, las matemáticas y los saltos sobre la tabla *(jumping on a board)*. Coloquen una tabla larga y estrecha *(long, narrow board)* sobre el piso. Tomen turnos dando saltos con los dos pies, desde un lado de la tabla hasta el otro. Salten tanto como puedan *(as far as you can)*; al final de la tabla, salten y den media vuelta en el aire para quedar mirando en la dirección opuesta. Sigan dando saltos de lado a lado. Al saltar, canten esta canción:

Brinca la tablita
que yo la brinqué.
Bríncala tú ahora
que yo me cansé.
Dos y dos son cuatro,
cuatro y dos son seis.
Seis y dos son ocho,
y ocho dieciséis,
y ocho veinticuatro,
y ocho treinta y dos.
Y diez que le sumo
son cuarenta y dos.

¡Piénsalo!
¿Qué ritmos y canciones conoces? ¿Para qué sirven en el juego?

Nombre ______________________ Fecha ______________

Presentación oral (Nivel 1, pág. 191, Nivel A, pág. 233)

Un estudiante nuevo

Tarea

Hoy es el primer día de clase de un nuevo estudiante. Tú y tu compañero van a representar los papeles del estudiante nuevo y de un estudiante que ya lleva más tiempo en la escuela. Averigua datos sobre el nuevo estudiante.

Estrategia

Usar modelos Es útil repasar los modelos anteriores para preparar una tarea de intercambio de papeles como ésta. Lee otra vez *A primera vista* (Nivel 1, páginas 172–175, Nivel A, páginas 208–213). Presta atención a las diferentes preguntas y respuestas, ya que te ayudarán con esta tarea.

1. Preparación

Necesitas prepararte para representar a los dos personajes.

Estudiante con experiencia: Haz una lista de por lo menos cuatro preguntas. Averigua de dónde es el(la) estudiante, las actividades que a él(a ella) le gusta hacer y en qué días de la semana, adónde le gusta ir y con quién. Prepárate para saludar a esta persona y para presentarte.

Estudiante nuevo(a): Revisa las preguntas que te puede hacer el(la) estudiante con experiencia y anota algunas respuestas.

2. Práctica

Trabaja en grupos de cuatro personas; con dos personas representando a estudiantes con experiencia y otras dos, a estudiantes nuevos(as). Practica diferentes preguntas y respuestas. Debes sentirte seguro(a) y cómodo(a) con ambos papeles. Repasa tu presentación varias veces. Puedes usar tus notas durante la práctica, pero no durante la presentación. Intenta:

- obtener o dar información
- mantener la conversación
- hablar claro

3. Presentación

Tu profesor(a) escogerá el papel que deberá representar cada estudiante. El(La) estudiante con experiencia comienza la conversación saludando al(a la) estudiante nuevo(a). Escucha las preguntas o respuestas de tu compañero(a) y mantén la conversación.

4. Evaluación

Quizá tu profesor(a) te dé los criterios de cómo va a ser evaluada tu presentación. Probablemente, tu presentación será calificada teniendo en cuenta:

- la realización de la tarea
- la capacidad para mantener la conversación
- lo fácil que resulta entenderte

Capítulo 4A

Repaso del capítulo

Vocabulario y gramática

Repaso del capítulo

Para prepararte para el examen, revisa si...

- conoces el vocabulario nuevo y la gramática.
- puedes realizar las tareas de la página 149.

Para hablar acerca de actividades de descanso

ir de compras	to go shopping
ver una película	to see a movie
la lección de piano	piano lesson (class)
Me quedo en casa.	I stay at home.

Para hablar acerca de lugares

la biblioteca	library
el café	café
el campo	countryside
la casa	home, house
en casa	at home
el centro comercial	mall
el cine	movie theater
el gimnasio	gym
la iglesia	church
la mezquita	mosque
las montañas	mountains
el parque	the park
la piscina	swimming pool
la playa	beach
el restaurante	restaurant
la sinagoga	synagogue
el templo	temple, Protestant church
el trabajo	work, job

Para decir adónde vas

a	to (prep.)
a la, al *(a + el)*	to the
¿Adónde?	(To) Where?
a casa	(to) home

Para decir con quién vas

¿Con quién?	With whom?
con mis/tus amigos	with my/your friends
solo, -a	alone

Para decir cuándo

¿Cuándo?	When?
después	afterwards
después (de)	after
los fines de semana	on weekends
los lunes, los martes...	on Mondays, on Tuesdays...
tiempo libre	free time

Para decir de dónde es una persona

¿De dónde eres?	Where are you from?
de	from, of

Para indicar con qué frecuencia

generalmente	generally

Otras palabras y expresiones útiles

¡No me digas!	You don't say!
***para* + infinitivo**	in order to + *infinitive*

ir *to go*

voy	**vamos**
vas	**vais**
va	**van**

Más práctica

Practice Workbook Puzzle 4A-8
Practice Workbook Organizer 4A-9

Nombre ______________________ Fecha ______________

Preparación para el examen (Nivel 1, pág. 47, Nivel A, pág. 53)

En el examen vas a...	Éstas son las tareas que te pueden ser útiles para el examen...	Si necesitas repasar...
1 Escuchar Escuchar y entender a personas que preguntan sobre sucesos del fin de semana.	Dos amigos tratan de hacer planes para el fin de semana. Según el diálogo que tienen, ¿qué acuerdan? a) ¿quiénes van? b) ¿adónde van? c) ¿cuándo van?	Nivel 1: **págs. 172–175** *A primera vista* **pág. 186** Act. 17 Nivel A: **págs. 208–213** *A primera vista* **pág. 226** Act. 22
2 Hablar Hablar sobre lugares adonde ir y cosas que hacer durante el fin de semana.	Tus padres quieren saber qué vas a hacer el fin de semana. Menciona por lo menos tres lugares adonde piensas ir o tres cosas que planeas hacer. Por ejemplo, puedes decir: "Voy de compras con mis amigos".	Nivel 1: **págs. 172–175** *A primera vista* **págs. 177–186** Acts. 6, 8, 13, 14, 17 Nivel A: **págs. 208–213** *A primera vista* **págs. 215–226** Acts. 7, 9, 17, 18, 22
3 Leer Leer acerca de lo que hace una persona en días particulares de la semana.	Alguien ha olvidado su agenda en tu casa. Lee el horario de dos días y trata de averiguar qué tipo de persona es dueña de la agenda. Señala si estás de acuerdo o no con las afirmaciones sobre esta persona. MARTES: 6:00 Desayuno; 4:00 Lección de piano 5:00 Trabajo; 8:30 Clase aeróbica JUEVES: 3:30 Gimnasio; 4:30 Piscina; 6:00 Trabajo; 8:00 Biblioteca *¿Estás de acuerdo o no? a) Es muy perezoso(a); b) Es atlético(a); c) Le gusta ir de compras.*	Nivel 1: **págs. 172–175** *A primera vista* **págs. 176–180** Acts. 4, 11 **págs. 188–189** *Lectura* Nivel A: **págs. 208–213** *A primera vista* **págs. 214–219** Acts. 5, 13 **págs. 230–231** *Lectura*
4 Escribir Escribir una nota breve a un amigo para decirle adónde vas después de la escuela.	Después de la escuela una amiga tuya va a hacer un examen de recuperación, por lo que tienes que escribirle una nota breve para decirle adónde irás hoy después de las clases. En la nota, dile adónde vas y luego a qué hora vas a ir a casa.	Nivel 1: **págs. 176–186** Acts. 4, 10, 13–14, 18 Nivel A: **págs. 214–228** Acts. 5, 11, 15, 18, 27
5 Pensar Demostrar comprensión de rimas, canciones y juegos de la cultura hispana.	Piensa en tu juego favorito de la infancia. ¿En qué se parece o se diferencia de los juegos infantiles sobre los que has aprendido en este capítulo? Describe un juego tradicional de un país hispano.	Nivel 1: **pág. 190** *La cultura en vivo* Nivel A: **pág. 232** *La cultura en vivo*

Nombre ______________________ Fecha ______________________

¿Qué sabes ya?

(Nivel 1, págs. **196–197**, Nivel A, págs. **262–263**)

1 ¿Qué haces en tu tiempo libre? Clasifica estas actividades bajo el título apropiado y añade otras más.

jugar al fútbol americano	correr	jugar al tenis
ir de cámping	ir de pesca	ir a un baile
escuchar música	tocar la guitarra	esquiar

Deportes	**Música**	**Recreación**
______	______	______
______	______	______
______	______	______
______	______	______
______	______	______

2 Escribe tres frases completas sobre las actividades que haces durante tu tiempo libre.

1. ______________________.
2. ______________________.
3. ______________________.

Arte y cultura (Nivel 1, pág. 197, Nivel A, pág. 239)

Los Juegos Paraolímpicos comenzaron en Roma, en 1960. Desde entonces, el Comité Paraolímpico Internacional ha organizado juegos de verano y de invierno que siguen a los Juegos Olímpicos regulares y se celebran en la misma ciudad. Atletas con todo tipo de discapacidades *(disabilities)* participan. Más de 160 naciones participan en estos juegos, con más de seis mil atletas.

- ¿Por qué es bueno para los atletas con discapacidades competir en los Juegos Paraolímpicos o en eventos locales similares? Puedes responder en español o en inglés.

Nombre ______________________ Fecha ______________________

Capítulo 4B

¿Quieres ir conmigo?

Objetivos del capítulo

- Hablar de actividades fuera de la escuela
- Extender, aceptar y rechazar invitaciones
- Hablar de cuándo sucede un evento
- Entender las perspectivas culturales sobre las actividades fuera de la escuela

Conexión geográfica (Nivel 1, pág. 196, Nivel A, pág. 238)

Estos países tienen una conexión con el tema de este capítulo. Mira el mapa y sigue los pasos siguientes. También puedes mirar los mapas de las páginas xviii a xxxi de tu libro de texto. Hay varias respuestas posibles para cada paso; indica una.

1. Dibuja una línea de Nueva York a un lugar donde puedes ir a bucear *(dive)*.

2. Dibuja una línea de España a un lugar en donde puedes ver un partido de fútbol americano.

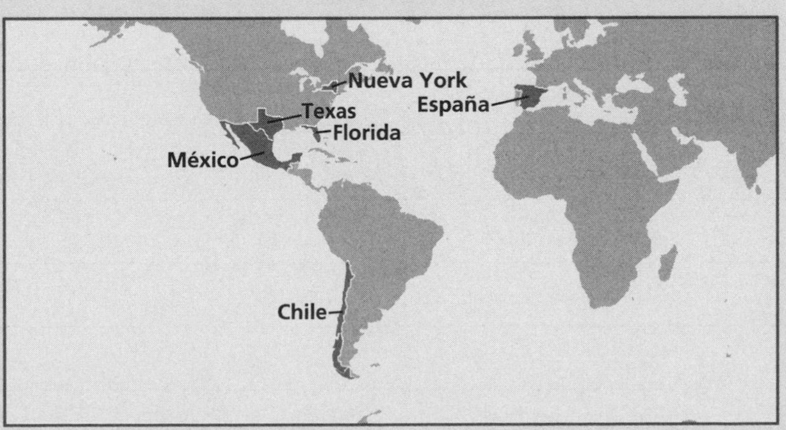

Capítulo 4B

Nombre ______________________ Fecha ______________

A primera vista (Nivel 1, págs. 198–199, Nivel A, págs. 240–241)

Actividad A

Empareja los jugadores y equipos con el deporte.

1. ___ Shaquille O'Neal
2. ___ Sammy Sosa
3. ___ Green Bay Packers
4. ___ Andre Agassi
5. ___ DC United
6. ___ Tiger Woods

a. fútbol
b. tenis
c. golf
d. básquetbol
e. fútbol americano
f. béisbol

Actividad B

¿Cuáles de las actividades siguientes te interesan? Señálalas con una *X* en la primera columna. Luego indica cómo haces cada una de las que señalaste. Por último, escribe una frase para cada una basándote en la tabla.

	Actividad	muy bien	bien	regular	mal
	bailar				
	hablar español				
	jugar al fútbol				
	dibujar				
	jugar al béisbol				

Modelo usar la computadora *Sé usar la computadora muy bien.*

1. ______________________________
2. ______________________________
3. ______________________________
4. ______________________________
5. ______________________________

Capítulo 4B

Nombre _______________ Fecha _______________

Videohistoria (Nivel 1, págs. 200–201, Nivel A, págs. 242–245)

Actividad C

Responde a estas preguntas.

1. ¿Quiénes juegan muy bien al fútbol?

____

2. ¿A qué hora juega Elena al vóleibol esta tarde?

____

3. ¿Por qué van Ignacio y Elena a tomar un refresco?

____

4. ¿Dónde es la fiesta de esta noche?

____

5. ¿Quiénes van a la fiesta?

____

Actividad D

Responde a estas invitaciones de la *Videohistoria* negativamente y di por qué no puedes aceptarlas.

1. Elena: ¿Por qué no tomamos un refresco?

____

____

2. Ana: ¿Juegas al vóleibol esta tarde?
Elena: Sí, a las seis. ¿Quieres jugar conmigo?

____

____

3. Ignacio: ¿Quieres ir con nosotros a la fiesta?

____

Capítulo 4B

Nombre ______________________ Fecha ______________

Manos a la obra (Nivel 1, págs. 202–205, Nivel A, págs. 246–249)

Actividad E

Los amigos de Julio no pueden salir *(go out)* con él esta noche. Completa la conversación entre Julio y sus amigos, usando las palabras de la lista.

enfermo(a)	cansado(a)	triste	ocupado(a)	pena

JULIO: Hola, Pablo. ¿Quieres salir esta noche?

PABLO: Ay, no. Mi trabajo es muy difícil. Estoy muy ______________.

JULIO: ¿Y tú, Elisa?

ELISA: ¡Uf! Tengo mucho que hacer. Lo siento, estoy súper ______________. No puedo.

JULIO: Bárbara, ¿qué vas a hacer tú esta noche?

BÁRBARA: No estoy bien y hace frío. Creo que estoy ______________. No voy a salir.

JULIO: ¿Anita?

ANITA: Un amigo mío está enfermo. Estoy ______________. Me voy a casa.

JULIO: ¡Qué ______________¡ Entonces… me quedo en casa.

Actividad F

Un amigo quiere hacer estas actividades contigo. Responde explicando que tú quieres hacer otra cosa.

Modelo — Vamos a patinar.
— *No me gusta patinar. Prefiero ir a jugar al fútbol.*

1. — Vamos a jugar al fútbol el sábado por la tarde.

____

2. — Vamos al concierto del grupo Los Locos el viernes.

____

3. — ¿Quieres ir al baile del club deportivo el miércoles?

____

Capítulo 4B Nombre ____________ Fecha ____________

Ampliación del lenguaje

Para referirse a las partes del día en Latinomérica, por lo general se usa la preposición *en*.

Voy a jugar al fútbol el sábado *en* la tarde.

En España, se usa *por* en lugar de *en*.

Voy a jugar al fútbol el sábado *por* la tarde.

Ambos usos son correctos y se refieren a un momento indefinido dentro de la parte del día de la que se habla.

La preposición *a* delante de nombres de partes del día se usa en expresiones que indican un momento más preciso como "a la mañana siguiente", "a las dos de la mañana" o "a mediodía".

Actividad G

En una hoja de papel, escribe tres minidiálogos basándote en la tabla. Puedes aceptar la invitación o no aceptarla.

Modelo — *¿Te gustaría ir conmigo a la clase de yoga? Voy a las dos.*
— *¡Qué buena idea!* o
— *¡Qué pena! No puedo. Tengo que trabajar a las dos.*

lunes 2:00 p.m.	martes 3:30 p.m.	miércoles 4:15 p.m.	jueves 8:00 p.m.	viernes 7:00 p.m.	sábado 8:45 p.m.
la clase de yoga	el partido de vóleibol en la playa	el partido de fútbol en la escuela	el concierto de música clásica	la cena del aniversario de tus padres	la fiesta de tu mejor amigo

Fondo cultural

(Nivel 1, pág. 205, Nivel A, pág. 247)

La noche de los rábanos es una de las muchas fiestas del mundo hispano. La noche del 23 de diciembre, la gente pone sus puestos alrededor del zócalo (plaza local) de Oaxaca, México. Exhiben y venden rábanos tallados en formas muy variadas. Tanto los *oaxaqueños* como los visitantes van a la plaza para ver las sorprendentes creaciones.

- ¿Hay alguna comunidad o región de los Estados Unidos famosa por un producto o artesanía en particular?

Nombre ____________________ Fecha ____________

Gramática

(Nivel 1, pág. **206**, Nivel A, pág. **252**)

Gramática interactiva

Identifica

- Subraya las formas de *ir* en los ejemplos.
- Haz un círculo alrededor del infinitivo en los ejemplos.

Completa

Completa la tabla con las formas de *ir* en el presente.

Ir + *a* + infinitivo

Así como en inglés usas *going* + un infinitivo para decir qué vas a hacer, en español se usa una forma del verbo *ir* + *a* + un infinitivo para expresar lo mismo:

Voy a jugar al tenis hoy.
I'm going to play tennis today.

¿Tú vas a jugar al golf esta tarde?
Are you going to play golf this afternoon?

Mis amigas van a ir de cámping mañana.
My friends are going camping tomorrow.

¿Recuerdas la conjugación de *ir*?

voy	
	vais
	van

Actividad H

Completa esta conversación entre Patricia y Antonio usando *ir* + *a* + infinitivo.

ANTONIO: ¿Qué __________ hacer el sábado, Patricia? ¿Quieres ir a un partido de béisbol?

PATRICIA: ¡Qué pena! No puedo. __________ montar en bicicleta todo el día con mis amigos.

ANTONIO: ¿Qué __________ hacer tú y tus amigos el sábado por la noche?

PATRICIA: __________ ir a la casa de Julia para una fiesta. ¿Por qué no vienes con nosotros?

ANTONIO: ¡Genial! Gracias. __________ llevar mi guitarra.

PATRICIA: ¡Buena idea! Julia también __________ llevar sus discos compactos.

Actividad I

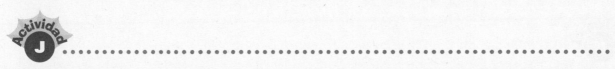

Llena la tabla de abajo con el verbo apropiado en el infinitivo. Después, escribe una oración completa usando *ir* + *a* + infinitivo para decir qué va a hacer cada persona o grupo.

Sujeto	Verbo	¿Qué?	¿Con quién?	¿Dónde?
Ángela y Jorge		tenis	otros amigos	parque
Tina y yo		matemáticas	José	biblioteca
Yo		revistas	solo(a)	casa
Antonio		la guitarra	solo	el concierto
Nosotras		una película	la familia de Mari	centro comercial
Rosita		bicicleta	Manuela	el campo

Modelo *Mis padres van a ir a un concierto con mis tíos en la escuela de música.*

1. ______________________________
2. ______________________________
3. ______________________________
4. ______________________________
5. ______________________________
6. ______________________________

Actividad J

Escribe tres oraciones sobre lo que vas a hacer este fin de semana. Indica qué vas a hacer, con quién, cuándo y a qué hora.

Modelo *Voy a jugar al fútbol con Roberto el domingo a las diez de la mañana.*

____

____

____

Nombre ____________________ Fecha ____________

Gramática

(Nivel 1, pág. 208, Nivel A, pág. 256)

El verbo *jugar*

Usa el verbo *jugar* para hablar sobre un deporte o un juego. Aunque *jugar* tiene las mismas terminaciones que los verbos terminados en *-ar,* algunas formas tienen un radical diferente. En estas formas, la *-u* cambia a *-ue.* Este tipo de verbos se llaman "verbos con cambios en el radical". Éstas son las formas del presente:

(yo)	**juego**	(nosotros) (nosotras)	**jugamos**
(tú)	**juegas**	(vosotros) (vosotras)	**jugáis**
Ud. (él) (ella)	**juega**	Uds. (ellos) (ellas)	**juegan**

Nota

Muchos hispanohablantes usan *jugar* + *a* + el nombre del deporte o juego:

- ¿Juegas **al** vóleibol?

Otros no usan la *a:*

- ¿Juegas vóleibol?

Gramática interactiva

Identifica formas

Subraya las formas del verbo en que la **u** del infinitivo se convierte en **ue** en la conjugación de *jugar.*

Determina reglas

En el verbo *jugar* la **u** no cambia a **ue** en dos formas. Escribe una regla para recordar qué formas son.

____

____

____

____

____

Actividad K

Completa el párrafo siguiente con las formas correctas de *jugar.* Encierra la forma correcta con un círculo.

Mis hermanos y yo (juego / jugamos) diferentes deportes. Alex y Ciro (juega / juegan) al fútbol. Eva (juega / juego) al vóleibol profesional. María y Ana (jugamos / juegan) al básquetbol y yo (juega / juego) al béisbol. ¡Somos una familia de deportistas!

Actividad L

Completa la conversación con las formas correctas del verbo *jugar*.

FERNANDO: Paco, ¿_________ al básquetbol?

PACO: No, pero _________ al fútbol.

FERNANDO: Mis amigos Daniel, Ricardo y Luis _________ al béisbol. Es un deporte muy divertido.

PACO: A mí no me gusta _________ al béisbol. Es un poco difícil.

FERNANDO: Bueno, mis amigos y yo no _________ muy bien.

PACO: ¿No? ¿Y cuándo _________ ustedes?

FERNANDO: _________ todos los sábados a las diez de la mañana en el parque.

PACO: ¡Genial! Voy mañana, pero no voy a _________.

FERNANDO: Ven mañana, y ¡tú _________ con nosotros!

Pronunciación

(Nivel 1, pág. 210, Nivel A, pág. 254)

La letra *d*

En español la pronunciación de la letra *d* depende de su posición en una palabra. Cuando va al principio de una palabra o después de *l* o *n,* suena como la *d* de "dog". Escucha, luego di estas palabras:

diccionario	doce	donde
domingo	desayuno	día
deportes	calendario	bandera

Cuando la *d* va entre vocales y después de cualquier consonante menos *l* o *n,* suena de forma parecida a la *th* de "the". Escucha, luego di estas palabras:

cansado	ocupado	puedes
idea	sábado	partido
tarde	ensalada	atrevido

¡Inténtalo!
Aquí tienes un trabalenguas para practicar la pronunciación de la *d* y para hacerte pensar.

Porque puedo, puedes,
porque puedes, puedo;
Pero si no puedes,
yo tampoco puedo.

Nombre ______________________ Fecha ______________

Fondo cultural (Nivel 1, pág. **213**, Nivel A, pág. **261**)

Una jugadora profesional Anteriormente, Rebeca Lobo fue una jugadora profesional de básquetbol. Después de ganar una medalla de oro en las Olimpíadas de 1996 se convirtió en una de las primeras jugadoras de la *WNBA*. Escribió un libro llamado *The Home Team,* sobre su vida y sobre la lucha de su mamá con el cáncer del seno. En 2001 estableció un fondo para una beca universitaria para estudiantes minoritarios interesados en carreras en el campo de la salud. Hoy en día es una interlocutora para la *WNBA*.

- Rebecca Lobo con frecuencia da discursos *(speeches)* de motivación. ¿Qué mensaje crees que le da al público?

Conexiones Las matemáticas (Nivel 1, pág. **211**, Nivel A, pág. **259**)

Mira la foto y el mapa de la página de tu libro de texto.

Camping Las Palmas

Miramar
Teléfono: 962 41 42 73 Fax: 962 01 55 05
85 kilómetros al sur de Valencia
110 kilómetros al norte de Alicante

- Un camping ideal
- Muchas actividades para todos
- Una buena opción para sus vacaciones

Con bellas palmas que dan mucha sombra, directamente sobre una bella playa. Ideal para toda la familia. Un sitio excelente para pescar.

1. ¿Qué distancia en millas *(miles)* hay entre *(between)* Valencia y el Camping Las Palmas?

2. ¿Qué distancia en millas hay entre Alicante y el Camping Las Palmas?

(Para convertir kilómetros en millas, es necesario dividir el número de kilómetros por 1.6).

Para decir más...
200 = doscientos

Capítulo 4B

Nombre ____________________ Fecha ____________

Actividad M

El equipo de básquetbol de tu escuela perdió *(lost)* el último partido por fallar *(miss)* los tiros libres *(free throws)*. Mira la tabla, completa la columna con el porcentaje correspondiente y responde a las preguntas.

Estadísticas de tiros libres

Jugador	Oportunidades	Puntos logrados	Porcentaje
Delgado	8	2	
Peña	5	0	
García	7	3	
Rosario	4	3	
Hernández	6	4	
Total	**30**	**12**	

1. ¿Qué jugador tiene el porcentaje más alto *(highest)*? ____________
2. ¿Qué jugador tiene el porcentaje más bajo *(lowest)*? ____________
3. ¿Qué porcentaje de tiros libres tiene el equipo en total? ____________

El español en el mundo del trabajo

(Nivel 1, pág. **210**, Nivel A, pág. **258**)

Hay muchas oportunidades para usar el español en el mundo de la salud, en hospitales, centros de emergencia y clínicas locales. La persona en tu libro de texto es voluntaria en un hospital de California. Muchos pacientes son hispanos y ella habla con ellos en español. "Para mí, trabajar como voluntaria es una de mis actividades favoritas. Creo que mi trabajo es importante".

- ¿Qué opciones hay en tu comunidad para trabajar como voluntario si hablas español?

Indica tres trabajos que puedes hacer en tu comunidad si hablas español.

Nombre ______________________ Fecha ______________

¡Adelante! (Nivel 1, págs. 212–213, Nivel A, págs. 260–261)

Lectura 1

Lee el artículo y haz las actividades del margen.

Estrategia

Los cognados Los cognados son las palabras en español que son similares a sus equivalentes en inglés. Usa los cognados que se incluyen en este artículo para entender mejor la información sobre estos deportistas.

Lectura interactiva

Usa cognados
Lee el texto y subraya los cognados que encuentras. Si se repiten, subraya la palabra sólo la primera vez. Hay por lo menos cinco cognados en la lectura sobre Sergio García y tres en la lectura sobre Paola Espinosa.

Verifica
Ahora lee el artículo otra vez prestando atención al contexto y a la información. Verifica tu comprensión de los cognados con un diccionario si es necesario.

Sergio y Paola: Dos deportistas dotados

Sergio García

Sergio García es uno de los golfistas profesionales más populares del mundo.

Sergio juega para el Club de Campo del Mediterráneo en Borriol, Castellón, donde su padre Víctor es golfista profesional. Juega al golf desde la edad de tres años y a los doce años es campeón del Club de Campo. Es el golfista más joven en competir en el campeonato PGA desde 1921 y gana el segundo lugar. Tiene el nombre de "El niño". A los 15 años, juega en un torneo del circuito europeo de profesionales. Y a la edad de 17 años gana su primer torneo de profesionales.

Hoy Sergio García es uno de los 10 mejores golfistas del mundo.

Paola Espinosa

Paola Espinosa es la mejor clavadista de saltos en plataforma y en saltos sincronizados de México. Tiene el nombre de "la princesa mexicana del clavado" y es una heroína nacional.

Como niña, le gusta nadar y hacer gimnasia. Compite como clavadista desde la edad de 10 años. A los 18 años, participa en sus primeros Juegos Olímpicos. ¡Y a la edad de 22 años gana la medalla de bronce en los Juegos Olímpicos de Beijing!

Paola dice que es necesario practicar todos los días. Su meta es ganar la medalla de oro en los próximos Juegos Olímpicos.

Nombre ______________________ Fecha ______________

Actividad N

❶ Completa este esquema con información de la lectura sobre Sergio y Paola.

Temas centrales del artículo

Idea principal del artículo sobre Sergio:

Idea principal del artículo sobre Paola:

Tres detalles importantes sobre la vida de Sergio	**Cognados que aparecen**	**Tres detalles importantes sobre la vida de Paola**

❷ Ahora completa esta ficha según el modelo de tu libro de texto, con la información de tu atleta favorito(a).

Nombre: ______________________

País de nacimiento: ______________________

Club/Equipo: ______________________

Objetivo profesional: ______________________

Premios/Campeonatos: ______________________

Aficiones/Otros datos: ______________________

Capítulo 4B

Nombre ______________________ Fecha ______________

Lectura 2

Lee el artículo sobre Milagros Sequera y haz las actividades del margen.

Estrategia

Buscar citas Cuando se lee un artículo sobre alguna persona, las citas (las palabras exactas) de la propia persona pueden ser los mejores detalles para apoyar la idea principal. Presta atención a las citas para entender mejor el artículo.

Lectura interactiva

Busca citas

- Subraya y enumera todas las citas del artículo.
- Escribe quién habla en cada cita.

1. ______________________

2. ______________________

3. ______________________

El juego de Milagros

"Las jugadoras estadounidenses que se consideran futuras estrellas del tenis no deben enfrentarse a Milagros Sequera", comienza un artículo del periódico. Así habla la prensa después de que esta muchacha venezolana derrotó a tres jugadoras de los Estados Unidos para ganar la medalla de oro en los Juegos Panamericanos, celebrados en la República Dominicana. Esta muchacha de veintidós años dice: "Lo más importante es la seguridad en ti misma", refiriéndose a su rapidez.

Aunque es de baja estatura y bastante delgada, esta luchadora, como ella se define, muestra que hay cosas más importantes que la apariencia física al jugar al tenis. Su oponente dijo después del juego: "Cuando estás en la cancha, tú no sientes que ella te está ganando".

Milagros empezó a jugar al tenis de pequeña cuando su padre consiguió un trabajo en un club deportivo en Valencia, Venezuela. En su tiempo libre, Milagros tomaba una raqueta de tenis para practicar mientras su padre trabajaba. Con mucha práctica y disciplina, Milagros ganó su primer título panamericano.

Capítulo 4B

Nombre _______________ Fecha _______________

Actividad Ñ

Responde a las siguientes preguntas con frases completas.

1. ¿Por qué es conocida *(known)* Milagros Sequera?

____

____

2. ¿Qué clase de persona crees que es Milagros según el artículo? Escribe dos frases para describir a Milagros. En la primera frase, explica cómo es físicamente. En la segunda frase, explica cómo es su personalidad.

____

____

Actividad O

Elige uno(a) de los(as) deportistas de este capítulo. Prepara un cartel sobre esta persona. Incluye la información de tu libro de texto y otros datos interesantes. Puedes consultar las revistas de deportes, el Internet, la biblioteca, etc. Aquí tienes algunas ideas sobre los datos que debes incluir. Elige algunas para cada categoría o selecciona otras de tu interés. Después, lleva tu cartel a clase para comentarlo con tus compañeros.

Datos personales:
Edad y lugar de nacimiento
Lugar de residencia
Apariencia física

Datos profesionales:
Equipo / Campeonatos / Partidos en los que participa
Medallas o premios recibidos

Curiosidades:
Pasatiempos favoritos
Mascotas
Otros deportes que practica
Idiomas que habla

Nombre ______________________ Fecha ______________

Perspectivas del mundo hispano (Nivel 1, pág. 214, Nivel A, pág. 262)

¿Qué haces en tu tiempo libre?

En muchos países hispanos, las actividades extracurriculares no son tan importantes como en los Estados Unidos. Los estudiantes generalmente participan en actividades musicales o atléticas en un club o en instituciones fuera de la escuela.

Aunque algunas escuelas tienen equipos, muchos estudiantes interesados en deportes asisten a clubes, como el Club Deportivo General San Martín. En estos clubes, los adolescentes practican y compiten en equipos. También participan en deportes individuales como el tenis. Las competencias entre clubes pueden ser más intensas que las competencias entre escuelas.

Los estudiantes con talento artístico van a institutos privados a tomar clases de música, danza o arte. Pueden asistir al Instituto de Música Clásica o al Instituto de Danza Julio Bocca.

Muchos estudiantes pasan su tiempo fuera de la escuela aprendiendo otro idioma. Ellos pueden aprender inglés en la Cultura Inglesa o francés en la Alianza Francesa.

En general, los estudiantes no trabajan. Pasan su tiempo estudiando, con familiares y amigos y participando en diferentes actividades.

¡Investígalo!
Investiga qué hacen tus amigos después de la escuela. ¿Tienen un trabajo a tiempo parcial *(part-time job)*? ¿Participan en un deporte con un equipo de la escuela o en actividades extracurriculares en la escuela? ¿Pertenecen *(do they belong)* a algún club u organización fuera de la escuela?

____

____

____

¡Piénsalo!
¿En qué se parecen y se diferencian las actividades que se practican en tu comunidad después de la escuela y las que hace la gente joven en los países hispanos?

____

____

____

Capítulo 4B

Nombre ______________________ Fecha ______________

Presentación escrita (Nivel 1, pág. 215, Nivel A, pág. 263)

Una invitación

Tarea

Se aproxima un evento especial y quieres invitar a un(a) amigo(a) para que vaya contigo.

1. **Preparación**
   Piensa en un evento al que puedes invitar a un(a) amigo(a), como un concierto, un evento deportivo o una fiesta.

   Escribe una invitación incluyendo:
   - el nombre del evento
   - dónde, cuándo y a qué hora es
   - quiénes van a ir

Estrategia

Organización de la información
Pensar con anticipación en el formato correcto y en la información necesaria te ayudará a crear una mejor invitación.

2. **Borrador**
   Usa la información del Paso 1 para escribir un primer borrador de tu invitación. Empieza por decir *¡Hola...!* y termina con *Tu amigo(a)* y tu nombre.

3. **Revisión**
   Lee tu nota y revisa la ortografía y los verbos para ver si son correctos. Comenta tu invitación con un(a) compañero(a). Tu compañero(a) debe revisar si:
   - contiene la información necesaria
   - hay algo que debes agregar o cambiar
   - hay errores

4. **Publicación**
   Escribe una copia final de tu invitación haciendo los cambios necesarios. Se la puedes dar a un(a) amigo(a) o incluirla en tu portafolios.

5. **Evaluación**
   Quizá tu profesor(a) te dé los criterios de cómo va a ser evaluada tu presentación. Probablemente tu presentación será evaluada teniendo en cuenta:
   - si la información está completa
   - el uso de las expresiones del vocabulario
   - la claridad de las oraciones

Capítulo 4B

Repaso del capítulo (Nivel 1, pág. 218, Nivel A, pág. 266)

Vocabulario y gramática

Repaso del capítulo

Para prepararte para el examen, revisa si...
- conoces el vocabulario nuevo y la gramática.
- puedes realizar las tareas de la página (Nivel 1, pág. 219; Nivel A, pág. 266).

Para hablar acerca de actividades en el tiempo libre

el baile	dance
el concierto	concert
la fiesta	party
el partido	game, match
ir + a + *infinitivo*	to be going to + *verb*
ir de cámping	to go camping
ir de pesca	to go fishing
jugar al básquetbol	to play basketball
jugar al béisbol	to play baseball
jugar al fútbol	to play soccer
jugar al fútbol americano	to play football
jugar al golf	to play golf
jugar al tenis	to play tennis
jugar al vóleibol	to play volleyball
(yo) sé	I know (how)
(tú) sabes	you know (how)

Para describir cómo se siente alguien

cansado, -a	tired
contento, -a	happy
enfermo, -a	sick
mal	bad, badly
ocupado, -a	busy
triste	sad

Para decir a qué hora sucede algo

¿A qué hora?	(At) what time?
a la una	at one (o'clock)
a las ocho	at eight (o'clock)
de la mañana	in the morning
de la noche	in the evening, at night
de la tarde	in the afternoon
este fin de semana	this weekend
esta noche	this evening
esta tarde	this afternoon

Para extender, aceptar o rechazar una invitación

conmigo	with me
contigo	with you
(yo) puedo	I can
(tú) puedes	you can
¡Ay! ¡Qué pena!	Oh! What a shame!
¡Genial!	Great!
lo siento	I'm sorry
¡Oye!	Hey!
¡Qué buena idea!	What a good/nice idea!
(yo) quiero	I want
(tú) quieres	you want
¿Te gustaría?	Would you like?
Me gustaría	I would like
Tengo que ___.	I have to ___.

Otras palabras y expresiones útiles

demasiado	too
entonces	then
un poco (de)	a little

Jugar (a) *to play (games, sports)*

juego	**jugamos**
juegas	**jugáis**
juega	**juegan**

Más práctica

Practice Workbook Puzzle 4B-8
Practice Workbook Organizer 4B-9

Capítulo 4B

Nombre ______________________ Fecha ______________

Preparación para el examen (Nivel 1, pág. 219, Nivel A, pág. 267)

En el examen vas a...	Éstas son las tareas que te pueden ser útiles para el examen...	Si necesitas repasar...
1 Escuchar Escuchar y entender mensajes con información sobre cuándo y dónde encontrarse con alguien.	Escuchas el mensaje de una amiga en la contestadora preguntándote si puedes ir con ella a un lugar este fin de semana. Según lo que dice el mensaje, di: a) adónde va; b) qué va a hacer; c) a qué hora quiere ir.	Nivel 1: **págs. 198–201** *A primera vista* **págs. 203–206** Acts. 9, 13 Nivel A: **págs. 240–245** *A primera vista* **págs. 248–252** Acts. 10, 17
2 Hablar Poner excusas para no aceptar una invitación.	Tu amigo y tú van a ir de cámping este fin de semana, pero otro amigo te invita a hacer algo juntos. Túrnate con un(a) compañero(a) para practicar excusas para no aceptar la invitación.	Nivel 1: **págs. 202–207** Acts. 4, 8, 11, 17 Nivel A: **págs. 246–255** Acts. 5, 9, 13, 22
3 Leer Leer y entender mensajes breves para aceptar o rechazar una invitación.	Debajo de tu escritorio encuentras unas notas que le escribieron a la persona que estaba allí antes que tú. Léelas para ver por qué la gente rechazó la invitación a una fiesta: a) Me gustaría, pero no puedo. Tengo que estudiar para un examen. b) ¡Genial! ¡Una fiesta! Ay, pero no puedo. Voy de cámping. c) ¿A las siete? No puedo. Juego un partido de vóleibol a las siete y media. Lo siento.	Nivel 1: **págs. 198–201** *A primera vista* **pág. 203** Act. 7 **págs. 212–213** *Lectura* Nivel A: **págs. 240–245** *A primera vista* **págs. 260–261** *Lectura*
4 Escribir Escribir una nota breve explicando qué vas a hacer durante la semana.	Como consejero(a) de un programa extracurricular para niños, debes escribir una nota a los padres incluyendo por lo menos tres cosas que van a hacer los niños durante la semana. (Consejo: Comienza tu nota diciendo: *¡Hola! Esta semana...*)	Nivel 1: **págs. 198–201** *A primera vista* **pág. 206** *ir + a +* infinitivo; Act. 14 **pág. 207** Act. 15 **pág. 215** *Presentación escrita* Nivel A: **págs. 240–245** *A primera vista* **págs. 253–254** Acts. 18, 20 **pág. 263** *Presentación escrita*
5 Pensar Demostrar una comprensión de las diferencias culturales respecto a las actividades extracurriculares.	Piensa en lo que hacen tus amigos y tú después de la escuela. ¿Se relacionan sus actividades con la escuela? ¿En qué se parece y se diferencia lo que hacen ustedes de lo que hacen los adolescentes hispanos después de la escuela?	Nivel 1: **pág. 214** *Perspectivas del mundo hispano* Nivel A: **pág. 262** *Perspectivas del mundo hispano*

Nombre ______________________ Fecha ______________________

¿Qué sabes ya?

(Nivel 1, pág. 220, Nivel B, pág. 30)

En este capítulo vas a describir la familia y a decir la edad de las personas. Escribe la letra de la edad lógica de cada persona en la familia de Elena. Elena está en el noveno grado *(9th grade)*.

Elena dice...

1. Mi madre tiene ________.

a. seis años b. treinta y cuatro años c. setenta y nueve años

2. Mi hermano menor tiene ________.

a. diecinueve años b. cuarenta y dos años c. nueve años

3. Mis abuelos tienen ________.

a. dieciséis años b. sesenta años c. veintinueve años

4. Yo tengo ________.

a. quince años b. veinte años c. once años

5. Mi mejor amiga, Susana, tiene ________.

a. dieciséis años b. cincuenta años c. tres años

Arte y cultura (Nivel 1, pág. 221, Nivel B, pág. 31)

Carmen Lomas Garza (1948–) es conocida por sus pinturas que representan la vida familiar de los mexicanoamericanos en la década de los cincuenta, en la región natal de la artista, al sur de Texas.

- ¿Qué observas en esta pintura que es similar o diferente de las fiestas familiares que conoces?

Nombre ____________________ Fecha ____________________

Capítulo 5A

Una fiesta de cumpleaños

Objetivos del capítulo

- Describir familias
- Hablar acerca de celebraciones y fiestas
- Preguntar y decir la edad
- Expresar posesión
- Entender las perspectivas culturales sobre la familia y las celebraciones

Conexión geográfica (Nivel 1, pág. 220, Nivel B, pág. 30)

Estos países y estados tienen una conexión con el tema de este capítulo. Mira el mapa. Pon una *X* en la columna correcta para indicar la región donde se encuentra cada uno.

Estado o país	América del Norte	América Central	América del Sur	Europa	El Caribe
California					
México					
Texas					
República Dominicana					
España					

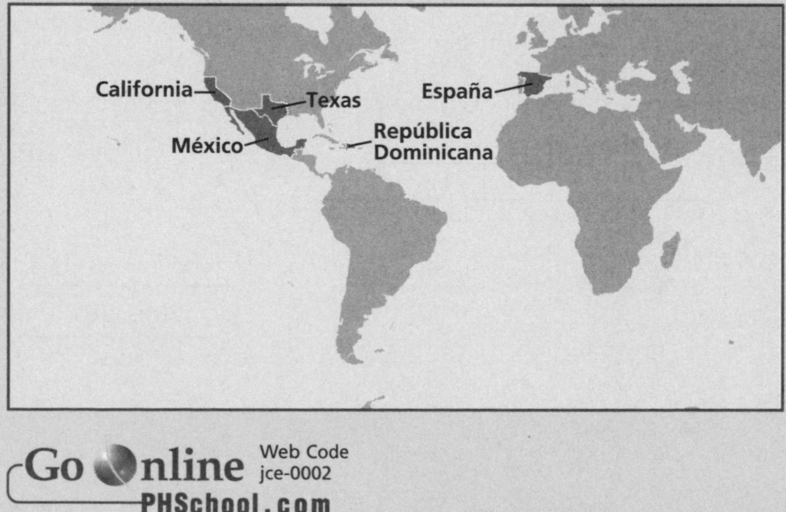

Go Online Web Code jce-0002 PHSchool.com

Nombre ______________________ Fecha ______________

A primera vista (Nivel 1, págs. 222–223, Nivel B, págs. 32–33)

Actividad A

Lee las descripciones. ¿A quién describe cada oración? Completa las oraciones con las respuestas.

1. Los padres de mis tíos son mis ______________________.
2. Los hijos de mis padres son mis ______________________.
3. El único *(only)* hermano de mi tío es mi ______________________.
4. La hija de mi tía es mi ______________________.
5. El primo de mi hermana es mi ______________________.
6. Los hijos de mis abuelos que no son mis padres son mis ______________________.
7. El / La hijo(a) de mis padres es mi ______________________.
8. La hermana de mi prima es mi ______________________.

Actividad B

Llena el árbol genealógico sobre tu familia u otra familia real o imaginaria. Escribe el nombre y la relación que cada persona tiene contigo. En una hoja aparte extiende el árbol genealógico una generación más.

Modelo *María es mi madre.*

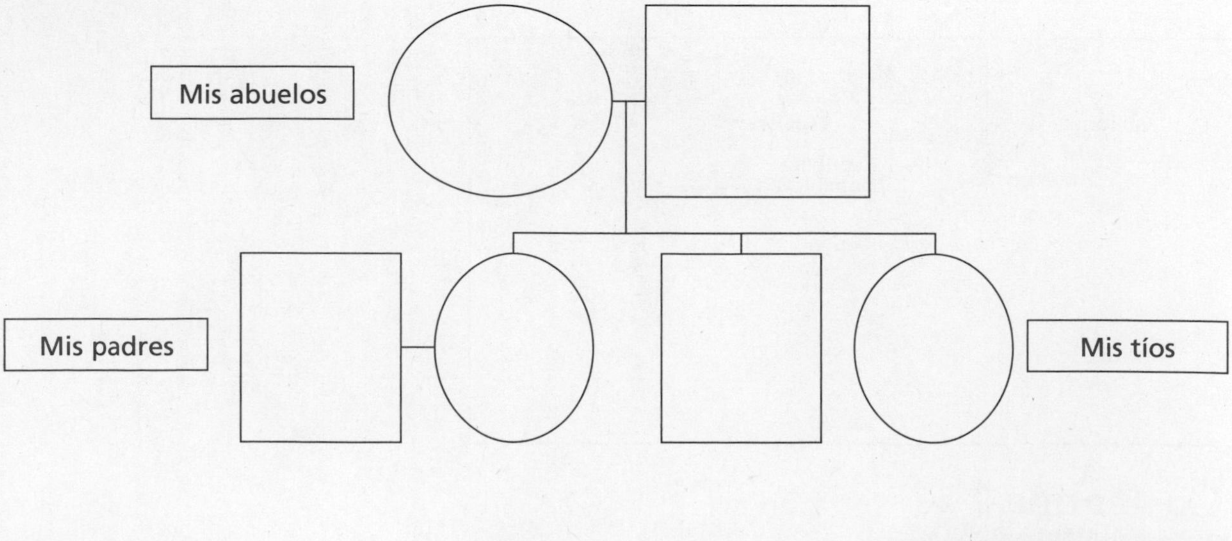

Nombre ______________________ Fecha ____________

Videohistoria (Nivel 1, págs. 224–225, Nivel B, págs. 35–36)

Actividad C

Llena los espacios con las palabras correctas para resumir la *Videohistoria*.

Toda la ____________ de Angélica está en el parque. Van a celebrar el ____________ de Cristina, la ____________ de Angélica. Esteban y Angélica van a hacer un ____________ de la fiesta. Gabriel es el ____________ de Angélica. El ____________ de Angélica va a preparar las hamburguesas y sacar fotos de la fiesta. La madre de Angélica prepara las ____________. Cristina quiere abrir los ____________. Gabriel va a ____________ la piñata. La piñata cae en el ____________.

Actividad D

Indica quién dice en la *Videohistoria* algo similar a las siguientes oraciones.

1. ¡Quiero abrir los regalos! ____________
2. Ya sabes mi nombre. ____________
3. No voy a decir mi edad. ____________
4. Vamos a hacer un video de nuestra hermana. ____________
5. Me gusta decorar con papel picado. ____________
6. Gabriel va a romper la piñata. ____________
7. Tengo sesenta y ocho años. ____________
8. Es el cumpleaños de mi hermana. ____________
9. Yo preparo las hamburguesas. ____________
10. Gabriel, ¡cuidado con el pastel! ____________

Capítulo 5A

Nombre ______________________ Fecha ______________

Manos a la obra (Nivel 1, págs. 226–227, Nivel B, págs. 38–39)

Actividad E

Llena la tabla describiendo a tres personas de tu familia. Incluye tres adjetivos y tres actividades para describir a cada persona.

¿Quién es?	¿Cómo es?	¿Cuál es su actividad favorita?
Mi hermano Juan	*desordenado, gracioso, inteligente*	*jugar al fútbol, pasar tiempo con los amigos, leer*

Actividad F

Ahora pon la información de la tabla en frases completas. Úsala para escribir una carta a una amiga que vendrá a conocer a tu familia en tu fiesta de cumpleaños.

Ampliación del lenguaje

Saludo y despedida de una carta

Una carta debe empezar con un saludo. Ejemplos: *Mi querida Alicia:; Querido tío Raúl:;* etc. (Recuerda que debes usar dos puntos en vez de una coma). La carta también debe contener un saludo o despedida al final. Ejemplos: *Tu amigo; Atentamente; Con cariño* u otro.

Querida Clara:

____

____

____

____

____

____

____

____

Un abrazo,

Nombre ____________________ Fecha ____________

Fondo cultural

(Nivel 1, pág. 226, Nivel B, pág. 39)

El papel picado Las familias mexicanas muchas veces decoran las celebraciones con papel picado. El papel picado se hace doblando y cortando papel de seda para crear diseños y escenas que luego se pueden colgar como decoración.

- ¿Qué artesanías conoces que utilizan técnicas parecidas?

Actividad G

Identifica a los miembros de la familia de Olivia usando las pistas a continuación.

Manuel es el padre de Olivia.
Gloria es la hija del hermano de Olivia.
Tómas es el primo de Gloria y el hermano de Sara.
Carlos es el hermano de Olivia y el tío de Tomás.
Margarita es la madre de Carlos y la abuela de Felipe.
Vicente es el esposo de Olivia y el tío de Gloria.
Elena es la tía de Sara.

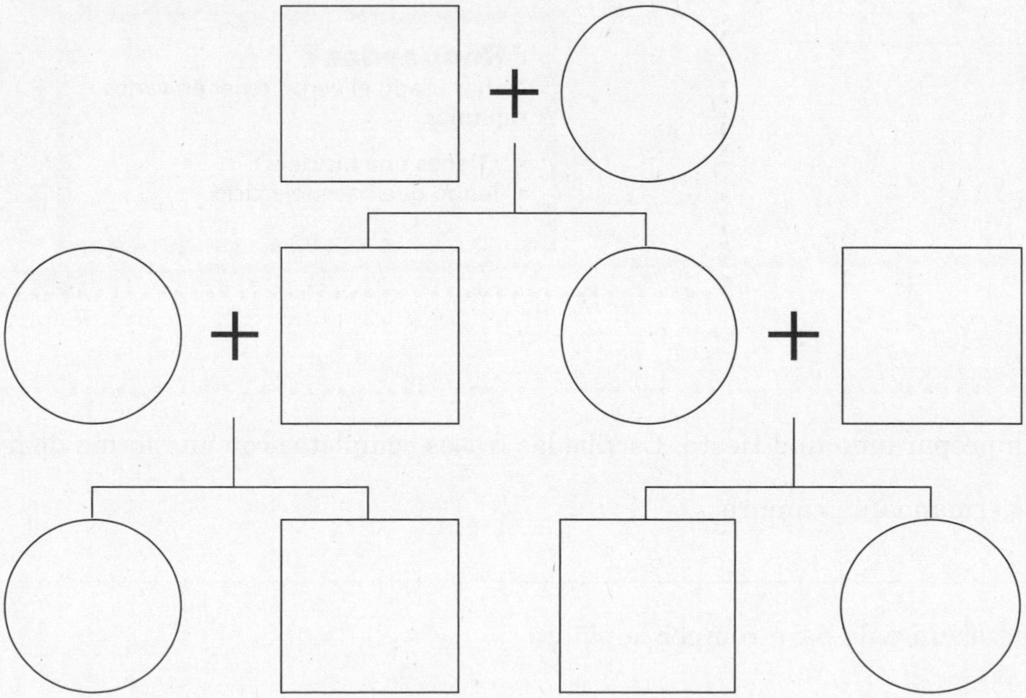

Nombre ______________________ Fecha ______________

Gramática

(Nivel 1, pág. **228**, Nivel B, pág. **42**)

El verbo *tener*

El verbo *tener* se usa para mostrar relación o posesión.

Tengo un hermano mayor. — ***I have** an older brother.*

Tenemos un regalo para Tere. — ***We have** a gift for Tere.*

Algunas expresiones en español llevan el verbo *tener* donde el inglés lleva "to be".

Mi primo **tiene** dieciséis años. — *My cousin **is** sixteen years old.*

Tengo hambre y sed. — ***I am** hungry and thirsty.*

Éstas son las formas del presente del verbo *tener:*

(yo)	**tengo**	(nosotros) (nosotras)	**tenemos**
(tú)	**tienes**	(vosotros) (vosotras)	**tenéis**
Ud. (él) (ella)	**tiene**	Uds. (ellos) (ellas)	**tienen**

¿Recuerdas?

Tú has usado el verbo *tener* en varios capítulos.

- **¿Tienes** una bicicleta?
- **Tengo** que hacer ejercicio.

Gramática interactiva

Identifica formas
En la tabla, encierra en un círculo las formas del verbo **tener** en las que la **e** se convierte en ***ie***.

Determina reglas
En el verbo **tener** la **e** NO cambia a **ie** en algunos sujetos. Subraya esos sujetos en la tabla.

Relaciona
Hay otros verbos que también tienen el cambio de ***e*** a ***ie***. ¿Cuántos sabes?

____

____

____

Actividad H

Lucía está preparando una fiesta. Escribe las frases completas con una forma de *tener.*

1. Mi hermano/una cámara

____

2. Mis tíos/un palo para romper la piñata

____

3. Nosotros/una cámara de video

____

Capítulo 5A

Nombre _______________ Fecha _______________

Actividad I

Lee la descripción de lo que le pasa a cada persona o grupo de personas. Luego, escribe una expresión con el verbo *tener* para decirlo de otra manera.

Modelo Sara está ocupada y no come el almuerzo. Ahora son las tres de la tarde.
Sara tiene hambre.

1. Miguel está en el desierto y no tiene agua.

____

2. Ustedes no tienen nada para comer y ya es mediodía.

____

3. Mi prima celebra su cumpleaños. El pastel tiene dieciséis velas.

____

4. Nosotros hacemos ejercicio y hace mucho calor.

____

5. Mis padres no me permiten hacer muchas cosas. ¡Estoy en el noveno grado!

____

Ampliación del lenguaje

Para expresar los gustos de una persona usamos las expresiones *le gusta(n)* o *le encanta(n).*

- Le gusta ir a fiestas.
- Le encanta la torta.

Cuando especificas a quién le gusta algo, incluyes el nombre de la persona o el pronombre acompañado de una *a:*

- **A Pedro** le gustan los dulces.
- **A ella** le encanta sacar fotos.

Capítulo 5A

Nombre ______________________ Fecha ______________

Gramática

(Nivel 1, pág. **232**, Nivel B, pág. **48**)

Gramática interactiva

Encuentra

- Haz un círculo alrededor del adjetivo posesivo femenino en el pie de foto de la izquierda y dibuja una raya conectándolo con el nombre al que modifica.
- En los ejemplos, haz un círculo alrededor de los adjetivos posesivos masculinos y dibuja una raya conectándolos con el nombre al que modifican.
- En los ejemplos, marca con una **P** todos los adjetivos posesivos plurales y con una **S** todos los adjetivos posesivos singulares.

Adjetivos posesivos

Usas adjetivos posesivos para decir que algo pertenece a alguien o para mostrar relaciones entre las cosas.

En inglés, los adjetivos posesivos son *my, your, his, her, its, our* y *their.*

Éstos son los adjetivos posesivos en español:

mi(s)	**nuestro(s)** **nuestra(s)**
tu(s)	**vuestro(s)** **vuestra(s)**
su(s)	**su(s)**

Javier y yo con **nuestra** abuela

Mis padres con **su** regalo

Al igual que otros adjetivos, los adjetivos posesivos concuerdan en número con el nombre que los sigue. Solamente en *nuestro* y *vuestro* las terminaciones del masculino y del femenino son diferentes.

Mi cámara	mis cámara**s**
nuestr**o** abuelo	nuestr**os** abuel**os**
nuestr**a** hija	nuestr**as** hij**as**

Su y *sus* pueden tener significados diferentes: *his, her, its, your* o *their.* Para ser más específicos, puedes usar *de* + nombre o pronombre.

sus flores = las flores **de ella**

sus regalos = los regalos **de Javier y Carlos**

Actividad J

Tu prima te ayuda a preparar una fiesta sorpresa para tu hermanito. Pero, para ayudarte, ella quiere saber de quién son todas las cosas que ve. Responde a cada pregunta con un adjetivo posesivo según las indicaciones.

Modelo ¿De quién son los regalos? (Alberto) *Son **sus** regalos.*

1. ¿De quién son los libros? (Yo) ______
2. ¿De quién es el coche? (Javier) ______
3. ¿De quién son los dulces? (Ana) ______
4. ¿De quién es la piñata? (Tú) ______
5. ¿De quiénes es la foto? (Ana y José) ______
6. ¿De quiénes es el video? (Nosotros) ______
7. ¿De quiénes son los gatos? (Ustedes) ______
8. ¿De quiénes son las flores? (Elena y yo) ______
9. ¿De quiénes son las decoraciones? (Pepa) ______

Actividad K

Los primos Enrique y Julieta están mirando el álbum de fotos de su familia. Completa su conversación con el adjetivo posesivo correcto. Recuerda que Enrique y Julieta tienen los mismos abuelos.

ENRIQUE: Ay, mira, es Elisa. Pero, ¿quién es ______ amigo en la foto?

JULIETA: No sé. ¿Ves esta foto? Estoy con ______ padres en las vacaciones familiares. ¡Qué divertido!

ENRIQUE: Sí, pero ¿dónde están ______ hermanos?

JULIETA: Alberto y Julio no salen en la foto porque tenían que estudiar para ______ exámenes.

ENRIQUE: Julieta, ¿es ______ gato el que está en esta foto?

JULIETA: ¡Ay sí! ______ lindo gatito. Ahora está más grande.

ENRIQUE: Mira, esta foto muestra a ______ abuelos cuando eran jóvenes.

Nombre ____________________ Fecha ____________

Fondo cultural (Nivel 1, pág. 230, Nivel B, pág. 46)

La familia real de España Juan Carlos I y Sofía son los reyes de España desde 1975.

- ¿Qué otros países conoces que tienen una monarquía?

Fondo cultural (Nivel 1, pág. 231, Nivel B, pág. 47)

Dos familias reales La foto de la familia real española que aparece en tu libro de texto, fue tomada más de 200 años después de que Goya hiciera el retrato del antepasado del rey Juan Carlos I y de su familia. Estudia los dos retratos y responde a las siguientes preguntas.

- ¿En qué se parecen las dos fotografías?
- ¿En qué son diferentes?
- ¿En qué se parecen y en que se diferencian de los retratos de tu familia?

Pronunciación

(Nivel 1, pág. 236, Nivel B, pág. 45)

Las letras *p, t* y *q*

En inglés, las consonantes *p, t* y *q,* y el sonido de la *c* fuerte son pronunciados con un pequeño soplo de aire.

Sostén un pañuelo frente a tu boca mientras pronuncias las siguientes palabras en inglés. Notarás cómo se mueve el pañuelo.

pan	*papa*	*too*	*tea*
comb	*case*	*park*	*take*

Ahora pronuncia las siguientes palabras en español con el pañuelo frente a tu boca. Trata de decir las consonantes sin un soplo de aire para que el pañuelo no se mueva.

pan	papá	tú	tía
cómo	queso	parque	taco

¡Inténtalo!
Escucha la siguiente rima para niños pequeños. En particular, escucha con atención los sonidos de la *p, t* y *q.* Después, repite la rima.

Tortillitas para mamá,
Tortillitas para papá.
Las quemaditas para mamá,
Las bonitas para papá.

Capítulo 5A

Nombre ______________________ Fecha ____________

Conexiones El arte (Nivel 1, pág. 231, Nivel B, pág. 47)

La familia real tiene mucha importancia en la historia de España. Es el año 1800: Carlos IV (cuarto) no es un rey popular y muchas personas creen que es demasiado indeciso. En este cuadro del pintor Francisco de Goya, puedes ver a la familia del rey Carlos IV. Carlos IV reinó de 1788 a 1808.

- El pintor también está en el cuadro. ¿Puedes ver a Goya? ¿Dónde está?

Ampliación del lenguaje

(Nivel 1, pág. 235, Nivel B, pág. 52)

Se puede usar el diminutivo para indicar que un objeto es pequeño. Por ejemplo, para indicar que un libro es corto o pequeño de tamaño, una persona puede llamarlo un *librito*. Escribe el diminutivo de los siguientes objetos.

1. árbol
2. pelota
3. baño
4. silla
5. sándwich

Fondo cultural (Nivel 1, pág. 236, Nivel B, pág. 44)

Diego Rivera (1886–1975) Esta obra del muralista mexicano Diego Rivera muestra a una mujer moliendo el maíz en una *metate*, que es una herramienta para moler cereales. Éste es uno de los cuadros en que Rivera representa la vida cotidiana de la gente indígena de México.

- Un artista demuestra sus sentimientos a través de sus cuadros. ¿Qué crees que Rivera quiere que sientas al ver a esta mujer trabajando?

El español en la comunidad

(Nivel 1, pág. 236, Nivel B, pág. 51)

Los cinco apellidos anglosajones más comunes en los Estados Unidos son (en orden) *Smith, Johnson, Williams, Jones* y *Brown.* Los cinco apellidos hispanos más comunes en los Estados Unidos son (en orden) *García, Martínez, Rodríguez, Hernández* y *López.*

- Usa una guía telefónica de tu ciudad para buscar estos apellidos. Cuenta cuántas personas hay con cada apellido. ¿Funciona la afirmación anterior para tu comunidad? ¿Puedes identificar otros dos apellidos comunes en tu comunidad o que tú conoces?

Nombre ____________________ Fecha ____________________

¡Adelante! (Nivel 1, págs. 238–239, Nivel B, págs. 54–55)

Lectura 1

Lee el artículo y la invitación a la quinceañera de María Teresa Rivera Treviño, y haz las actividades al margen.

Estrategia

Dar un vistazo al texto ¿Qué información esperas encontrar en el texto de una invitación? Dar un vistazo rápido a un texto puede ayudarte a encontrar información importante.

Lectura interactiva

Da un vistazo al texto

- Lee el texto rápidamente y encuentra los nombres de los padres de María Teresa y la fecha y las horas de dos eventos. Subráyalos.
- Dale un vistazo al texto de la invitación y encierra en un círculo los siguientes datos:
  1. El día de la semana de la fiesta
  2. La dirección del Restaurante Luna

Mis padres te invitan a mi fiesta de quince años

Para muchas jóvenes hispanas, el día de sus quince años es una ocasión muy especial. Toda la familia y muchos amigos van a una misa en la iglesia y después celebran con una fiesta. Es una tradición especialmente importante en México, América Central y en los países hispanos del Caribe—y entre muchos hispanohablantes en los Estados Unidos.

Aquí está la invitación a la fiesta de quince años de María Teresa Rivera Treviño.

Felipe Rivera López y
Guadalupe Treviño Ibarra
esperan el honor de su asistencia
el sábado, 19 de mayo de 2012
para celebrar los quince años de su hija,
María Teresa Rivera Treviño

Misa
a las cuatro de la tarde
Iglesia de Nuestra Señora de Guadalupe
2374 Avenida Linda Vista
San Diego, California

Recepción y cena-baile
a las seis de la tarde
Restaurante Luna
7373 Calle Florida
San Diego, California

Nombre ______________________ Fecha ______________

Actividad L

Imagina que tus padres quieren hacer una celebración grande para tu próximo cumpleaños. ¿Cómo sería? Escribe un párrafo describiendo la fiesta ideal para ti. ¿A cuántas personas vas a invitar? ¿Quiénes son? ¿Dónde vas a hacer la fiesta?

____

____

____

____

____

____

____

Actividad M

Usa la información de la Actividad L para diseñar, en una hoja, una invitación para tu fiesta ideal de cumpleaños. Añade decoraciones y detalles para dar una imagen de cómo va a ser el ambiente *(atmosphere)* de la fiesta. No olvides incluir la información esencial para los invitados, como la hora y el lugar de la celebración.

Actividad N

Hoy en día las formas de los nombres completos varían de país a país. Pero en España y los países hispanos, siguen la tradición de pasar a los hijos el apellido paterno seguido por el apellido materno. Escribe los nombres completos para estos bebés recién nacidos. Recuerda que sólo debes usar el apellido paterno de cada padre.

La madre	El padre	El bebé
María de los Ángeles Pelarda Peña	Juan Antonio Delgado Torrado	Eva María ______________
Josefina Rosado Rodríguez	Miguel Alfonso Casas Hernández	Alejandro Emilio ______________
Sofía Elena Carrillo Ibarra	Daniel Ramón Avello Madrigal	Marina ______________

Nombre ______________________ Fecha ______________

Lectura 2

Lee el artículo sobre la piñata y completa las actividades del margen.

Estrategia

Buscar la idea principal Al leer un texto, recuerda que cada párrafo contiene una idea principal. Si reúnes las ideas principales de cada párrafo, puedes hacer un resumen de todo el texto.

Lectura interactiva

Busca la idea principal
- Al leer el texto, subraya la idea principal de cada párrafo.
- En una hoja de papel, escribe un resumen de la lectura usando las ideas principales de cada párrafo.

El largo viaje de la piñata

Imagina que estás en China en el siglo XIII. Para celebrar el Año Nuevo, los chinos crean figuras de vacas, las adornan con papeles coloridos y las llenan con semillas. Golpean las figuras con un palo y las semillas caen al suelo. Las plantas que nacen de las semillas traen buena suerte.

Marco Polo va a China en 1266 y regresa a Italia con algunas de esas figuras. Las figuras parecen jarros, con la forma de piñas *(pine cones)*. Los italianos las llaman *pignattas*.

La costumbre de hacer y romper *pignattas* pasa a España y, de ahí, a las colonias de España en el Nuevo Mundo. Hoy, la tradición no se practica ni en Italia ni en España, pero la piñata forma parte de muchas fiestas familiares en los Estados Unidos, México y varios países de Centroamérica.

Actividad Ñ

Basándote en la lectura, completa cada frase escogiendo la opción correcta.

___ **1.** Los chinos golpean figuras de vacas...

___ **2.** Las semillas caen al suelo...

___ **3.** En Italia las figuras se llaman *pignattas*...

___ **4.** Esta tradición no se practica ni en Italia ni en España...

a. y nacen plantas de ellas.

b. pero la piñata se usa en fiestas familiares de los Estados Unidos, México y Centroamérica.

c. para celebrar el Año Nuevo.

d. porque parecen jarros con la forma de piña.

Capítulo 5A

Nombre ____________________ Fecha ____________

Actividad O

Responde a las preguntas sobre la lectura. Contesta en español o en inglés.

1. En el siglo XIII, los chinos usan la piñata para celebrar el Año Nuevo. ¿Qué creen que pasa cuando las semillas caen al suelo?

____

____

2. Nombra los países adonde viaja la piñata en su historia en *El largo viaje de la piñata.*

____

____

3. Escribe una lista de cinco cosas que puedes poner en una piñata.

1. ______________
2. ______________
3. ______________
4. ______________
5. ______________

4. Ahora, escribe una lista de cinco cosas nuevas u originales que quieres en una piñata para ti. Usa frases completas.

1. ______________________________
2. ______________________________
3. ______________________________
4. ______________________________
5. ______________________________

Nombre ______________________ Fecha ______________

La cultura en vivo (Nivel 1, pág. 240, Nivel B, pág. 56)

El papel picado

Como has visto en este capítulo, el papel picado es reconocido como una artesanía mexicana. Se corta papel de seda de varios colores con patrones pequeños, parecidos a los de un copo de nieve. Después, se cuelga el papel picado de un hilo para hacer una banderita, que se usa como decoración en muchas celebraciones diferentes. Aquí hay instrucciones para hacer papel picado para decorar tu clase.

Materiales

- papel de seda de varios colores cortados en folios de 12″ × 18″
- tijeras
- grapadora
- hilo

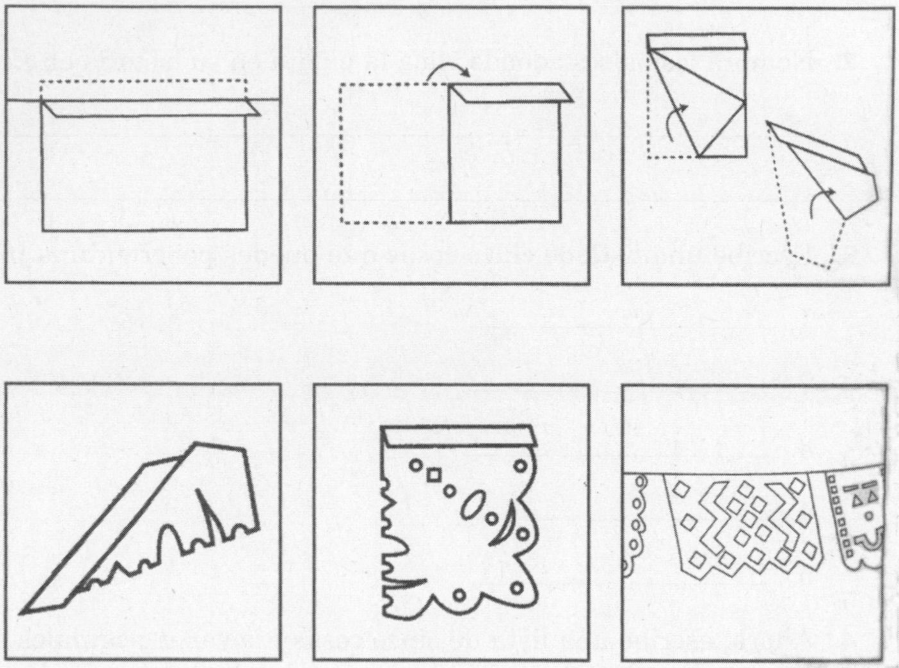

Fabricación:

1. Extiende el papel. Dobla el lado largo de 18″ hacia adentro 1″. Vas a colgar el papel por este doblez.
2. Dobla el papel por la mitad por el lado de 12″ y pasa tu dedo por encima para marcar bien el doblez.
3. Dobla el papel dos veces de manera diagonal, marcando bien el doblez.
4. Recorta diseños por los lados doblados. Experimenta con diseños geométricos.
5. Recorta curvas en la parte exterior.
6. Abre el papel y grápalo en un hilo para colgarlo en la clase y decorarla para una fiesta.

Capítulo 5A

Nombre ______________________ Fecha ______________

Presentación oral (Nivel 1, pág. 241, Nivel B, pág. 57)

Mi familia

Tarea

Imagina que vives con una familia en Chile para un intercambio. La familia anfitriona quiere saber de tu familia en los Estados Unidos. Enséñales fotos de tres personas de tu familia y describe a cada persona.

Estrategia

Usar organizadores gráficos Las tablas simples pueden ayudarte a organizar tus ideas para una presentación.

1. **Preparación**
   Trae tres fotos de tu familia o "crea" una familia usando fotos de una revista. Haz una tabla como ésta para pensar qué quieres decir sobre cada persona.

Nombre	Es mi...	Edad	Actividad favorita
Isabel	hermana menor	9 años	le gusta cantar

2. **Práctica**
   Practica tu presentación varias veces. Puedes utilizar los apuntes mientras practicas, pero no durante la presentación formal. Asegúrate de:
   - incluir toda la información necesaria para cada persona
   - usar frases completas
   - hablar claramente

   Modelo *Se llama Isabel. Ella es mi hermana menor y tiene 9 años. A Isabel le gusta cantar. Es muy artística.*

3. **Presentación**
   Muestra las fotos y presenta la información sobre cada persona.

4. **Evaluación**
   Quizá tu profesor(a) te dé los criterios de cómo va a ser evaluada tu presentación. Probablemente, tu presentación será evaluada teniendo en cuenta:
   - si tu presentación está completa
   - cuánta información comunicas
   - lo fácil que resulta entenderte

Capítulo 5A

Repaso del capítulo (Nivel 1, pág. 244, Nivel B, pág. 60)

Vocabulario y gramática

Repaso del capítulo

Para prepararte para el examen, revisa si...
- conoces el vocabulario nuevo y la gramática.
- puedes realizar las tareas de la página **189**.

para hablar acerca de los miembros de la familia

los abuelos	grandparents
el abuelo	grandfather
la abuela	grandmother
el esposo, la esposa	husband, wife
los hermanos	brothers; brother(s) and sister(s)
el hermano	brother
la hermana	sister
el hermanastro	stepbrother
la hermanastra	stepsister
los hijos	children; sons
el hijo	son
la hija	daughter
los padres (papás)	parents
el padre (papá)	father
la madre (mamá)	mother
el padrastro	stepfather
la madrastra	stepmother
los primos	cousins
el primo	(male) cousin
la prima	(female) cousin
los tíos	uncles; aunt(s) and uncle(s)
el tío	uncle
la tía	aunt

para hablar acerca de las edades y compararlas

¿Cuántos años tiene(n) ___?	How old is / are ___?
Tiene(n) ___ años.	He/She is/They are ___ (years old).
mayor *pl.* **mayores**	older
menor *pl.* **menores**	younger

para hablar acerca de las personas

la persona	person

para nombrar animales

el gato	cat
el perro	dog

para conversar sobre los gustos de las personas

(a + persona) **le gusta(n) / le encanta(n)**	he/she likes/ loves

para describir actividades que se hacen en fiestas

abrir	to open
celebrar	to celebrate
decorar	to decorate
las decoraciones	decorations
hacer un video	to videotape
el video	video
preparar	to prepare
romper	to break
sacar fotos	to take photos
la foto	photo
la cámara	camera

para conversar sobre las fiestas

el cumpleaños	birthday
¡Feliz cumpleaños!	Happy birthday!
los dulces	candy
la flor *pl.* **las flores**	flower(s)
el globo	balloon
la luz *pl.* **las luces**	light(s)
el papel picado	cut-paper decorations
el pastel	cake
la piñata	piñata
el regalo	gift, present

otras palabras útiles

que	who, that
sólo	only

para expresar posesión o relación

tener *to have*

tengo	**tenemos**
tienes	**tenéis**
tiene	**tienen**

adjetivos posesivos

mi(s) my	**nuestro(s), -a(s)** our
tu(s) your	**vuestro(s), -a(s)** your *(pl.)*
su(s) your *(formal)*, his, her, its	**su(s)** your *(pl.)*, their

- **Más práctica**
  Practice Workbook Puzzle 5A-8
  Practice Workbook Organizer 5A-9

Capítulo 5A Nombre ____________________ Fecha ____________________

Preparación para el examen (Nivel 1, pág. 47, Nivel A, pág. 53)

En el examen vas a...	Éstas son las tareas que te pueden ser útiles para el examen...	Si necesitas repasar...
 **1 Escuchar** Escuchar y entender la descripción que hace una persona de un miembro de la familia.	En la fiesta de un amigo, una mujer cuenta historias sobre su hermano, Jorge. a) ¿Cuántos años tiene su hermano? b) ¿Quién es mayor, la mujer o su hermano? c) ¿Qué le gusta hacer a su hermano?	Nivel 1: **págs. 222–225** *A primera vista* **págs. 226–229** Acts. 4, 7–8, 11 Nivel B: **págs. 32–37** *A primera vista* **págs. 39–44** Acts. 7, 12–13, 18
 **2 Hablar** Describir a miembros de tu familia y describir lo que les gusta hacer.	En la primera reunión de tu club de español, tu profesor(a) les pide que traten de hablarse en español. Ya que acabas de aprender cómo hablar de tu familia, te sientes seguro para hablar de algunos miembros de tu familia. Habla sobre: a) cuál es el parentesco; b) sus edades; c) lo que les gusta hacer; d) su personalidad.	Nivel 1: **págs. 222–225** *A primera vista* **págs. 226–229** Acts. 4, 7, 12 **pág. 232** *Gramática: Adjetivos posesivos* **pág. 237** Act. 26 Nivel B: **págs. 32–37** *A primera vista* **págs. 39–53** Acts. 7, 12, 19, 33–34
 **3 Leer** Leer y entender una descripción de un problema que tiene alguien con un miembro de su familia.	Lee esta carta dirigida a una consejera que escribe una columna en el periódico. ¿Puedes describir cuál es el problema de Ana? Querida Dolores: Yo soy la hija menor de una familia de seis personas. Uno de mis hermanos mayores, Nacho, siempre habla de mí con mis padres. A él le encanta hablar de mis amigos y de mis actividades. Tenemos una familia muy simpática, pero ¡Nacho me vuelve loca! —Ana	Nivel 1: **págs. 222–225** *A primera vista* **págs. 226–232** Acts. 4–5, 18 Nivel B: **págs. 222–225** *A primera vista* **págs. 39–49** Acts. 7–8, 21, 26 **pág. 54** *Lectura*
 **4 Escribir** Escribir una nota breve incluyendo por lo menos dos datos de un miembro de tu familia o un amigo(a).	El coordinador de un restaurante local te está ayudando a planear una fiesta de cumpleaños para tu primo(a). Escribe una nota breve diciendo el nombre de tu primo(a), dos cosas que le gusta hacer en una fiesta, el tipo de decoración que le gusta y algo que le encanta comer.	Nivel 1: **págs. 226–237** Acts. 5, 8, 12, 26 Nivel B: **págs. 39–53** Acts. 8, 13, 19, 34
 **5 Pensar** Demostrar un conocimiento de algunas maneras en que las familias hispanas festejan las ocasiones especiales.	Piensa en lo que considerarías el cumpleaños más importante. Basándote en lo que sabes acerca de las tradiciones familiares importantes, describe por qué cumplir quince años es importante para una joven hispanohablante y lo que verías en su celebración.	Nivel 1: **págs. 222–225** *A primera vista* **pág. 226** *Fondo cultural* **págs. 238–239** *Lectura* **pág. 240** *La cultura en vivo* Nivel B: **págs. 32–37** *A primera vista* **pág. 39** *Fondo cultural* **págs. 54–55** *Lectura* **pág. 56** *La cultura en vivo*

Nombre ______________________ Fecha ______________________

¿Qué sabes ya?

(Nivel 1, págs. 246–247, Nivel B, págs. 62–63)

1 Vas a ayudar a preparar una fiesta familiar. Completa la tabla siguiente con los detalles de la fiesta.

Personas que van a venir a la fiesta	Cosas que necesito para la fiesta	Actividades que vamos a hacer en la fiesta
mis papás	comida	celebrar

2 Prepara una invitación para la fiesta que planeas. No olvides mencionar el lugar, la hora y la razón para la celebración.

____

____

____

____

Arte y cultura (Nivel 1, pág. 247, Nivel B, pág. 63)

La familia extendida En los países hispanos, los miembros de la familia extendida suelen ser muy unidos. Padres, hijos, abuelos, tías, tíos y primos se reúnen a menudo para comer o simplemente para pasar el tiempo juntos, y no solamente en ocasiones especiales. De hecho, no es raro que tres generaciones vivan bajo un mismo techo o en el mismo vecindario.

- ¿En qué se parece la idea de familia extendida en los países hispanos y lo que pasa en tu familia o las familias de tus amigos? Contesta en español o en inglés.
- ¿Cómo refleja el concepto de familia extendida la pintura "Tarde de domingo" de tu libro de texto? Compara esta imagen con la forma en la que tú y tu familia pasan los fines de semana.

Nombre ______________________ Fecha ______________________

Capítulo 5B

¡Vamos a un restaurante!

Objetivos del capítulo

- Hablar acerca de celebraciones familiares
- Describir a miembros de la familia y amigos
- Pedir cortésmente que una persona traiga algo
- Pedir una comida en un restaurante
- Entender las perspectivas culturales en las celebraciones familiares

Conexión geográfica (Nivel 1, pág. **246**, Nivel B, pág. **62**)

Estos estados y países tienen una conexión con el tema de este capítulo. Mira el mapa y responde a las preguntas. También puedes ver los mapas de las páginas xviii a xxxi de tu libro de texto.

1. ¿Qué países están más al sur? ______________
2. ¿Qué país está más al norte? ______________
3. ¿Dónde está Costa Rica? ______________

Go Online PHSchool.com Web Code jce-0002

Nombre ______________________ Fecha ______________

A primera vista (Nivel 1, págs. 248–249, Nivel B, págs. 64–65)

Actividad A

¿Qué cubiertos o utensilios necesitas para disfrutar de los siguientes platos o bebidas? Escribe todo lo que necesitas en cada línea.

1. La sopa de verduras: ______________________
2. La limonada: ______________________
3. La ensalada: ______________________
4. El pastel de chocolate: ______________________
5. El café: ______________________
6. El bistec con papas: ______________________

Actividad B

Usa expresiones de vocabulario para decir cómo eres tú, y cómo son tu compañero(a) y tu profesor(a).

yo	mi compañero(a)	mi profesor(a)
______	______	______
______	______	______
______	______	______
______	______	______
______	______	______
______	______	______
______	______	______

Capítulo 5B

Nombre ____________________ Fecha ____________

Videohistoria (Nivel 1, págs. 250–251, Nivel B, págs. 66–69)

Actividad C

Lee la *Videohistoria*. Escribe lo que cada persona pidió en el restaurante.

¿Quién?	¿Qué pidió?
Papá	
Mamá	
Angélica	
Esteban	
Cristina	

Actividad D

Carlos habla de un restaurante adonde siempre van él y su familia. Completa la historia con las expresiones y palabras de la lista siguiente.

deliciosos	falta	pedir	rico	otro	camarera
servilleta	me trae	de postre	quiero	ahora	plato principal

A mi familia y a mí nos gusta ir al restaurante Cebollas. Siempre vamos a la mesa que está al lado de la ventana. Siempre está nuestra ____________, Rosa. De ____________, a nosotros nos gusta ____________ el bistec. Pero mi hermana Laura siempre dice: "____________ pedir los espaguetis... no, la ensalada... no, el pollo... ¡ay, no sé!" Después, Rosa trae la comida. Nuestros bistecs están siempre ____________. Pero Laura dice: "Me ____________ un cuchillo... ¿ ____________ una ____________, por favor? Y ____________ tenedor, gracias". ____________, nos gusta pedir helado. ¡Qué ____________! ____________ Laura está contenta.

Capítulo 5B

Nombre ______________________ Fecha ______________

Manos a la obra (Nivel 1, págs. 252–255, Nivel B, págs. 70–75)

Actividad E

Lee las siguientes descripciones y emparéjalas con las palabras de vocabulario.

1.	___ tela o papel fino para limpiarse la boca	a. el menú
2.	___ Se usa para pinchar la comida y llevarla a la boca.	b. la cuchara
3.	___ papel que indica lo que tienes que pagar	c. el plato
4.	___ lista de comidas, con descripciones y precios	d. el azúcar
5.	___ Es dulce y blanca.	e. el tenedor
6.	___ Es redondo y sirve para poner la comida.	f. el cuchillo
7.	___ Se usa para cortar la carne.	g. la servilleta
8.	___ Se usa para tomar la sopa.	h. la cuenta
9.	___ Alimento dulce que se come al final de una comida.	i. el vaso
10.	___ Recipiente para tomar refresco o agua.	j. el postre

Fondo cultural (Nivel 1, pág. 253, Nivel B, pág. 72)

En el restaurante La forma de llamar a un(a) camarero(a) en un país hispano es a veces diferente de la forma en que se hace en otras culturas. Por ejemplo, en Costa Rica, a menudo las personas hacen un sonido como *"pfft"* para llamar a un(a) camarero(a), mientras que en Colombia levantan la mano o dan una palmada. Ten mucho cuidado al usar este tipo de señales para llamar a alguien, pues puede ser visto como una grosería si las hace una persona de otra cultura.

- ¿Qué haces para llamar a un(a) camarero(a) en un restaurante en los Estados Unidos? Compara esta forma de llamar a alguien con las formas aceptables en los países hispanos. Contesta en español o en inglés.

Capítulo 5B Nombre ______ Fecha ______

Actividad F

Alberto muestra unas fotos a su amiga Carmen. Completa la conversación con palabras descriptivas del vocabulario de forma lógica.

ALBERTO: Hola, Carmen. ¿Quieres ver las fotos de mi reunión familiar?

CARMEN: ¡Sí! ¿Quién es esta chica con la cara tan bella? Es muy ________.

ALBERTO: Es mi prima Sofía. Aquí está mi abuela. Tiene setenta años pero parece tener menos. Ella parece ________ para su edad.

CARMEN: ¡Ay! ¿Y quién es este señor? Fíjate, hasta tu hermano se ve bajito a su lado, ¡qué ________ es!

ALBERTO: Es mi tío Arnaldo. Mira a mi madre con el pelo claro. Mi hermana también es ________ .

CARMEN: Mira a tu padre. Ya tiene mucho pelo gris. Es joven pero tiene el pelo ________.

Ampliación del lenguaje

(Nivel 1, pág. **255**, Nivel B, pág. **74**)

Adjetivos que terminan en *-ísimo*

Muy más un adjetivo puede expresarse de otra manera añadiendo al adjetivo la forma correcta de *-ísimo*. La terminación *-ísimo* aporta la idea de "extremadamente".

un chico muy guapo = un chico guap**ísimo**
una clase muy difícil = una clase dificil**ísima**

Los adjetivos que terminan en *-co* o en *-ca* cambian la *c* a *qu* y pierden la *o* o la *a*.

unos pasteles muy ricos = unos pasteles ri**quí**simos

¡Inténtalo!
Vuelve a escribir las frases siguientes usando la forma correcta de *-ísimo*.

un perro muy perezoso = ______

dos libros muy interesantes = ______

una clase muy aburrida = ______

unas chicas muy simpáticas = ______

Nombre ______________________ Fecha ______________

Gramática

(Nivel 1, pág. 256, Nivel B, pág. 76)

Gramática interactiva

Identifica formas

- En la tabla, subraya las formas del verbo **venir** en que la *e* del radical *(stem)* cambia a *ie*.
- ¿Qué formas siguen un patrón completamente regular?

____

____

Activa tus conocimientos

El verbo **venir**, casi siempre va seguido por una preposición. Encierra en un círculo las preposiciones que siguen al verbo **venir** en los ejemplos.

El verbo *venir*

Tú usas el verbo *venir* para decir que alguien va a un lugar o a un evento.

—¿A qué hora **vienes** al restaurante?
—**Vengo** a las cuatro de la tarde.

Aquí tienes las formas del tiempo presente de este verbo:

(yo)	**vengo**	(nosotros) (nosotras)	**venimos**
(tú)	**vienes**	(vosotros) (vosotras)	**venís**
Ud. (él) (ella)	**viene**	Uds. (ellos) (ellas)	**vienen**

Actividad G

Antonio y Carlos hablan por teléfono acerca de la fiesta de su escuela. Completa su conversación con las formas apropiadas del verbo *venir*.

ANTONIO: Hola Carlos. ¿Tú ____________ a la fiesta?

CARLOS: Sí, yo ____________ con mi hermano.

ANTONIO: ¿Tu hermano también ____________? ¡Estupendo! ¿Roberto, Pepe y Pedro ____________ con ustedes?

CARLOS: Pepe no ____________; él está enfermo. Roberto y Pedro ____________ en coche con sus padres.

ANTONIO: ¿Cómo ____________ tú y tu hermano?

CARLOS: Mi hermano y yo ____________ en autobús.

Actividad H

Tu familia va a celebrar el cumpleaños de tu abuelo, que cumple noventa años. La fiesta va a ser en Puerto Rico. Tienes que mandar las invitaciones a toda la familia. Mira las direcciones y escribe una frase para decir de dónde viene cada miembro de la familia.

Nombre	Dirección
Mari, Antonio y Pepe Rosado	231 Buena Vista, Seller, TX 78465
Yo	574 Claravoya, No. 7, Sevilla, España 34219
Alejandro Delgado	6743 Avenida República, Buenos Aires, Argentina 89765
Tú	87 Calle Bonbón, Miami, FL 76432
Jesús Manuel Borbón	509 Puerta Osario, No. 3, Quinto A, D.F. México

1. ______
2. ______
3. ______
4. ______
5. ______

Pronunciación

(Nivel 1, pág. **257**, Nivel B, pág. **80**)

Las letras *b* y *v*

En español, la *b* y la *v* se pronuncian igual. Al principio de una palabra o frase, la *b* y la *v* suenan como la *b* en "boy". Lee las palabras siguientes en voz alta:

voy   bolígrafo   vienen   bien   viejo   video

En la mayoría de las otras posiciones, la *b* y la *v* tienen un sonido "b" más suave. Los labios apenas llegan a tocarse al pronunciar el sonido de la *b* o de la *v.* Lee las palabras siguientes en voz alta.

Abuelo   divertido   joven   huevos   globo   Alberto

¡Inténtalo!
Lee en voz alta el trabalenguas siguiente:

Cabral clava un clavo.
¿Qué clavo clava Cabral?

Nombre _______________ Fecha _______________

Gramática

(Nivel 1, pág. 258, Nivel B, pág. 78)

Gramática interactiva

Identifica formas
Subraya las formas del verbo *ser* y del verbo *estar* en los ejemplos.

Identifica usos

- Los usos del verbo *ser* se enumeran de 1 a 3. Los usos del verbo *estar* se enumeran de 1 a 2.
- Lee los ejemplos y escribe al lado el número correspondiente al uso.

Los verbos *ser* y *estar*

Ya sabes que los verbos *ser* y *estar* significan "to be". Sin embargo, sus usos son diferentes.

(yo)	**soy**	(nosotros) (nosotras)	**somos**
(tú)	**eres**	(vosotros) (vosotras)	**sois**
Ud. (él) (ella)	**es**	Uds. (ellos) (ellas)	**son**

El verbo *ser* se usa para referirnos a características que, por lo general, no cambian. *Ser* se usa en descripciones que no se refieren a condiciones o a la ubicación de aquello sobre lo que se habla. Por ejemplo:

1 quién es una persona o cómo es esa persona
2 qué es algo o cómo es algo
3 de dónde es una persona o una cosa

Teresa es mi prima. Es muy graciosa.
Los tacos son mi comida favorita. Son riquísimos.
Mis tíos son de México. Son muy simpáticos.

(yo)	**estoy**	(nosotros) (nosotras)	**estamos**
(tú)	**estás**	(vosotros) (vosotras)	**estáis**
Ud. (él) (ella)	**está**	Uds. (ellos) (ellas)	**están**

El verbo *estar* se usa para referirnos a condiciones que tienden a cambiar. Por ejemplo:

1 cómo se siente una persona
2 dónde está una persona o una cosa

¿Dónde está Mariana? No está aquí.
No puede venir hoy porque está muy enferma.

Actividad I

Completa las frases con las formas correctas de los verbos **ser** o **estar**.

1. ¡Tengo que hacer muchas cosas hoy! Yo ________ muy ocupado.
2. El perro tiene doce años. Él ________ muy viejo.
3. Nosotros nacimos en Venezuela. Nosotros ________ venezolanos.
4. Estudié mucho para el examen de español. Yo ________ cansado.
5. Sacaste una "A" en el examen, Cristina. Tú ________ inteligente.
6. Yo tengo trece años. Yo ________ joven.
7. No tenemos nada que hacer hoy. Nosotros ________ aburridos.

Actividad J

Lee la carta que Sofía escribió a su nueva amiga y luego contesta las preguntas con las formas correctas de los verbos **ser** o **estar.**

Querida Liliana:

Yo soy Sofía, una estudiante dominicana. Mis padres son de la República Dominicana pero ahora nosotros vivimos en Texas. Tengo dos hermanos, que se llaman Jorge y Enrique. Ellos son muy simpáticos. También tengo una hermana, Elena. Ella está unos días en Miami, en casa de nuestra abuela.

Y tú, ¿cómo eres? Escríbeme y cuéntame cómo son todas las personas de tu familia. Si un día tú vienes a Houston vas a venir a visitarme, ¿verdad?

Abrazos,

Sofía

1. ¿Quién es Sofía?

   ____

2. ¿Cómo son sus hermanos?

   ____

3. ¿Dónde está su hermana Elena?

   ____

Nombre ______________________ Fecha ____________

Fondo cultural (Nivel 1, pág. 260, Nivel B, pág. 82)

El menú del día En muchos países hispanos los restaurantes y cafés a menudo ofrecen un *menú del día,* o como se le llama en algunas partes de México, una *comida corrida.* Por lo general, estos menús ofrecen de una a tres opciones para cada comida a un precio razonable.

- ¿Conoces algún restaurante que ofrezca algo similar al *menú del día*? Cuáles serían las ventajas y las desventajas de pedir un *menú del día*? Contesta en español o en inglés.

Actividad K

Mira el ejemplo de menú en tu libro de texto. Escribe un menú del día con tres opciones para cada una de estas cuatro categorías: sopas y ensaladas, platos principales, verduras y postres. Indica el precio del menú. No repitas comidas del ejemplo del libro.

Menú del día

$__________

Sopas y ensaladas	**Platos principales**
______________	______________
______________	______________
______________	______________
Verduras	**Postres**
______________	______________
______________	______________
______________	______________

Nombre ______________________ Fecha ______________

Conexiones Las matemáticas (Nivel 1, pág. 259, Nivel B, pág. 81)

ARROZ CON LECHE

Para 8

300 gramos de arroz
3 litros de leche
400 gramos de azúcar
un poco de vainilla
canela

Pon el arroz en remojo con la leche una hora y media. Luego cocina a fuego lento una hora más o menos. Añade el azúcar y la vainilla y cocina unos cinco minutos más.

Pon el arroz en el refrigerador y esparce un poco de canela encima.

Multiplica los kilos, gramos o litros por su medida correspondiente en el sistema que usas.

1 kilo (kg) = 2.2 libras *(pounds)*
1 gramo (g) = 0.035 onzas *(ounces)*
1 litro (l) = 1.057 cuartos *(quarts)*

Calcula las onzas o los cuartos que hay en 300 gramos de arroz, tres litros de leche y 400 gramos de azúcar.

- ¿Cuántas libras hay en dos kilos de arroz?

El español en el mundo del trabajo

(Nivel 1, pág. 261, Nivel B, pág. 81)

¿Cómo se puede combinar el interés en la nutrición y la salud con las destrezas en español? Aquí tienes un ejemplo. El Departamento de Agricultura de los Estados Unidos ofrece al público una amplia información sobre nutrición a través de materiales impresos y en sitios Web. Mucha de esta información está disponible en español. Se necesitan empleados federales que puedan traducir estos materiales y trabajar con la comunidad hispana en asuntos relacionados con la nutrición.

- ¿En qué otros trabajos se combinan las habilidades de comunicación con conocimientos sobre nutrición?

Actividad L

Imagina que eres voluntario(a) en el departamento de nutrición de una clínica hispana. ¿Qué tres consejos les darías a las personas que van a la clínica?

____

____

____

Capítulo 5B

Nombre ______ Fecha ______

¡Adelante! (Nivel 1, págs. 262–263, Nivel B, págs. 84–85)

Lectura 1

Antes de leer la carta de Alicia y Pedro, haz las actividades del margen.

Estrategia

Dar una ojeada Dar una ojeada rápida a un texto antes de empezar a leerlo, te puede dar una idea general de lo que va a tratar el texto. Esto te ayudará a comprender mejor la lectura.

Lectura interactiva

Da una ojeada

Antes de leer la carta, haz una lista de tres datos que esperas encontrar. Da una ojeada a la carta y subraya la información que encontraste y que tú habías incluído en tu lista.

Fíjate en la puntuación mientras lees

La puntuación de un texto nos ayuda a comprenderlo mejor.

- En la carta, subraya las comas y los punto y coma; subraya dos veces los puntos; encierra en un círculo los signos de admiración y haz un cuadrado alrededor de los signos de interrogación.
- Lee el texto en voz alta. Haz una pausa corta en las comas; una pausa un poco más larga en los punto y coma; una pausa larga en los puntos y usa la entonación adecuada para las exclamaciones y las interrogaciones.

Una visita a Santa Fe

Queridos Rosario y Luis:

¡Esperamos su visita en agosto! Aquí en Santa Fe vamos a hacer muchas cosas. ¿Saben que es una ciudad con más de 400 años de historia y cultura? Vamos a visitar museos y tiendas, y vamos a comer comida típica. ¡Los cinco días se van a pasar rápidamente!

Tenemos planes para pasar una noche muy especial en honor de su visita. Vamos a comer en un restaurante histórico que se llama *Rancho de las Golondrinas*. Está a diez millas de nuestra casa, al sur de Santa Fe. *El Rancho,* en realidad, no es un restaurante; es una casa española.

Durante los días de su visita, *El Rancho* va a celebrar "un fandango", un baile histórico y típico, con una cena tradicional. Toda la comida es riquísima, pero nuestro plato favorito es el chile con carne y queso. Después de comer, vamos a bailar. ¡No sabemos bailar pero va a ser muy divertido!

¡Nos vemos en agosto!

Alicia y Pedro

 Nombre ______________________ Fecha ______________

Actividad M

Responde a las preguntas siguientes sobre la lectura. Usa frases completas.

1. ¿Cuándo van a ir Rosario y Luis a Santa Fe?

   ____

2. ¿Cuánto tiempo van a estar allí?

   ____

3. ¿Qué planes tienen Alicia y Pedro para la visita de Rosario y Luis?

   ____

   ____

   ____

Actividad N

Usando la carta de Alicia y Pedro como modelo, escribe una carta a un(a) amigo(a) que viene a tu ciudad durante cinco días. Habla de tu ciudad y de dos cosas que van a hacer.

____

____

____

Fondo cultural

(Nivel 1, pág. 263, Nivel B, pág. 85)

¡A pensar! Santa Fe se fundó trece años antes de que los peregrinos que llegaron en el *Mayflower* establecieran la colonia de Plymouth. Santa Fe ha sido sede de los gobiernos de España, México y de la Confederación.

- Averigua cuál es el edificio más antiguo de tu comunidad y cuándo se construyó. ¿Qué diferencia de antigüedad tiene con respecto al *Palacio de los Gobernadores* de Santa Fe? Contesta en español o en inglés.

Nombre _______________ Fecha _______________

Lectura 2

Lee el artículo sobre El Camino Real y haz las actividades del margen.

Estrategia

Usar el contexto Al leer un texto por primera vez, no te detengas en las palabras que no conoces. El contexto puede ayudarte a comprender su significado.

Lectura interactiva

Usa el contexto

- Encierra en un círculo las palabras que no conoces.
- Después, usa el contexto para buscar el significado de cada palabra.
- Subraya las palabras o frases que te ayudan a comprender el significado de las palabras que no conoces.

El Camino Real de Tierra Adentro

El Camino Real de Tierra Adentro es un camino que va desde la Ciudad de México hasta Santa Fe, Nuevo México. Este camino tiene más de 300 años. Durante muchos años, la gente ha usado esta ruta para llevar noticias y provisiones de un lugar a otro.

Los indígenas pueblo son los primeros en usar este camino para el comercio y la interacción cultural. En 1598, el español Don Juan de Oñate y un grupo de colonos viajan casi dos mil millas desde México, a través de los desiertos hasta las Montañas Rocosas. En 1605, Oñate funda la ciudad de Santa Fe.

Después de 1821, México es una base de control de las colonias españolas del Nuevo Mundo. El comercio con los Estados Unidos comienza entonces. El Camino Real se convierte en la ruta principal para los comerciantes y los pobladores.

El año 2000 el Camino Real se convierte, por medio de una legislación, en un Camino Histórico Nacional *(National Historic Trail)*. Es una forma de conservar los monumentos históricos.

Nombre ______________________ Fecha ______________

Actividad Ñ

Responde a las siguientes preguntas con frases completas.

1. ¿Cuál es el nombre completo de El Camino Real?

____

2. ¿Dónde empieza y dónde termina El Camino Real?

____

____

3. ¿Quiénes son los primeros en usar el camino? ¿Para qué lo usan?

____

____

4. ¿Quién funda la ciudad de Santa Fe? ¿Cuándo la funda?

____

5. Explica brevemente qué pasa con El Camino Real después de 1821.

____

____

____

____

Actividad O

¿Hay un lugar de tu comunidad que te parece interesante? Puede ser un camino, un parque, o algún edificio de mucha historia. Escribe un párrafo corto sobre ese lugar. Indica la fecha aproximada de su construcción, dónde está y algún detalle especial. Si conoces alguna leyenda o tradición relacionada con ese lugar, inclúyela en tu resumen.

____

____

____

____

Capítulo 5B

Nombre ____________________ Fecha ____________

Perspectivas del mundo hispano (Nivel 1, pág. 264, Nivel B, pág. 86)

A la hora de comer

Imagina que tienes dos horas para comer cada día. O imagina que cada vez que comes, te sientas a la mesa con un(a) amigo(a) o con un miembro de tu familia y tienen una larga conversación. Ahora imagina que no te levantaste de la mesa apenas terminaste de comer. ¿Qué tienen en común estas situaciones?

En muchas culturas de los países hispanos, se consideran eventos sociales incluso las comidas normales, son momentos para disfrutar de la comida y de la compañía. Por lo general, las personas se toman un tiempo para después de la comida para descansar, para sentarse alrededor de la mesa y para disfrutar de una buena conversación, o para divertirse un poco. Esta costumbre llamada *sobremesa* es más importante en muchas culturas que asistir a una cita o comprar una comida rápida para ahorrar dinero.

No es una sorpresa encontrar muy pocos restaurantes de comida rápida en ventanilla en los países hispanos. Las personas rara vez compran comida para llevar y tal vez se sorprendan si les sugieres que lleven un sándwich para comer en el coche. De hecho, muchos carros no tienen dispositivos para sostener los vasos.

¡Investígalo!
Piensa en cuánto tiempo dedican tú y tu familia al desayuno, al almuerzo y a la cena en los días que no van a la escuela o a trabajar. Compara tus resultados con los de tus compañeros de clase. Después, completa las siguientes oraciones acerca de las costumbres de las familias de tu comunidad.

Modelo En mi comunidad, es común *(common)* comer el desayuno en *quince minutos*.

1. En mi comunidad, es común comer el desayuno en ____________________.
2. En mi comunidad, es común comer el almuerzo en ____________________.
3. En mi comunidad, es común comer la cena en ____________________.

¡Piénsalo!
¿Qué conclusión puedes sacar de tu investigación, acerca de la importancia de descansar y disfrutar sin prisa de una comida con amigos o familiares? ¿En qué se parece esto a lo que sucede durante las comidas en los países hispanos?

Piensa en las dos diferentes actitudes hacia las comidas. ¿Qué beneficios puede tener cada una?

Capítulo 5B Nombre ______________________ Fecha ______________

Presentación escrita (Nivel 1, pág. 265, Nivel B, pág. 87)

Un restaurante muy bueno

Tarea

En tu escuela se está creando una guía para la comunidad de residentes hispanohablantes. Tu clase está a cargo de escribir acerca de restaurantes. Escribe un comentario sobre tus restaurantes favoritos.

Estrategia

Persuadir Dar datos específicos con ejemplos claros para persuadir a alguien de ir a un restaurante.

1. **Preparación**
Piensa en el restaurante que tú y tu familia creen que es el mejor. Haz una copia del diagrama de Venn que está a la derecha de esta página. Escribe el nombre del restaurante que te gusta en el círculo del centro. Escribe palabras y expresiones asociadas con cada categoría dentro de los otros círculos.

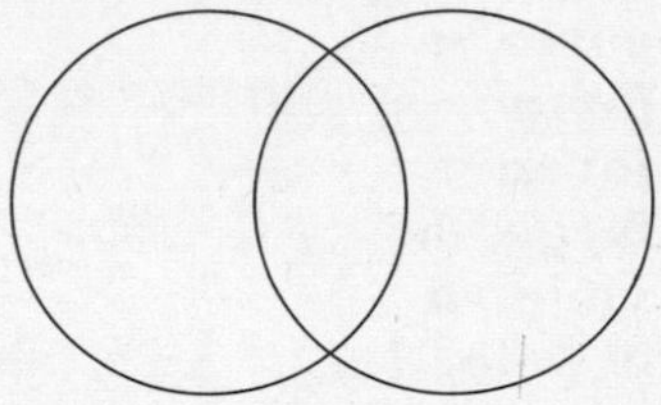

2. **Borrador**
Escribe un resumen del restaurante que escogiste usando la información del diagrama de Venn. Incluye toda la información que pueda persuadir a otras personas de ir a ese restaurante.

3. **Revisión**
Lee cuidadosamente tu resumen para ver que la concordancia, las formas de los verbos y la ortografía sean correctas. Comenta en tu resumen con un compañero(a). Tu compañero(a) debe revisar que:
   - hayas dado información en todas las categorías
   - hayas usado la forma correcta de los verbos
   - no hayan errores de ortografía o de concordancia
   - el resumen sea persuasivo

4. **Publicación**
Escribe una copia final de tu resumen y haz los cambios o adiciones necesarios. Puedes agregar ilustraciones e incluir tu resumen en un librito, con los resúmenes de tus compañeros de clase o en tu portafolios.

5. **Evaluación**
Quizá tu profesor(a) te dé los criterios de cómo va a ser evaluado tu resumen. Probablemente tu presentación será evaluada teniendo en cuenta:
   - si tu tarea fue completa
   - cómo usaste el vocabulario nuevo y el que ya has aprendido
   - la claridad de lo escrito, las formas de los verbos y la ortografía

Capítulo 5B

Repaso del capítulo (Nivel 1, pág. 268, Nivel B, pág. 90)

Vocabulario y gramática

Repaso del capítulo

Para prepararte para el examen, revisa si...
- conoces el vocabulario nuevo y la gramática.
- puedes realizar las tareas de la pág. 269 del Nivel 1; Nivel B, pág. 91.

para hablar acerca de las personas

el hombre	man
la mujer	woman
el joven	young man
la joven	young woman

para describir personas y cosas

alto, -a	tall
bajo, -a	short *(stature)*
corto, -a	short *(length)*
guapo, -a	good-looking
joven	young
largo, -a	long
viejo, -a	old
el pelo	hair
canoso	gray
castaño	brown *(chestnut)*
negro	black
rubio	blond
pelirrojo, -a	red-haired

para hablar acerca de cómo se siente una persona

tener calor	to be warm
tener frío	to be cold
tener sueño	to be sleepy

para hablar acerca de la comida

delicioso, -a	delicious
desear	to want
pedir *(e → i)*	to order
el plato principal	main dish
de plato principal	as a main dish
el postre	dessert
de postre	for dessert
rico, -a	rich, tasty

para describir objetos para poner la mesa

el azúcar	sugar
la cuchara	spoon
el cuchillo	knife
la pimienta	pepper
el plato	plate, dish
la sal	salt
la servilleta	napkin
la taza	cup
el tenedor	fork
el vaso	glass

para hablar de comer afuera

el camarero, la camarera	waiter, waitress
la cuenta	bill
el menú	menu

para expresar necesidades

Me falta(n)...	I need
Quisiera	I would like
traer	to bring
Le traigo...	I will bring you...
¿Me trae...?	Will you bring me...?
yo traigo	I bring

otras palabras útiles

ahora	now
¿Algo más?	Anything else?
De nada.	You are welcome.
otro, -a	other, another
¡Qué + *adjetivo!*	How...!

venir *to come*

vengo	**venimos**
vienes	**venís**
viene	**vienen**

Más práctica

Practice Workbook Puzzle 5B-8
Practice Workbook Organizer 5B-9

Nombre ______________________ Fecha ______________

Preparación para el examen (Nivel 1, pág. 269, Nivel B, pág. 91)

En el examen vas a...	Éstas son las tareas que te pueden ser útiles para el examen...	Si necesitas repasar...
1 Escuchar Escuchar y entender a las personas que se quejan porque el servicio a la habitación ha olvidado algo que han pedido.	Cuando escuches las quejas de las personas acerca del servicio a la habitación, mira si puedes decir si es porque han olvidado: a) los cubiertos; b) los condimentos; c) todo lo anterior.	Nivel 1: **págs. 248–251** *A primera vista,* Act. 2 **págs. 254–260** Acts. 8–9, 18–19 Nivel B: **págs. 64–69** *A primera vista* **págs. 65–83** Acts. 2, 11, 13, 26, 27
2 Hablar Describir las características físicas de los miembros de una familia a otra persona.	Tu tío y tu tía van a celebrar su aniversario contigo en un restaurante, pero ellos se han atrasado. Describe a tus familiares al camarero(a) para que los pueda reconocer cuando lleguen. Menciona por lo menos dos características físicas acerca de cada persona, como el color de su cabello, estatura o edad.	Nivel 1: **págs. 248–251** *A primera vista* **págs. 252–256** Acts. 4–5, 12 Nivel B: **págs 64–69** *A primera vista* **págs. 70–76** Acts. 6, 7, 17
3 Leer Leer y entender una carta acerca de la próxima visita de un familiar.	Cuando lees parte de una carta acerca de un próximo viaje a Santa Fe, ¿puedes determinar lo que los escritores esperan ver durante el viaje? ¿Qué preguntas tienen acerca de esto? Queridos Alicia y Pedro, Nosotros también esperamos impacientemente nuestra visita a Santa Fe en el verano. Me encanta la idea de visitar una ciudad con mucha historia. Nuestra ciudad también es muy histórica. ¿Cuál es una comida típica del Rancho de las Golondrinas?	Nivel 1: **pág. 255** Act. 10 **pág. 262** *Lectura* Nivel B: **pág. 75** Act. 16 **págs. 84–85** *Lectura*
4 Escribir Escribir un breve informe para contar si alguien viene a un evento y lo que traen con ellos.	Tú y tus compañeros de clase deciden traer un plato principal, postre, utensilios para comer, vasos, platos o condimentos para una fiesta del club de español. Escribe una nota al presidente del club, indicando quiénes vienen y qué traen. Por ejemplo: *Ryan viene y trae las servilletas.*	Nivel 1: **págs. 256–257** Acts. 11, 13–14 **pág. 265** *Presentación escrita* Nivel B: **págs. 76–77** Acts. 16. 19–20 **pág. 87** *Presentación escrita*
5 Pensar Demostrar un entendimiento de las perspectivas culturales relacionadas con las comidas.	Piensa en cómo pasas el tiempo del almuerzo o de la comida durante la semana escolar. ¿Cuáles son tres cosas que pueden ser diferentes a la hora de la comida, si fueras un estudiante de intercambio en un país hispano? ¿Qué es la *sobremesa*?	Nivel 1: **págs. 253, 260** *Fondo cultural* **pág. 264** *Perspectivas del mundo hispano* Nivel B: **págs. 72, 77** *Fondo cultural* **pág. 86** *Perspectivas del mundo hispano*

Go Online Web Code jcd-0516 PHSchool.com

¿Qué sabes ya?

(Nivel 1, págs. 270–271, Nivel B, págs. 92–93)

Piensa en las diferencias entre las viviendas típicas de los Estados Unidos y las de los países hispanos. Completa el diagrama indicando qué características de la lista asocias con cada grupo. Después, indica si hay características comunes. Puedes añadir otras características.

rascacielos *(skyscrapers)*	casas de colores	patios	ascensores	escaleras
jardines	garajes	piscinas	banderas en la fachada *(front of the house)*	

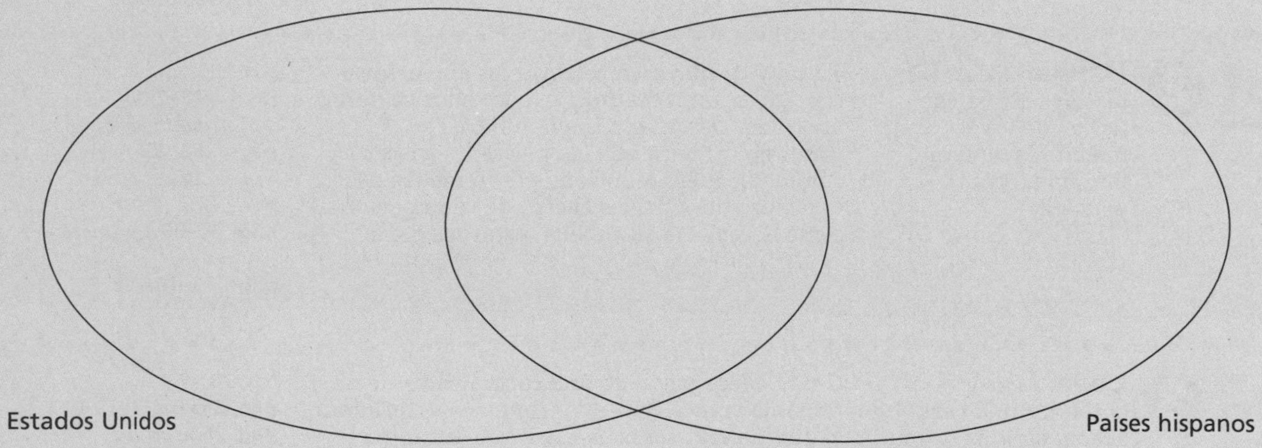

Arte y cultura (Nivel 1, pág. 271, Nivel B, pág. 93)

Salvador Dalí (1904–1989) fue un pintor nacido en Figueras, España. En tu libro de texto puedes ver una de sus obras más famosas, que él pintó a la edad de 20 años. En el cuadro aparece su hermana, a quien sólo se ve de espaldas.

- ¿Por qué piensas que Dalí pintó a su hermana mirando por la ventana en vez de pintarla de frente? Contesta en español o en inglés.

Nombre ________________ Fecha ________________

Capítulo 6A

En mi dormitorio

Objetivos del capítulo

- Hablar de tu dormitorio
- Describir los objetos de un dormitorio y equipos electrónicos
- Hacer comparaciones
- Comprender las perspectivas culturales con respecto a la vivienda

Conexión geográfica (Nivel 1, pág. 270, Nivel B, pág. 92)

Relaciona ambas columnas para indicar qué colores tiene la bandera de cada país. (Consulta las páginas xviii a xxxi de tu libro de texto, si es necesario).

1. México	______	azul, amarillo y blanco
2. Argentina	______	azul claro o celeste *(light blue)* y blanco
3. Estados Unidos	______	verde, rojo y blanco
4. Colombia	______	rojo y amarillo
5. Uruguay	______	amarillo, azul y rojo
6. España	______	azul, rojo y blanco

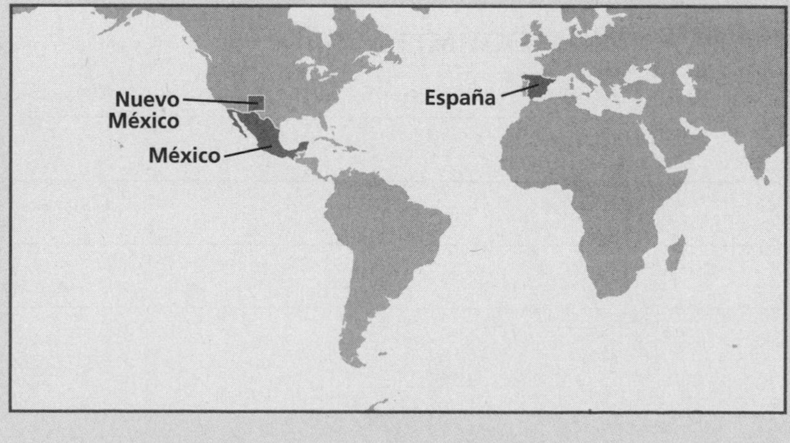

Nombre ______________________ Fecha ______________

A primera vista (Nivel 1, págs. 272–273, Nivel B, págs. 94–95)

Actividad A

Completa la descripción del dormitorio de Adela con las palabras apropiadas de la lista.

alfombra	cama	cortina	equipo de sonido	mesita
armario	cómoda	despertador	espejo	video

Mi dormitorio es grande y muy bonito. Tengo una ______________ con cinco cajones *(drawers)* para poner mi ropa y un ______________ muy grande para mirarme cuando me peino. En el suelo, tengo una ______________ de colores alegres. Mi ______________ es un poco estrecha pero duermo bien en ella. También tengo un ______________ para guardar mis abrigos y mis zapatos. Bueno, la verdad es que guardo muchas cosas en el armario y está un poco desordenado. Para mi cumpleaños, mi hermano me regaló un ______________ estupendo; ahora puedo escuchar mis discos compactos en mi dormitorio. Lo que menos me gusta de mi dormitorio es ese reloj, el ______________. ¡Me despierta *(wakes me up)* a las seis y media de la mañana!

Actividad B

Haz una lista de las cosas que tienes en tu dormitorio.

COSAS QUE TENGO EN MI DORMITORIO

______________________ ______________________

______________________ ______________________

______________________ ______________________

______________________ ______________________

Go Online Web Code jcd-0601 PHSchool.com

Capítulo 6A Nombre ______ Fecha ______

Videohistoria (Nivel 1, págs. **274–275**, Nivel B, págs. **96–99**)

Actividad C

Contesta estas preguntas sobre la *Videohistoria*.

1. ¿Qué piensa la mamá de Ignacio de su cuarto? ¿Cree que está ordenado o desordenado?

______

2. ¿Cómo organiza los libros, los discos y las revistas la mamá de Ignacio? Explica.

______

3. ¿Por qué piensa Ignacio que el cuarto está peor ahora?

______

4. ¿Por qué piensa su mamá que el cuarto está mejor ahora?

______

Actividad D

¿Cómo es tu dormitorio? ¿Qué cosas hay allí? ¿Está ordenado o desordenado? ¿Tienes muchas cosas por el piso? ¿Y en las paredes? Describe cómo es tu dormitorio. Usa por lo menos diez palabras o expresiones de la lista siguiente.

a la derecha de	bonito	¿De qué color?	duermo	grandes	podemos	mismo	peor
a la izquierda de	cosas	dormir	feo	para ti	mejor que	para mí	

______

______

Actividad E

Lee la descripción del cuarto de Ignacio otra vez. Después, haz un dibujo indicando dónde están las cosas, según *(according to)* donde pone cada cosa su mamá. Las viñetas *(scenes)* 3 y 5 tienen la información que necesitas.

Capítulo 6A

Nombre ______________________ Fecha ______________

Manos a la obra (Nivel 1, págs. 276–277, Nivel B, págs. 100–105)

Actividad F

Escribe palabras alternativas o sinónimos para expresar las siguientes cosas.

1. dormitorio ______________________
2. armario ______________________
3. pequeño ______________________
4. bonito ______________________
5. escritorio ______________________

Actividad G

Ahora piensa en tu dormitorio ideal. Haz una lista de cuatro cosas que quieres tener en ese dormitorio ideal y otra lista con otras cuatro cosas que NO quieres tener allí.

Cosas que tiene mi dormitorio ideal	**Cosas que NO tiene mi dormitorio ideal**

Dibuja un croquis *(sketch)* de dónde vas a poner cada cosa en tu dormitorio ideal. Indica el nombre de cada cosa.

 Nombre ______________________ Fecha ______________

Actividad H

Ahora, mira el dibujo de la Actividad G. Elige seis cosas e indica dónde está cada una de ellas. Puedes usar objetos en el dibujo como referencia. Incluye todos los detalles que puedas.

Modelo *la cama*
Está a la derecha de la ventana, entre el armario y el televisor.

1. ______________________.
   Está(n) ______________________________________.
2. ______________________.
   Está(n) ______________________________________.
3. ______________________.
   Está(n) ______________________________________.
4. ______________________.
   Está(n) ______________________________________.
5. ______________________.
   Está(n) ______________________________________.
6. ______________________.
   Está(n) ______________________________________.
7. ______________________.
   Está(n) ______________________________________.
8. ______________________.
   Está(n) ______________________________________.

Nombre ______________________ Fecha ______________

Gramática

(Nivel 1, pág. **278**, Nivel B, pág. **106**)

Gramática interactiva

Activa tus conocimientos

- En los ejemplos, subraya las dos cosas que se comparan; encierra en un círculo las palabras comparativas.
- Escribe una **S** junto a la primera cosa que se compara si la comparación si expresa una idea de superioridad, o una **I** si expresa una idea de inferioridad.

¿Recuerdas?

Ya has aprendido a usar *más...que* para comparar dos cosas.

- La clase de inglés es **más** interesante **que** la clase de matemáticas.

Hacer comparaciones

Así como usas *más...que* para comparar dos cosas, también puedes usar **menos... que** *(less... than)*.

Me gusta más escuchar música que bailar.
El disco compacto de Los Toros es menos popular que el disco compacto de Los Lobos.

Los adjetivos *bueno(a), malo(a), viejo(a)* y *joven* y los adverbios *bien* y *mal* tienen sus propias formas comparativas. *Más* y *menos* no se usan con estos adjetivos y adverbios comparativos.

Adjetivo	Adverbio	Comparativo
bueno, -a	bien	mejor (que) *better than*
malo, -a	mal	peor (que) *worse than*
viejo, -a		mayor (que) *older than*
joven		menor (que) *younger than*

Para mí, la música clásica es peor que el jazz.
Para mí, nadar es mejor que jugar al fútbol.

El plural de *mejor, peor, mayor* y *menor* termina en *-es.*

Los videos de Shakira son mejores que los videos de Juanes.

Actividad 1

Completa estas oraciones con la información de este capítulo y tus opiniones. No olvides poner el punto final.

1. El color anaranjado es más bonito que...

____

2. Un dormitorio para dos personas es peor que...

____

3. Mirar un video en mi dormitorio es mejor que...

____

4. Mi colección de discos es mayor que...

____

Go Online Web Code jcd-0603 PHSchool.com

 Nombre ______________________ Fecha ______________

Fondo cultural (Nivel 1, pág. 279, Nivel B, pág. 108)

El Grammy Latino Desde el año 2000 los Grammys Latinos han reconocido el talento de muchos artistas hispanos y portugueses.

- ¿Quiénes son algunos de los artistas latinos que te gustan y cómo es su música? Contesta en español o en inglés.

Gramática (Nivel 1, pág. 280, Nivel B, pág. 110)

El superlativo

Para decir que alguien o algo es "el/la más" o "el/la menos" al comparar, usa:

el artículo definido **(el, la, los, las)** + nombre + **más/menos** + adjetivo.

La foto de mi familia es la posesión más importante para mí.

Las fotos de mi familia son las posesiones ______________ para mí.

Para decir que alguien o algo es el/lo/la "mejor" o "peor", usa:

El artículo definido + **mejor(es)/peor(es)** + nombre

El rojo y el azul son los mejores colores para mi dormitorio.

El rojo es el color ______________ para mi dormitorio.

Gramática interactiva

Identifica elementos
En los ejemplos, subraya el adjetivo y la forma del superlativo.

Reflexiona
Completa las frases siguiendo los ejemplo y usando el adjetivo *valioso* en lugar de *importante* (primer ejemplo) y el adjetivo *apropiado* en lugar de *mejor* (segundo ejemplo).

Deduce reglas
Comparando las frases de los ejemplos y las frases que tú acabas de completar, ¿qué conclusión sacas sobre la concordancia del superlativo?

Actividad J

Escribe una frase son el superlativo para cada una de las siguientes categorías.

Modelo *Abril es el mejor mes del año.*

1. equipos de fútbol ______________________________
2. películas ______________________________
3. tu mejor amigo(a) ______________________________

Go Online Web Code jcd-0604 PHSchool.com

Nombre ______________________ Fecha ______________

Gramática

(Nivel 1, pág. **284**, Nivel B, pág. **112**)

Gramática interactiva

Identifica elementos
En la tabla, subraya las formas verbales que tienen cambio en el radical. ¿Cuáles son las excepciones?

____

¿Recuerdas?

Usas *puedo* y *puedes* para decir lo que puedes o no puedes hacer. Muchas veces, el verbo poder va seguido por otro verbo en infinitivo:

—¿**Puedes** ir a la fiesta conmigo?
—No, no **puedo.** (No, no **puedo** ir.)

Verbos con cambios en el radical: *poder* y *dormir*

Igual que *jugar*, *poder* y *dormir* son verbos con cambios en el radical (raíz).

En estos verbos hay un cambio de *o* → *ue* en todas sus formas excepto en *nosotros* y *vosotros.* A continuación están las formas del presente:

(yo)	**puedo**	(nosotros) (nosotras)	**podemos**
(tú)	**puedes**	(vosotros) (vosostras)	**podéis**
Ud. (él) (ella)	**puede**	Uds. (ellos) (ellas)	**pueden**

(yo)	**duermo**	(nosotros) (nosotras)	**dormimos**
(tú)	**duermes**	(vosotros) (vosostras)	**dormís**
Ud. (él) (ella)	**duerme**	Uds. (ellos) (ellas)	**duermen**

Actividad K

Completa la siguiente conversación con las formas apropiadas de los verbos *poder* y *dormir*.

ADELA: ¿Mañana por la mañana __________ venir a la biblioteca conmigo?

ROSA: No sé. Mañana es sábado y, los sábados, yo __________ hasta tarde. ¿Tú no __________ los fines de semana?

ADELA: No mucho. Mis hermanos __________ hasta las once, pero yo me despierto a las ocho. No __________ dormir cuando hay luz.

ROSA: ¡Tú siempre eres muy activa! Está bien, voy a levantarme temprano, así __________ ir a la biblioteca las dos juntas y luego vamos de compras.

ADELA: De acuerdo, entonces voy a llamar a Carla y a Rosario a ver si ellas __________ venir también.

 Nombre ______ Fecha ______

Fondo cultural

(Nivel 1, pág. **282**, Nivel B, pág. **103**)

La bandera mexicana tiene una historia fascinante. Según la tradición, los aztecas debían construir su capital, Tenochtitlán, en un lugar donde encontraran un águila sobre un cactus y comiéndose una serpiente. Esta es la imagen que hoy en día podemos ver en el centro de la bandera mexicana.

- ¿Qué banderas de los Estados Unidos conoces que tienen un símbolo importante? Contesta en español o en inglés.

Pronunciación

(Nivel 1, pág. **285**, Nivel B, pág. **109**)

Las letras *r* y *rr*

Excepto al principio de palabra, o después de *l* o *n,* el sonido de la letra *r* es similar al sonido de *dd* in la palabra inglesa *ladder.* Lee las palabras siguientes en voz alta.

derecha	quiero	amarillo	bandera
pero	puerta	alfombra	morado

El sonido de *rr* es similar al que se hace al repetir *"batter, batter, batter"* rápidamente. Lee las palabras siguientes en voz alta.

perro	correr	guitarra	marrón
aburrido	arroz	pelirrojo	horrible

Cuando la *r* es la primera letra de la palabra o está después de *l* o *r,* se pronuncia como *rr.*

Roberto	Rita	Ricardo	rojo	regalo
rubio	radio	reloj	romper	Enrique

¡Inténtalo!
Lee en voz alta el trabalenguas siguiente:

Erre con erre cigarro,
erre con erre barril.
Rápido corren los carros,
cargados de azúcar del
ferrocarril.

Capítulo 6A

Nombre ______________________ Fecha ______________

Fondo cultural (Nivel 1, pág. 286, Nivel B, pág. 112)

La siesta, un pequeño descanso que se hace después de la comida del mediodía, es una tradición que se conserva tanto en España como en muchos países hispanos desde hace muchos siglos. Sin embargo, con las presiones de la vida moderna, en las grandes ciudades hay muchas personas que ya no tienen tiempo para la siesta.

- ¿Cuáles crees que son algunas ventajas y desventajas de dormir la siesta en la vida diaria? Contesta en español o en inglés.

Actividad L

Piensa en alguna vez que dormiste después de comer o en cualquier otro momento fuera del horario habitual.

1. ¿Dónde estabas y qué hora era?

____

2. ¿Cómo te sentías antes de dormir?

____

3. ¿Cuánto tiempo dormiste?

____

4. ¿Cómo te sentiste al despertar?

____

5. Usa tus respuestas a las preguntas anteriores para explicar en un párrafo corto tu experiencia.

____

____

____

____

____

Capítulo 6A

Nombre ______________________ Fecha ______________

Conexiones Las ciencias sociales

Verde En muchas culturas, el verde significa buena salud, la primavera, las plantas y tranquilidad. Es un color de paz.

Blanco El blanco, en las culturas de las Américas, significa generalmente inocencia y paz. En ciertas culturas asiáticas, el blanco significa la muerte.

Rojo El color que expresa energía, pasión y acción en muchas culturas diferentes es el rojo.

Amarillo En muchas culturas el amarillo significa atención, precaución, el sol y energía. Es muy fácil ver el amarillo y se usa mucho para los taxis.

Azul Un color que expresa protección, autoridad, confianza y armonía es el azul. Vemos este color mucho en los uniformes de la policía y los militares.

Actividad M

Como ya sabes, los colores tienen significados diferentes según la cultura. Lee la lista siguiente y escribe el color o los colores que asocias con cada cosa.

1. Los uniformes de los soldados durante la Guerra Civil Americana

   ____

2. La bandera de los Juegos Olímpicos

   ____

3. Los colores del uniforme de tu equipo de fútbol o básquetbol favorito

   ____

4. La ropa de los novios en una boda tradicional

   ____

El español en la comunidad

(Nivel 1, pág. **287**, Nivel B, pág. **115**)

En muchas comunidades de los Estados Unidos puedes ver la influencia del estilo español en la arquitectura. Los edificios de estilo español suelen tener tejados de teja, fachadas de estuco y patios o jardines interiores.

- Identifica casas, edificios o barrios de tu comunidad en los que se puede observar este estilo. Dibuja un ejemplo o saca una foto para mostrársela a tus compañeros(as).

Capítulo 6A

Nombre ____________________ Fecha ____________

¡Adelante! (Nivel 1, págs. 288–289, Nivel B, págs. 116–117)

Lectura 1

Estrategia

Usar cognados Al leer la carta, busca cognados para que te ayuden a entender mejor el problema de Rosario.

Lee la carta a *Querida Magdalena* y haz las actividades del margen.

Lectura interactiva

Usa cognados

Subraya cinco cognados que encuentres en la carta. Después, escribe una definición o un sinónimo para cada uno de ellos.

1. ____________________
2. ____________________
3. ____________________
4. ____________________
5. ____________________

El desastre en mi dormitorio

Querida Magdalena:

Mi problema tiene un nombre: es mi hermana Marta. Compartimos el mismo dormitorio y estoy desesperada. Todo en mi lado del dormitorio está en orden. Pero su lado es un desastre. Ella es la reina del desorden. Le encanta comer en el dormitorio. Hay pizza debajo de la cama. Hay botellas de agua en la mesita. Hay postre en el escritorio. Es horrible. Siempre deja ropa, videos y todas sus posesiones en el suelo, en la mesita, en la cama. ¡No hay ni un libro en el estante!

Y ella no usa su propio equipo de sonido—¡no! Usa mi equipo sin pedir permiso. Y escucha música a todas horas (y a un volumen muy alto) y yo ¡no puedo dormir!

Las paredes en su lado del dormitorio son negras. Es el peor color y es feísimo. Mi color favorito es el amarillo, claro. Es más bonito que el negro, ¿no?

Estoy cansada de compartir el dormitorio con ella y con su desorden.

¿Qué debo hacer?

Rosario Molino
Montevideo, Uruguay

Nombre ______________________ Fecha ______________

Actividad N

Responde a las siguientes preguntas sobre la lectura.

1. ¿Cuál es el problema de Rosario?

2. ¿Cómo es Rosario? ¿Y su hermana? Completa las listas de abajo usando lo que sabes de Rosario y de su hermana.

ROSARIO	**LA HERMANA DE ROSARIO**
Ella es muy ordenada.	*Es muy desordenada.*

3. ¿Tienes un problema parecido al de Rosario? ¿Te gusta compartir tu dormitorio? ¿Por qué? Escribe un párrafo corto para explicar tus respuestas.

Fondo cultural

(Nivel 1, pág. **289**, Nivel B, pág. **117**)

Los aparatos electrónicos En el mundo hispano puedes encontrar los más recientes *(latest)* aparatos electrónicos: reproductores de DVD, teléfonos móviles, computadoras, etc. En todos los países hay una gran demanda de películas, música y comunicación instantánea.

- ¿Cuáles son algunas de las ventajas y desventajas de la comunidad global que se ha creado por medio de las innovaciones tecnológicas? Contesta en español o en inglés.

Nombre ______________________ Fecha ______________

Lectura 2

Lee el artículo sobre cómo escoger el color de una habitación y haz las actividades del margen.

Estrategia

Indentificar tipos de palabras Los escritores usan diferentes tipos de palabras dependiendo del tipo de texto que escriben. Así, una descripción suele tener un gran número de adjetivos (palabras descriptivas), mientras que una narración de eventos suele tener un mayor número de verbos. Identificar el tipo dominante de palabras en un texto puede darte una idea sobre qué tipo de texto vamos a leer.

Lectura interactiva

Encuentra

- Subraya los sustantivos del segundo párrafo. Recuerda que los sustantivos nombran a una persona, un lugar una cosa o idea.
- Subraya dos veces los adjetivos del párrafo *Colores tierra.* Recuerda que los adjetivos describen a los sustantivos.

Encierra en un círculo las palabras terminadas en *-dad.*

¿Qué tipo de palabras son?

____

Encierra en un rectángulo las palabras terminadas en *-ismo.*

¿Qué tipo de palabras son?

____

Fíjate en que las palabras terminadas en *-dad* y en *-ismo* que aparecen en este texto tienen algo en común: son nombres de cualidades o cosas inmateriales, que no se pueden ni tocar ni ver. Este tipo de palabras se llaman **nombres abstractos**.

¿Qué color elegir?

Imagina que tienes una habitación sólo para ti y puedes decorarla completamente a tu gusto. ¿De qué color es tu dormitorio ideal? Éstas son algunas de las ventajas y desventajas de ciertos colores.

Amarillo: Transmite alegría y ayuda a compensar si tu dormitorio tiene poca luz. Sin embargo, a algunas personas les parece un color demasiado llamativo si el amarillo es muy brillante. Es mejor elegir un tono vainilla.

Blanco: Transmite la idea de limpieza y orden, pero también refleja frialdad. Es muy difícil mantener las paredes completamente limpias durante mucho tiempo.

Verde: Es símbolo de crecimiento y creatividad. Algunas veces no es recomendable si la habitación tiene poca luz.

Morado: Expresa exclusividad y cierto romanticismo. Estos criterios se aplican también al color rosado.

Negro: Debe evitarse en todos los casos.

Colores tierra: (Marrón muy claro o tonos como el del trigo, la madera, el maíz). Transmiten tranquilidad y son fáciles de combinar con cualquier tipo de muebles. Sin embargo, si se presentan en exceso y sin otros toques de color, pueden ser aburridos y eliminar la creatividad.

Azul: Transmite dinamismo, movimiento, creatividad.

¿Ya tienes algunas ideas sobre tu dormitorio ideal?

Capítulo 6A

Nombre ____________________ Fecha ____________

Actividad Ñ

Responde a las preguntas siguientes según lo que acabas de leer y según tu propia opinión. Usa oraciones completas.

1. ¿Cuál es el color que transmite la sensación de orden y limpieza?

____

2. ¿Cuál es el color más alegre? ¿Cuál puede ser su inconveniente?

____

____

3. ¿Cuáles son los inconvenientes de colores como el marrón claro y los colores tierra?

____

____

4. ¿Cuál es el único color que debe evitarse, según este artículo? ¿Estás de acuerdo?

____

____

____

____

5. Imagina que vas a pintar tu habitación. ¿De qué color te gustaría pintarla? ¿Por qué escogiste ese color?

____

____

____

____

____

Go Online Web Code jcd-0606 PHSchool.com

La cultura en vivo (Nivel 1, pág. 290, Nivel B, pág 118)

Las luminarias

Para celebrar la Navidad en México y en el suroeste de los Estados Unidos, se transforman muchas bolsas, arena y velas en luces exteriores que se conocen como *luminarias.* Se ponen en fila en las repisas de las ventanas, en las veredas y en los tejados para recibir a los visitantes.

Esta tradición tiene más de 300 años, cuando los habitantes de la orilla del Río Grande construían hogueras para iluminar y calentar el camino hacia la iglesia en Nochebuena. Las luminarias que se usan hoy en día tienen su origen en la década de 1820, cuando los comerciantes llevaron el papel marrón a la región y se colocaron velas sobre un montón de arena en el fondo de bolsas hechas con este papel.

¡Inténtalo! Aquí tienes las instrucciones para hacer tus propias luminarias.

Materiales

- una bolsa de papel de 12 pulgadas
- arena
- linternas pequeñas
- tijeras

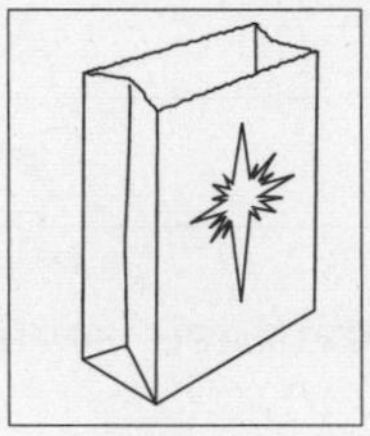
Fig. 1

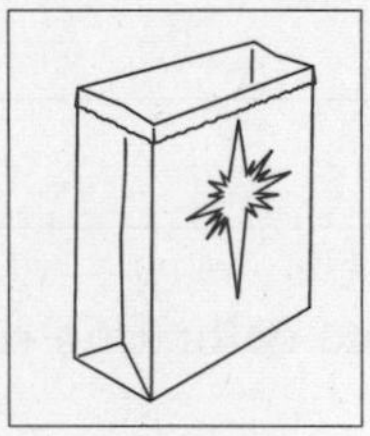
Fig. 2

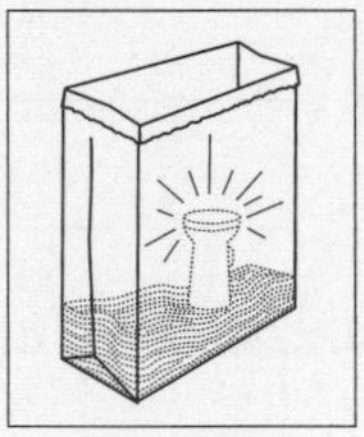
Fig. 3

Instrucciones

1 Dibuja un patrón en la parte lateral de la bolsa. Deja por lo menos 4 pulgadas hasta la parte de arriba y 3 pulgadas hasta la parte de abajo. Puedes usar el patrón de la Figura 1 o crear tu propio patrón.

2 Corta el diseño en ambos lados de la bolsa. *(Fig. 1)*

3 Abre la bolsa y haz un doblez de unas 2 pulgadas. *(Fig. 2)*

4 Llena la bolsa de arena hasta un cuarto de su altura.

5 Pon una linterna en la arena. *(Fig. 3)*

6 Coloca las luminarias en la vereda de tu casa y prende las linternas. Disfruta de estos símbolos de esperanza y alegría en cualquier ocasión especial.

Variaciones

1 Usa bolsas de papel blanco o de colores.

2 Pega papel de seda blanco o de color pastel detrás del diseño, después de cortarlo.

3 Corta el borde en puntas, en vez de doblarlo hacia abajo.

4 En vez de usar arena, usa tierra o gravilla para sujetar la linterna.

¡Piénsalo! ¿Qué tipo de decoraciones usas para ocasiones especiales? ¿Cómo se usa la luz en las diferentes culturas para celebrar eventos? Contesta en español o en inglés.

Capítulo 6A

Nombre ______________________ Fecha ______________

Presentación oral (Nivel 1, pág. 291, Nivel B, pág. 119)

La personalidad de un dormitorio

Tarea

Estás haciendo un estudio sobre la forma en que un cuarto refleja la personalidad de su dueño(a). Usa la fotografía o el dibujo de un dormitorio y explica qué información te dan el contenido del cuarto y los colores sobre la personalidad de la persona que duerme allí.

1 Preparación

Trae a clase una foto de un dormitorio. Puede ser una foto que sacaste, una de una revista o un dibujo tuyo. Usa esta red de palabras para pensar en qué quieres decir sobre el cuarto y sobre la personalidad de la persona que lo decoró. Luego, contesta las preguntas.

- En tu opinión, ¿cómo es la persona que vive en el dormitorio? ¿Qué le gusta hacer?

Estrategia

Usar organizadores gráficos Una red de palabras te puede ayudar a organizar tus pensamientos para una presentación.

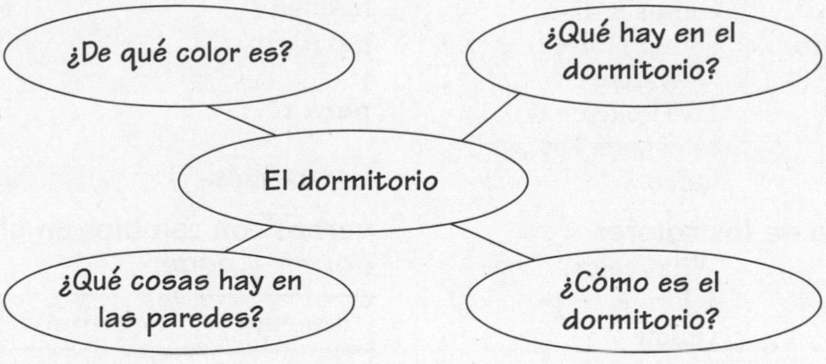

2 Práctica

Repasa tu presentación varias veces. Puedes usar tus notas durante la preparación, pero no durante la presentación. Intenta:

- apoyar tus conclusiones con ejemplos
- usar oraciones completas
- hablar con claridad

3 Presentación

Muestra tu foto y da información sobre el dormitorio y la personalidad que refleja. No te olvides de tener una buena postura y hablar en voz alta y clara.

4 Evaluación

Es posible que tu profesor(a) te dé los criterios de cómo va a ser evaluada tu presentación. Tu presentación probablemente será evaluada teniendo en cuenta:

- lo completa que resulta
- cuánta información comunicas
- la facilidad con la que se entiende lo que dices

Capítulo 6A

Repaso del capítulo (Nivel 1, pág. 294, Nivel B, pág. 122)

Vocabulario y gramática

Repaso del capítulo

Para prepararte para el examen, revisa si...
- conoces el vocabulario nuevo y la gramática.
- puedes realizar las tareas de la página 229.

para hablar acerca de los objetos en un dormitorio

la alfombra	rug
el armario	closet
la cama	bed
la cómoda	dresser
las cortinas	curtains
el cuadro	painting
el despertador	alarm clock
el dormitorio	bedroom
el espejo	mirror
el estante	shelf, bookshelf
la lámpara	lamp
la mesita	night table
la pared	wall

para hablar acerca de equipos electrónicos

el disco compacto	compact disc
el equipo de sonido	sound (stereo) system
el lector DVD	DVD player
el televisor	television set
el video	video

para hablar acerca de los colores

¿De qué color...?	What color?
los colores	colors
amarillo, -a	yellow
anaranjado, -a	orange
azul	blue
blanco, -a	white
gris	gray
marrón	brown
morado, -a	purple
negro, -a	black
rojo, -a	red
rosado, -a	pink
verde	green

para describir algo

bonito, -a	pretty
feo, -a	ugly
grande	large
importante	important
mismo, -a	same
pequeño, -a	small
propio, -a	own

para indicar el lugar

a la derecha (de)	to the right (of)
a la izquierda (de)	to the left (of)

para comparar

mejor(es) que	better than
el/la mejor; los/las mejores	the best
menos ... que	less, fewer...than
peor(es) que	worse than
el/la peor; los/las peores	the worst

otras palabras útiles

la cosa	thing
para mí	in my opinion, for me
para ti	in your opinion, for you
la posesión	possession

verbos con cambios en el radical: *dormir* y *poder*

duermo	**dormimos**
duermes	**dormís**
duerme	**duermen**

puedo	**podemos**
puedes	**podéis**
puede	**pueden**

● Más práctica

Practice Workbook Puzzle 6A-8
Practice Workbook Organizer 6A-9

Nombre ______________________ Fecha ______________

Preparación para el examen (Nivel 1, pág. 295, Nivel B, pág. 123)

En el examen vas a...	Éstas son las tareas que te pueden ser útiles para el examen...	Si necesitas repasar...
1 Escuchar Escuchar y entender descripciones de dormitorios	Vas a pasar un mes en un campamento de inmersión de español. Visitas la página Web y haces clic en las descripciones de los dormitorios de los estudiantes. ¿Qué incluyen los dormitorios? ¿Qué debes llevar contigo?	Nivel 1: **págs. 272–275** *A primera vista* **págs. 276–281** Acts. 5, 7, 15 Nivel B: **págs. 94–99** *A primera vista* **págs. 100–102** Acts. 6, 8, 11
2 Hablar Preguntar y responder sobre tu dormitorio y el de un(a) compañero(a).	Para un proyecto de tu clase tienes que describir el dormitorio "típico" de un adolescente. Para ello tienes que hacer una encuesta a varios compañeros acerca de sus dormitorios. Hazle a un(a) compañero(a) por lo menos tres preguntas, como: a) información acerca del color de su dormitorio; b) si tiene TV o equipo de sonido; c) si puede estudiar bien en su dormitorio; d) qué hay en las paredes.	Nivel 1: **págs. 272–275** *A primera vista* **págs. 277–281** Acts. 7, 15 Nivel B: **págs. 101–102** Acts. 8, 11
3 Leer Leer y entender descripciones de los colores de un dormitorio asociados con ciertos tipos de personalidad.	Los decoradores dicen que los colores de las paredes de un dormitorio deben reflejar la personalidad de quien duerme allí. Según las descripciones de "una personalidad amarilla" y de "una personalidad azul", ¿qué tipo de dormitorio te va mas a ti? ¿Por qué? A las personas más sociables les gustan los dormitorios amarillos. Es el color más popular para los jóvenes a quienes les gusta hablar y hablar por teléfono. ¡Ellos son los mejores amigos! Por el contrario, a las personas más serias les gustan los dormitorios azules. Ellos son los mejores estudiantes y los peores cómicos.	Nivel 1: **págs. 282–283** Acts. 17, 19 **págs. 288–289** *Lectura* Nivel B: **págs. 104–105** Acts. 14–15 **págs. 116–117** *Lectura*
4 Escribir Escribir un párrafo breve comparando tu dormitorio y el de un(a) amigo(a).	Luego de hacer la encuesta a tus compañeros debes escribir una comparación entre tu cuarto y el de una de las personas de la encuesta. Practica con los datos de la Tarea 2. Puedes comparar: a) colores; b) tamaños; c) tipos de muebles; d) el número de objetos en las paredes.	Nivel 1: **págs. 277–278** Acts. 6, 10 **pág. 291** *Presentación oral* Nivel B: **págs. 101–107** Acts. 7, 19 **pág. 119** *Presentación oral*
5 Pensar Demostrar una comprensión de las perspectivas culturales respecto a las celebraciones.	Explica el significado histórico de las luminarias. ¿Cuál es la historia de otras decoraciones que se usan en otras culturas para las celebraciones?	Nivel 1: **pág. 290** *La cultura en vivo* Nivel B: **pág. 118** *La cultura en vivo*

Nombre ______________________ Fecha ______________

¿Qué sabes ya?

(Nivel 1, págs. 296–297, Nivel B, págs. 124–125)

1 ¿Qué haces para ayudar en casa? Escribe los quehaceres que hacen tus hermanos y tú. Contesta en español o en inglés.

En mi dormitorio	En la cocina	En otro cuarto o afuera
Hago la cama.	Ayudo a cocinar.	Mi hermano lava el coche.
______	______	______
______	______	______
______	______	______
______	______	______

2 Describe uno de los lugares de la tabla de arriba. Usa el vocabulario de las lecciones anteriores.

____

____

____

____

Arte y cultura (Nivel 1, pág. 297, Nivel A, pág. 125)

La arpillera es una tela *(cloth)* creada por mujeres de Chile. Consiste en poner varios parches juntos. Las arpilleras están hechas con brillantes colores. Los temas de las arpilleras muestran la vida diaria, tradiciones y valores del país.

- ¿Qué otros tipos de artesanías has visto que muestren la vida diaria de una región o país? Contesta en español o en inglés.

  ____

  ____

Nombre ______________________ Fecha ______________

Capítulo 6B

¿Cómo es tu casa?

Objetivos del capítulo

- Identificar las habitaciones de una casa
- Nombrar quehaceres de la casa
- Decir dónde vives
- Entender los diferentes tipos de vivienda según la cultura

Conexión geográfica (Nivel 1, pág. 296, Nivel B, pág. 124)

Estos países tienen una conexión con el tema de este capítulo. Mira el mapa y adivina qué país se describe.

Está en Europa. ______________

Hay un canal importante. ______________

Tiene mucho petróleo. ______________

Es un país muy largo. ______________

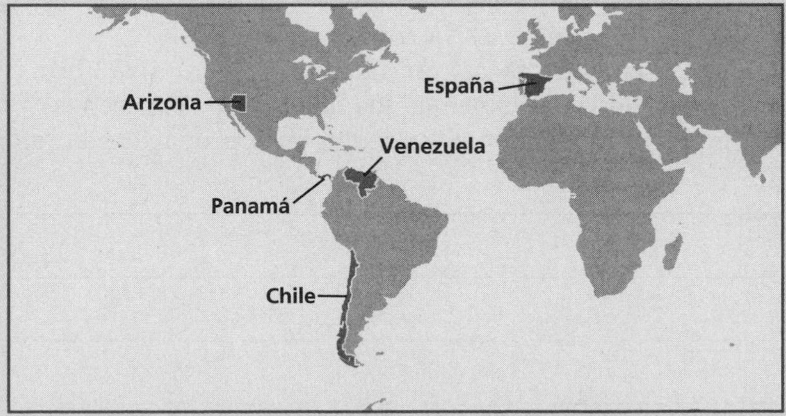

Capítulo 6B

Nombre ______________________ Fecha ______________

A primera vista (Nivel 1, págs. 298–299, Nivel B, págs. 126–127)

Actividad A

Identifica estos lugares de la casa de María.

1. Mi papá lee y escribe aquí. ____________
2. La familia come aquí. ____________
3. El coche y muchas otras cosas están aquí. ____________
4. Está debajo de la planta baja. ____________
5. Vamos de una planta a otra por ella. ____________
6. Yo preparo comida aquí. ____________
7. Vemos la tele aquí. ____________
8. Me lavo el pelo aquí. ____________

Actividad B

Lee la descripción de la familia Sánchez. Luego, para cada miembro de la familia, escribe el quehacer o los quehaceres que pueden hacer y dónde.

Modelo *Antonio debe dar de comer al perro en el patio.*

Antonio, el padre, es profesor. Le gustan los animales.
Dolores, la madre, escribe cuentos. Le gusta la ropa bonita.
Inés tiene 14 años. Le gusta escuchar discos compactos y estar al aire libre.
Pedro tiene 12 años. Le gustan los monopatines, las bicicletas y los coches.
Margarita tiene 8 años. Le gusta dibujar, cantar y ayudar a preparar comida.

1. Dolores ____.
2. Inés ____.
3. Pedro ____.
4. Margarita ____.

Nombre ______________________ Fecha ______________

Videohistoria (Nivel 1, págs. 300–301, Nivel B, págs. 128–131)

Actividad C

Completa este resumen de la *Videohistoria* con las siguientes palabras. Usa letras mayúsculas al inicio de una oración.

voy	doy	lavo	estás haciendo	recibo	pongo
pon	vivo	haz	ayudas	lava	

1. Elena dice: ¡Bienvenidos! ______________ en el número 12 de la calle Apodaca.
2. Elena habla de sus quehaceres: Siempre ______________ los platos y ______________ la mesa.
3. Elena habla con Jorgito y dice: Si me ______________, no te ______________ dinero, pero puedes escuchar discos compactos en mi dormitorio.

   ______________ la mesa, ______________ los platos y ______________ la cama.
4. Mamá y Papá llegan. Piensan que Elena es muy trabajadora. Elena dice:

   ¿______________ mi dinero?
5. Mamá le pregunta a Jorgito: ¿Qué ______________?
6. Elena dice: ¡______________ al cine!

Actividad D

¿Qué consejos les puedes dar a los miembros de la familia de la *Videohistoria*? Escribe un consejo para cada miembro de la familia usando *deber, tener que* u otra forma.

Modelo Papá *Debes escuchar a Jorgito.*

Elena

1. ____

Jorgito

2. ____

Mamá

3. ____

Nombre ______________________________ Fecha ______________

Manos a la obra (Nivel 1, págs. 302–304, Nivel B, págs. 132–137)

Actividad E

Roberto y su mamá están hablando de los quehaceres. Completa el diálogo con el quehacer o el lugar apropiado.

Sra. Robles: Roberto, debes ______________ en la sala. La alfombra está sucia.

Roberto: ¿Tengo que ______________ también? Hay mucho polvo en la mesa.

Sra. Robles: Sí. También haz las camas en ______________. Tu hermano va a ______________ al perro en el patio y va a ______________ de la cena en la cocina.

Roberto: ¿Quién va a poner la mesa en ______________?

Sra. Robles: Yo pongo la mesa. Y el que termina primero debe ______________, porque hay mucha basura en la cocina.

Actividad F

Completa esta descripción de la casa ideal de Margarita.

Mi casa ideal va a tener dos pisos: __________ y un primer piso. También quiero un __________ para lavar la ropa y para poner las cosas que no necesitamos. Necesito un __________ para dos coches también.

En el __________ quiero poner una fuente, plantas y flores. En la planta baja quiero tener una __________ grande con un lavaplatos y un refrigerador. La casa también va a tener unas __________ para subir al primer piso. El primer piso va a tener dos __________ grandes. En uno voy a poner una cama especial, una cómoda y cortinas azules. El __________ va a estar arriba de las escaleras, con un gran tina. Voy a convertir el otro __________ en una sala para jugar videojuegos, ver mis videos y escuchar mis discos compactos.

Capítulo 6B

Nombre ______________________ Fecha ______________

Fondo cultural (Nivel 1, pág. **303**, Nivel B, pág. **135**)

El patio En una ciudad grande de España el patio es, por lo general, un área abierta en el centro de un edificio de apartamentos. Sin embargo, en el sur de España, muchas casas tienen patios en el centro. Éstos pueden tener jardines y una fuente *(fountain)*. Los moros trajeron este estilo de arquitectura a España, y los españoles lo llevaron a América.

- ¿Cómo son los patios de tu comunidad? ¿En qué se parecen a los patios del sur de España? ¿En qué se diferencian?

Actividad G

Lee este anuncio clasificado y responde a las preguntas.

¿Estás cansado de cortar el césped y lavar el coche? Se vende un apartamento pequeño en el centro de la ciudad. Planta alta en edificio moderno. Un dormitorio. Cocina pequeña. Vista (view) al parque.

1. ¿Qué quehaceres son fáciles en un apartamento pequeño?

____

2. ¿Cuáles son difíciles?

____

3. ¿Cuáles no son necesarios?

____

4. ¿Te gustaría vivir en el apartamento del anuncio? ¿Por qué?

____

Actividad H

Basándote en el anuncio de la Actividad G, escribe un anuncio clasificado para vender tu casa.

____

____

____

Nombre ______________________ Fecha ______________

Gramática

(Nivel 1, pág. 305, Nivel B, pág. 138)

Mandatos afirmativos con *tú*

Los mandatos afirmativos con *tú* se usan para decirles a amigos y familiares o a personas jóvenes que hagan algo. Para dar estos mandatos, usa la misma forma del presente de *Ud., él, ella.*

INFINITIVO	UD./ÉL/ELLA	MANDATOS AFIRMATIVOS (TÚ)
hablar	habla	¡Habla!
leer	lee	¡Lee!
escribir	escribe	¡Escribe!

- Los mandatos de algunos verbos como *poner* y *hacer* tienen formas irregulares.

  Jorgito, ¡**pon** la mesa! Jorgito, ¡**haz** tu cama!

¿Recuerdas?

Tú ya has visto mandatos afirmativos en las instrucciones de varias actividades.

- **Habla** con otra persona.
- **Lee** las frases.
- **Escribe** la palabra apropiada.

Gramática interactiva

Identifica

- Encierra en un círculo las terminaciones de los infinitivos en la tabla.
- Compáralas con las terminaciones de los mandatos. ¿Qué verbos (*-ar, -er,* o *-ir)* usan la misma terminación para los mandatos con *tú*?

____

____

____

Ampliación del lenguaje

Mandatos con *vosotros(as)*

Es posible que oigas o leas los mandatos con *vosotros.* Por lo general, no se usan en América Latina, pero sí se usan en España. Se forman quitándole la *r* al infinitivo y sustituyéndola por una *d.* Estos son algunos ejemplos:

hablar → hablad   comer → comed   abrir → abrid
beber → bebed   lavar → lavad   poner → poned

Escribe los mandatos con *vosotros(as)* que corresponden a estos infinitivos.

sacar → __________   arreglar → __________

tener → __________   romper → __________

 Nombre ______________________ Fecha ____________

Actividad I

Tu amigo Pablo siempre te pide consejos *(advice)*. Dale un consejo usando un mandato para cada situación.

1. Hace mucho calor en este cuarto. ______________________
2. Tengo hambre. ______________________
3. Estoy aburrido. ______________________
4. Quiero estar fuerte. ______________________
5. No tengo tiempo de hacer ejercicio. ______________________
6. Nos sirven mucha comida en la fiesta. ______________________
7. Tengo sed. ______________________

Actividad J

Basándote en este calendario, escribe un plan de actividades y ejercicios para un(a) amigo(a). Usa las actividades del Capítulo 1A u otras.

	lunes	martes	miércoles	jueves	viernes
Horas de tarea	2 inglés biología	2 geografía español matemáticas	1 inglés	3 historia español matemáticas	1 biología
Horas de trabajo	2 supermercado	2	0 quehaceres de la casa	4 supermercado	4 supermercado

Modelo *El lunes, corre en el parque por treinta minutos.*

El martes, ______________________.

El miércoles, ______________________.

El jueves, ______________________.

El viernes, ______________________.

Los fines de semana, ______________________.

Nombre ______________________ Fecha ______________

Gramática

(Nivel 1, pág. **308**, Nivel B, pág. **142**)

El presente progresivo

Para indicar una acción que está ocurriendo *en este mismo momento,* usa el presente progresivo.

Paco **está lavando** los platos. *Paco **is washing** dishes (now).*
Estoy haciendo la cama. ***I'm making** the bed (right now).*

El presente progresivo se construye con el presente de *estar* + el participio presente. Para formar el participio presente, elimina la terminación del infinitivo. Luego agrega *-ando* para los verbos terminados en *-ar* o *-iendo* para los verbos terminados en *-er* e *-ir.*

(yo)	**estoy**	**lavando** **comiendo** **escribiendo**	(nosotros) (nosotras)	**estamos**	**lavando** **comiendo** **escribiendo**
(tú)	**estás**	**lavando** **comiendo** **escribiendo**	(vosotros) (vosotras)	**estáis**	**lavando** **comiendo** **escribiendo**
Ud. (él) (ella)	**está**	**lavando** **comiendo** **escribiendo**	Uds. (ellos) (ellas)	**están**	**lavando** **comiendo** **escribiendo**

Leer tiene un participio presente irregular: *leyendo.*

¿Recuerdas?

Se usa el presente al hablar de una acción que siempre ocurre o que está ocurriendo en este momento.

- Paco **lava** los platos.

Gramática interactiva

Identifica

- Subraya las terminaciones de los participios presentes de las formas de *yo* y *nosotros* de la tabla.
- Encierra en un círculo la letra del participio presente de *leer* que es diferente.

Capítulo 6B Nombre ____________ Fecha ____________

Actividad K

Estás en el gimnasio con Sofía, hablando en tu teléfono celular con Diego. Di lo que están haciendo estas personas, usando las actividades de abajo.

enseñar	levantar pesas	leer un cartel	correr	bailar
hacer ejercicio	nadar	abrir la puerta	estudiar	jugar al básquetbol

1. José Luis ____________
2. El profesor ____________
3. Carmen y Adela ____________
4. Yo ____________
5. Julio ____________
6. Sofía y yo ____________

Actividad L

Nadie tiene tiempo de hacer los quehaceres de la casa. Inventa una excusa para no hacer los quehaceres. Usa el presente progresivo del verbo para formar oraciones completas.

Modelo yo/lavar la ropa
Yo no puedo lavar la ropa porque estoy estudiando español.

1. tú/dar de comer al perro
____
2. Ángela/cortar el césped
____
3. mi hermanito/arreglar el cuarto
____
4. Felipe y Rosita/limpiar el baño
____
5. tú y Alicia/pasar la aspiradora
____

Fondo cultural (Nivel 1, pág. 313, Nivel B, pág. 147)

La Cenicienta La historia de la Cenicienta es tal vez el cuento de hadas más conocido en el mundo. Casi todas las culturas parecen tener su propia versión. Hay más de 1,500 variaciones. Al parecer, el origen de la historia se remonta a un cuento chino del siglo IX llamado "Yeh-Shen".

- ¿Cómo puede cambiar la historia de una cultura a otra? Contesta en español o en inglés.

Ampliación del lenguaje

(Nivel 1, pág. 307, Nivel B, pág. 136)

Las terminaciones *-dor* y *-dora*

Todos los días usas aparatos e instrumentos: una *calculadora,* una *computadora,* una *grapadora,* una *fotocopiadora,* una *secadora* y otros. Muchas de estas palabras se forman en inglés añadiendo la terminación *-er* u *-or* al verbo que nombra el propósito del aparato. El español sigue un patrón semejante. Mira estas palabras que ya conoces e identifica el patrón: **despertador, computadora, calculadora, aspiradora.** ¿Puedes adivinar los verbos correspondientes y qué significan?

¡Inténtalo! Lee cada oración de la izquierda y decide qué aparato hace falta.

1. ___ Tengo calor.
2. ___ ¿Dónde está el pan tostado?
3. ___ Mi ropa está sucia.
4. ___ Necesito leche para el cereal.

a. Está en la tostadora.
b. Ponla en la lavadora.
c. Está en el refrigerador.
d. Necesitas el ventilador.

Pronunciación

(Nivel 1, pág. 310, Nivel B, pág. 141)

Las letras *n* y *ñ*

En español, la letra *n* suena como la *n* de "no". Escucha y di estas palabras:

anaranjado	nieva	nadar	joven	desayuno
necesito	encantado	número	nombre	donde

Sin embargo, el sonido cambia cuando hay una tilde (~) sobre la *n*. La *ñ* suena como el sonido de *ny* de la palabra *"canyon"* en inglés. Escucha y di estas palabras:

señor	otoño	español	enseñar	año
montañas	niña	mañana	piñata	cumpleaños

¡Inténtalo! Escucha este trabalenguas y luego trata de decirlo.

El señor Yáñez come
ñames en las
mañanas con el niño.

Capítulo 6B

Nombre ______________________ Fecha ______________

Conexiones Las matemáticas (Nivel 1, pág. 311, Nivel B, pág. 145)

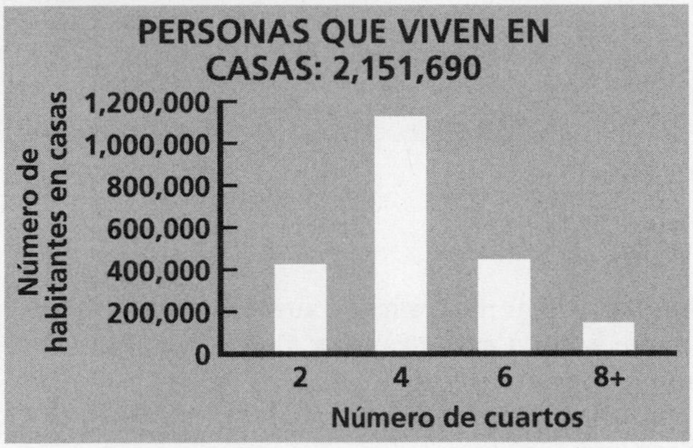

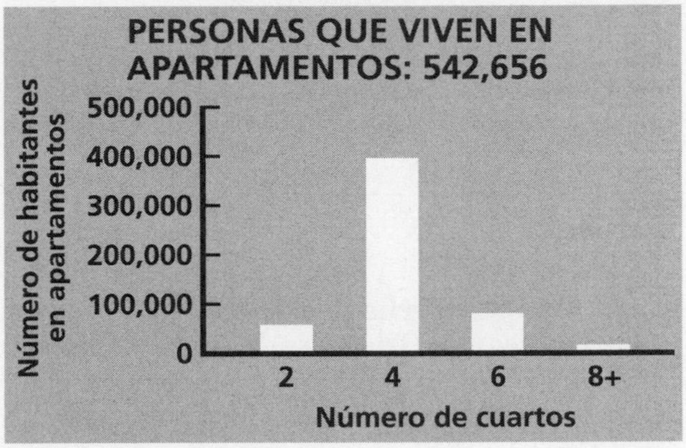

1. ¿Cuántas personas viven en una casa con dos cuartos? ¿Cuántas viven en un apartamento con dos cuartos?
2. ¿Cuántas personas viven en una casa con ocho o más cuartos? ¿Cuántas viven en un apartamento con ocho o más cuartos?
3. Calcula el porcentaje de personas que viven en una casa con cuatro cuartos. Calcula el porcentaje de personas que viven en un apartamento con cuatro cuartos.

Nota

¿Puedes ver el patrón en los números siguientes?
100,000 = cien mil
200,000 = doscientos mil
300,000 = trescientos mil
Ten cuidado con el número 500,000:
542,656 = quinientos cuarenta y dos mil, seiscientos cincuenta y seis
1,000,000 = un millón

El español en el mundo del trabajo

(Nivel 1, pág. 311, Nivel B, pág. 144)

Como el número de compradores de vivienda hispanos ha aumentado en los Estados Unidos, la demanda de profesionales hispanohablantes en campos relacionados a la vivienda ha aumentado también.

- Busca anuncios de agencias de bienes raíces *(real estate agencies)* en el periódico local de tu comunidad, que estén escritos en español.

Nombre ______________________ Fecha ______________

¡Adelante! (Nivel 1, págs. 312–313, Nivel B, págs. 146–147)

Lectura 1

Estrategia

Dar un vistazo Esta lectura se basa en la historia de Cenicienta. Da un vistazo rápido a la historia y busca los personajes y el diálogo relacionados con *La Cenicienta.*

Lee la historia de *Cantaclara* y haz las actividades del margen.

Cantaclara

Hay una muchacha que se llama Cantaclara. Ella vive con su madrastra y sus dos hermanastras, Griselda y Hortensia. Las cuatro viven en una casa grande y Cantaclara hace todos los quehaceres. Sus dos hermanastras y su madrastra no hacen nada.
— Cantaclara, saca la basura. Y después, pon la mesa —dice la madrastra.
— Cantaclara, haz mi cama y limpia el baño —dice Griselda.
— Haz mi cama también —dice Hortensia.
— Un momento. Estoy lavando los platos ahora mismo —dice Cantaclara.
¡Pobre Cantaclara! Hace todos los quehaceres y cuando trabaja, ella canta. Tiene una voz muy clara y le encanta cantar.

Un día, Cantaclara entra en el dormitorio de Griselda para hacer la cama. Ve en la televisión un anuncio para un programa muy popular que se llama *La estrella del futuro.* En la televisión hay un señor que dice: "¡Hola amigos! ¿Tienen talento? ¿Cantan bien? ¿Por qué no cantan para nosotros? ¡Pueden tener un futuro fantástico y recibir muchísimo dinero!"
Cantaclara está muy contenta. Ella puede cantar. Ella quiere un futuro fantástico. En este momento, ella decide cantar para el programa *La estrella del futuro.*

Es la noche del programa. Después de hacer todos los quehaceres, Cantaclara está saliendo de casa cuando su madrastra le habla.
— Cantaclara, ¿a dónde vas?
— Quiero salir por unas horas, madrastra. ¿Está bien?
— Ahora no. Tienes que limpiar la cocina —contesta la madrastra. —Está muy sucia.
— Pero madrastra, tengo que...
— ¡No importa, Cantaclara! ¡Limpia la cocina!
Cantaclara mira su reloj. Sólo tiene una hora. Va a la cocina y limpia todo. Trabaja muy rápidamente. Después de cuarenta y cinco minutos, termina el trabajo.

Cantaclara llega al programa y canta su canción favorita. ¡Por supuesto ella canta mejor que todos! Ella va a tener un futuro fantástico y va a recibir muchísimo dinero.
Son las ocho de la noche. La madrastra y las dos hermanastras están en la sala y ven su programa favorito. Pero, ¿qué es esto? ¡Ven a Cantaclara en la pantalla!
— Mira, mamá, ¡es Cantaclara! —dice Hortensia.
— ¡Oh, no! Si Cantaclara es la nueva estrella del futuro, ¿quién va a hacer los quehaceres? —pregunta Griselda.

Lectura interactiva

Examina rápidamente
Examina el primer párrafo rápidamente y subraya tres cosas que tienen en común Cantaclara y la Cenicienta.

Busca
Subraya con dos líneas un ejemplo del presente progresivo en la tercera parte de la lectura.

Capítulo 6B Nombre ______ Fecha ______

Actividad M

Compara la historia de Cantaclara con la de la Cenicienta. Llena la gráfica de Venn y usa las cosas que Cantaclara y la Cenicienta tienen en común que identificaste *(identified)* en la actividad anterior.

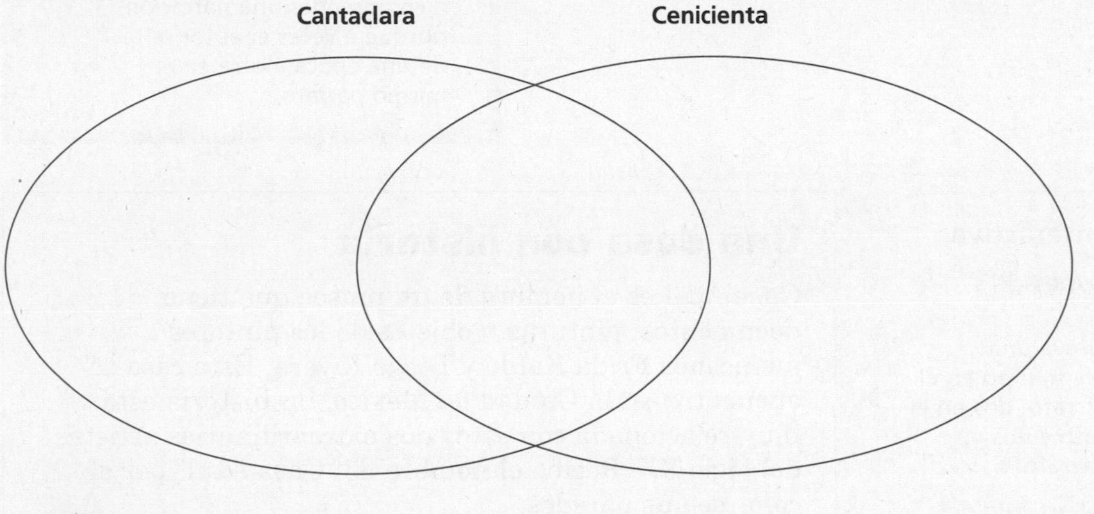

Actividad N

¿Cómo son las hermanastras y la madrastra de Cantaclara? Escribe una breve descripción de cada una usando el presente progresivo.

Modelo *Cenicienta es trabajadora, talentosa y paciente. Siempre está limpiando la casa.*

______

______

______

______

______

______

Nombre ______________________ Fecha ______________

Lectura 2

Lee este artículo y haz las actividades del margen.

Estrategia

Usar expresiones de tiempo
Algunos de los elementos de enlace son expresiones de tiempo, por ejemplo, *en (año), en aquellos tiempos, antes, más tarde, después, ahora.* Éstas nos ayudan a comprender una narración, porque a veces el autor salta de una época a otra en el mismo párrafo.

Lectura interactiva

Usa expresiones de tiempo

- Busca y subraya una expresión de tiempo en el segundo párrafo, dos en el tercer párrafo y dos en el último párrafo.
- Ahora lee el artículo de nuevo prestando atención a las expresiones de tiempo y el orden de los eventos.

Ordena los siguientes eventos en orden cronológico.

____ Frida Kahlo se recupera en Casa Azul.

____ Muchos intelectuales se reúnen en Casa Azul.

____ Frida y Diego viajan, pero siempre regresan a Casa Azul.

____ La pintora muere.

Una casa con historia

Casa Azul es el nombre de un museo que tiene documentos, pinturas y objetos de los pintores mexicanos Frida Kahlo y Diego Rivera. Esta casa se encuentra en la Ciudad de México. Su historia está muy relacionada con estos dos extraordinarios artistas del siglo XX. Recibe el nombre de "Casa Azul" por el color de sus paredes.

Esta casa fue el hogar de la familia de Frida Kahlo. En ella, la pintora pasa su niñez y se recupera *(recovers)* de las enfermedades y accidentes que tiene durante su juventud. En esa época comienza a pintar. En una de sus primeras obras aparece la Casa Azul. Años después conoce al pintor Diego Rivera y se casa con él.

Durante los años siguientes, Frida y Diego viajan constantemente y pasan mucho tiempo en los Estados Unidos. Sin embargo, cada vez que Frida regresa a México va a la Casa Azul para estar cerca de su familia. Años más tarde, en esta casa se reúnen muchos intelectuales mexicanos y extranjeros.

Después de la muerte de la pintora, la Casa Azul se transformó en museo, en homenaje a la vida y obra de Frida Kahlo. Los expertos ordenaron la casa respetando su esencia original. Ahora podemos ver muchos de sus objetos personales. También pueden admirarse algunas de las obras de Frida Kahlo y otros artistas contemporáneos.

Nombre ______________________ Fecha ______________

Actividad Ñ

Corrige estas oraciones equivocadas.

Modelo Casa Azul ahora es una residencia.
Casa Azul ahora es un museo.

1. Casa Azul está lejos de la Ciudad de México.

 ____

2. La familia de Diego Rivera vivió en Casa Azul.

 ____

3. Frida Kahlo pasa su niñez en los Estados Unidos.

 ____

4. Después de casarse con Diego Rivera, Frida Kahlo no regresa a Casa Azul.

 ____

Actividad O

1. ¿Crees que Casa Azul es especial? ¿Por qué?

 ____

 ____

2. ¿Por qué crees que Frida Kahlo hace un dibujo de su casa cuando está recuperándose de sus enfermedades?

 ____

 ____

3. ¿Qué podemos encontrar en Casa Azul?

 ____

 ____

Capítulo 6B

Nombre ______________________ Fecha ______________

Perspectivas del mundo hispano (Nivel 1, pág. 314, Nivel B, pág. 148)

¿Cómo son las casas en el mundo hispano?

En muchos países hispanohablantes las formas de las casas son muy diferentes a las casas de los Estados Unidos. Muchas casas están separadas por una barrera, como una pared alta o una cerca. El dueño *(owner)* entra por una puerta y pasa por un estacionamiento para un carro o un jardín pequeño. En muchas comunidades, la pared de la casa da a la acera y las ventanas puede tener barras o *rejas.* Las puertas pueden ser de madera o metal. La pared exterior no permite ver lo que puede ser un hermoso y confortable interior.

Adentro, una casa, por lo general, tiene un espacio abierto en el centro, *el patio.* Muchos de los cuartos tienen acceso al *patio,* que es el lugar donde se reúne la familia para comer, hablar y pasar el tiempo juntos. Se aprecia mucho la privacidad, y la casa y las actividades de la familia están protegidas de la vista de afuera.

Las casas en los países hispanos se usan por la familia y para recibir a familiares cercanos y amigos. No es normal invitar a la casa a personas que no son familiares, como los compañeros de trabajo o amigos casuales. A menudo se hacen fiestas en restaurantes o recepciones en pequeños salones.

¡Investígalo!
Da un paseo por tu vecindario. ¿Cómo es la arquitectura de las casas que ves, en comparación con la casas de los países hispanohablantes?

____

____

¡Piénsalo!
Las características de la arquitectura de las casas de los países hispanohablantes ayudan a conservar la privacidad. ¿Cómo es la arquitectura de las casas de los Estados Unidos? ¿Piensas que un patio significa lo mismo para ambas culturas? Explica tus respuestas.

____

____

____

____

Capítulo 6B   Nombre ____________________   Fecha ____________

Presentación escrita (Nivel 1, pág. 315, Nivel B, pág. 149)

Se vende casa o apartamento

Tarea

Te han pedido crear un anuncio en español para vender la casa o el apartamento de tu familia. Crea un anuncio interesante que pueda hacer tu casa (o si prefieres, de la casa de tus sueños), atractiva para un(a) posible comprador(a).

Estrategia

Usar preguntas clave Responder a preguntas clave te puede ayudar a pensar en ideas para escribir.

1. **Preparación**
   Piensa en la información que quieres incluir en tu anuncio. Lee estas preguntas y escribe lo que te gustaría decir de tu casa o apartamento.
   - En general, ¿cómo es la casa o el apartamento?
   - ¿Cuántas habitaciones tiene? ¿Cuáles son? ¿Cómo son? ¿De qué colores son?
   - ¿Hay algo especial en la casa (piscina, cuarto especial)?
   - Incluye otra información importante como la dirección y el precio.

2. **Borrador**
   Mira el anuncio de la página 310 (Nivel B, página 144) para ayudarte a diseñar tu anuncio. Usa las respuestas a las preguntas de la Preparación. Incluye un dibujo y otras características para hacerlo más atractivo. Empieza con la frase *Se vende casa* o *Se vende apartamento.*

3. **Revisión**
   Lee el borrador de tu anuncio para ver si tiene toda la información que necesita el/la posible comprador(a). Asegúrate de usar la ortografía correcta. Comenta tu anuncio con un(a) compañero(a), quien lo va a revisar para determinar si:
   - ¿Es la información clara y llamativa? ¿Incluye algún dibujo?
   - ¿Se incluye la información clave?
   - ¿Consigue crear un interés por ver la casa o el apartamento?

4. **Publicación**
   Escribe una copia final del anuncio haciendo los cambios necesarios. Puedes hacer una colección de anuncios junto a los de tus compañeros y llamarla *Se venden casas y apartamentos* o incluirla en tu portafolios.

5. **Evaluación**
   Quizá tu profesor(a) te dé los criterios de cómo va a ser evaluado tu anuncio. Probablemente, tu anuncio será evaluado teniendo en cuenta:
   - lo claro y llamativo que es
   - el uso del vocabulario
   - la cantidad de información que incluye

Capítulo 6B

Repaso del capítulo (Nivel 1, pág. 318, Nivel B, pág. 152)

Vocabulario y gramática

Repaso del capítulo

Para prepararte para el examen, revisa si...
- conoces el vocabulario nuevo y la gramática.
- puedes realizar las tareas de la pág. 249; Nivel B, pág. 153.

para hablar acerca de dónde vive una persona

cerca (de)	close (to), near
lejos (de)	far (from)
vivir	to live

para hablar acerca de las casas o los apartamentos

el apartamento	apartment
el baño	bathroom
la cocina	kitchen
el comedor	dining room
el cuarto	room
el despacho	home office
la escalera	stairs, stairway
el garaje	garage
el piso	story, floor
la planta baja	ground floor
el primer piso	second floor
la sala	living room
el segundo piso	third floor
el sótano	basement

para nombrar los quehaceres de la casa

arreglar (el cuarto)	to straighten up the room
ayudar	to help
cocinar	to cook
cortar el césped	to cut the lawn
dar (yo doy, tú das)	to give
dar de comer al perro	to feed the dog
hacer la cama	to make the bed
lavar (el coche, los platos, la ropa)	to wash (the car, the dishes, the clothes)
limpiar el baño	to clean the bathroom
pasar la aspiradora	to vacuum
poner (yo pongo, tú pones)	to put, place
poner la mesa	to set the table
los quehaceres	chores
quitar el polvo	to dust
sacar la basura	to take out the trash

para describir artículos de la casa

limpio, -a	clean
sucio, -a	dirty

otras palabras útiles

bastante	enough; rather
¿Cuáles?	Which (ones)?
el dinero	money
un momento	a moment
¿Qué estás haciendo?	What are you doing?
recibir	to receive
si	if, whether

mandatos afirmativos con *tú*

Para los verbos regulares, usa la forma *Ud. / él / ella.*

-ar:	**habla**
-er:	**lee**
-ir:	**escribe**

Para *hacer* y *poner:*

hacer	**haz**
poner	**pon**

el presente progresivo

Usa el presente de *estar* + el gerundio para decir que estás haciendo algo en este momento.

gerundios:

-ar:	radical + **-ando** → lav**ando**
-er:	radical + **-iendo** → com**iendo**
-ir:	radical + **-iendo** → escrib**iendo**

Más práctica

Practice Workbook Puzzle 6B-8
Practice Workbook Organizer 6B-9

Capítulo 6B

Nombre ______________________ Fecha ______________________

Preparación para el examen (Nivel 1, pág. 319, Nivel B, pág. 153)

En el examen vas a...	Éstas son las tareas que te pueden ser útiles para el examen...	Si necesitas repasar...
1 Escuchar Escuchar y entender los pretextos de unos jóvenes que no quieren hacer las tareas cuando se les pide.	Escucha a un joven explicar a su mamá por qué no puede hacer cierta tarea en ese momento e identifica: a) lo que la mamá quiere que haga; b) lo que el joven dice que está haciendo.	Nivel 1: **págs. 298–301** *A primera vista* **págs. 303–309** Acts. 7–8, 17, 18 Nivel B: **págs. 126–131** *A primera vista* **págs. 134–143** Acts. 10, 14, 25–26
2 Hablar Aconsejar a alguien sobre cómo tener éxito en la escuela.	En la escuela tu consejero(a) te pide que participes en una orientación para unos nuevos estudiantes de habla hispana. Da un consejo a cada estudiante del grupo. Por ejemplo, puedes decirle *Escucha bien en la clase* o *Haz la tarea.*	Nivel 1: **págs. 305–306** Acts. 12–13 Nivel B: **pág. 140** Act. 21
3 Leer Leer y entender anuncios de apartamentos que puedes encontrar en los clasificados de un periódico en español.	Un amigo se muda a España y te pide que le ayudes a encontrar un apartamento. Quiere uno con dos cuartos, dos baños y una cocina pequeña. Quiere vivir cerca de un gimnasio y de una biblioteca. Lee este anuncio y responde: a) ¿Es un buen apartamento para él? b) ¿Cuántas de las características que busca tiene? c) ¿Qué otras características pueden gustarle? Este maravilloso apartamento tiene todo. Está cerca de un parque y un gimnasio moderno. Tiene una cocina pequeña, pero totalmente equipada. Tiene dos dormitorios con estantes y un baño muy grande. También tiene televisión por satélite y un garaje privado.	Nivel 1: **págs. 298–301** *A primera vista* **págs. 302–310** Acts. 4–5, 21 **pág. 315** *Presentación escrita* Nivel B: **págs. 126–131** *A primera vista* **págs. 133–144** Acts. 8–9, 28 **pág. 149** *Presentación escrita*
4 Escribir Escribir una lista de quehaceres domésticos que estás dispuesto a hacer.	Tus compañeros y tú se han ofrecido a realizar algunos quehaceres para ganar dinero para su club de español. Haz una lista de ocho que estás dispuesto a hacer.	Nivel 1: **págs. 298–301** *A primera vista* **págs. 303–307** Acts. 6–8, 14–15 Nivel B: **págs. 126–131** *A primera vista* **págs. 134–140** Acts. 10–11, 14–15, 22
5 Pensar Demostrar una comprensión de las perspectivas culturales respecto a la vivienda.	Explica cómo las características arquitectónicas de muchas casas del mundo hispano reflejan la importancia que sus dueños le dan a la privacidad. ¿En qué se parecen y se diferencian esas características con respecto a las casas de los Estados Unidos?	Nivel 1: **pág. 303** *Fondo cultural* **pág. 314** *Perspectivas del mundo hispano* Nivel B: **pág. 135** *Fondo cultural* **pág. 148** *Perspectivas del mundo hispano*

Nombre ______________________ Fecha ______________________

¿Qué sabes ya?

(Nivel 1, págs. 320–321, Nivel B, págs. 154–155)

¿Dónde prefieres comprar las siguientes cosas? Escribe los nombres de cada artículo en la columna apropiada. Añade también otros artículos de ropa.

pantalones	camisas	faldas	jeans	trajes de baño
zapatos	abrigos	gorras	botas	blusas

Centro comercial	Tienda de ropa	Zapatería

Arte y cultura (Nivel 1, pág. 321, Nivel A, pág.155)

Joan Miró (1893–1983) nació cerca de Barcelona, España. Pintó este autorretrato en 1919, a los 26 años. Aquí aparece con una *garibaldina,* que es como un suéter o una chaqueta sin cuello con botones adelante. Las garibaldinas eran muy populares entonces y muchas eran rojas, un color que hace el retrato más intenso.

- ¿Cómo cambia la moda a través del tiempo o de cultura en cultura? Responde en español o en inglés.

  ____

  ____

- Los suéteres como la garibaldina todavía están de moda. ¿Tienes una, o conoces a alguien que tenga una? ¿De qué color es?

  ____

  ____

Nombre ______ Fecha ______

Capítulo 7A

¿Cuánto cuesta?

Objetivos del capítulo

- Hablar sobre ropa, compras y precios
- Describir tus planes
- Hablar sobre lo que quieres y prefieres
- Señalar algunos artículos en particular
- Comprender las perspectivas culturales con respecto a las compras

Conexión geográfica (Nivel 1, pág. 320, Nivel B, pág. 154)

En todos los países andinos *(Andean)*, se usa un tipo de poncho tradicional en las montañas. En Colombia, el poncho se llama una *ruana*. ¿Cuáles de los países sombreados son países andinos? Márcalos a continuación. Puedes usar los mapas de las páginas xviii a xxxi de tu libro de texto si lo deseas. Fíjate en la cordillera de los Andes.

___ España

___ México

___ Costa Rica

___ Panamá

___ Colombia

___ Perú

___ Bolivia

___ Uruguay

___ Venezuela

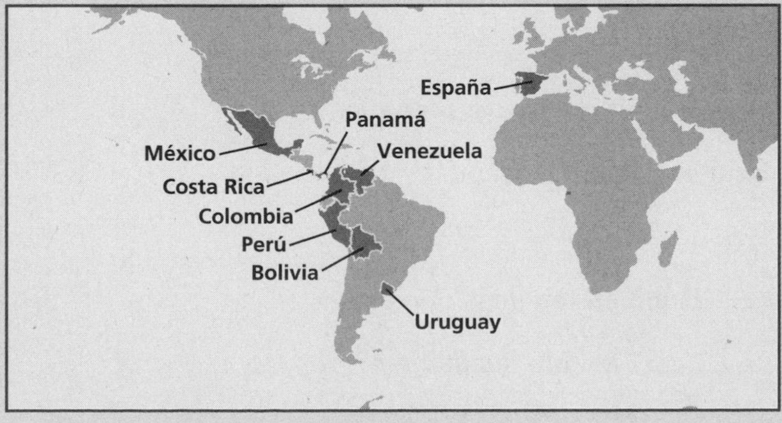

Nombre ______________________ Fecha ______________

A primera vista (Nivel 1, págs. **322–323**, Nivel B, págs. **156–157**)

Actividad A

Organiza esta ropa en "Ropa de verano", "Ropa de invierno" y "Ropa de todo el año".

los guantes	la camisa	el abrigo	las botas	la sudadera	el suéter
la blusa	la falda	la camiseta	los calcetines	los pantalones	la gorra
el vestido	los jeans	la chaqueta	el traje de baño	los pantalones cortos	el traje

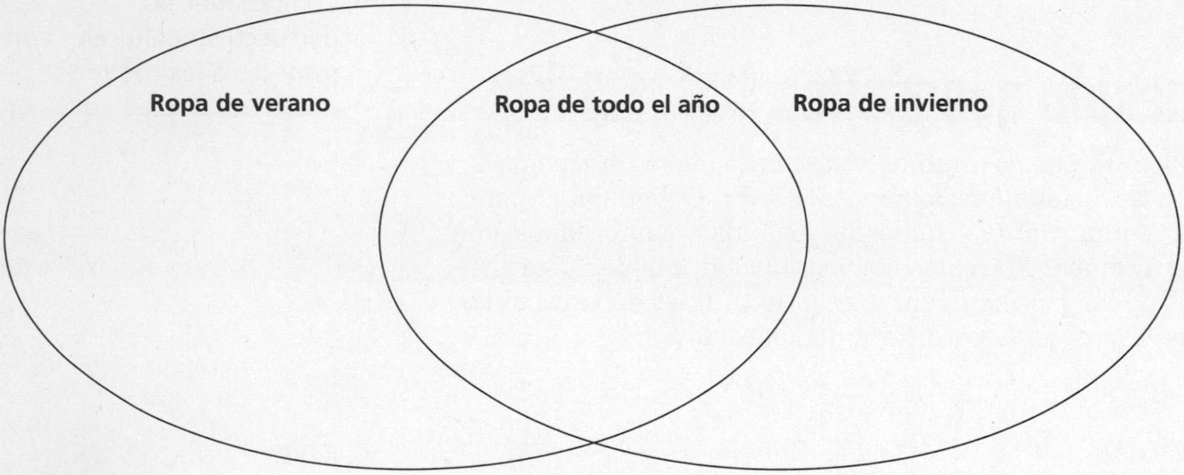

Actividad B

Completa este diálogo entre Carmen y Jaime con las frases a continuación.

busco	mil pesos	¿en qué puedo servirle?	precio	¿cómo me queda?	¿cuánto cuesta?

DEPENDIENTA: Buenos días, señor. ____________________

JAIME: ____________________ un traje azul para un baile.

DEPENDIENTA: Aquí tiene un traje azul muy bonito, señor.

JAIME: Gracias. ____________________

DEPENDIENTA: ____________________. También tenemos uno gris.

JAIME: Carmen, ____________________ ¿Me queda bien?

CARMEN: Muy bien. Y el ____________________ es bueno.

Nombre ______________________ Fecha ______________

Videohistoria (Nivel 1, págs. 324–325, Nivel B, págs. 158–161)

Actividad C

En la *Videohistoria* de este capítulo leíste sobre diferencias culturales en la ropa. Completa el diálogo con palabras de la lista.

ropa elegante	un traje	calcetines	pantalones cortos	ropa deportiva

RAMÓN: Voy a llevar ______________ para la fiesta.

AMIGO: ¿Vas a ir a la fiesta así? ¡Pero eso no es apropiado!

RAMÓN: En mi ciudad para ir a las fiestas llevamos ______________.

AMIGO: Pues aquí es diferente, para ir a las fiestas llevamos ______________.

RAMÓN: Bueno, entonces creo que voy a llevar ______________.

AMIGO: ¡Estupendo!, y debes llevar ______________ con los zapatos, ¿eh?

Actividad D

Tienes que darles un consejo a unos estudiantes de otro país. Debes decirles qué ropa usar en un picnic, en la escuela y en una boda. Escribe una nota para decirles qué deben llevar en cada ocasión.

____

____

____

____

____

____

____

Capítulo 7A

Nombre ______________________ Fecha ______________

Manos a la obra (Nivel 1, págs. 326–329, Nivel B, págs. 162–167)

Actividad E

Completa este diálogo entre Mario y la dependienta de una tienda de ropa. Usa las palabras de la lista. Usa mayúsculas donde corresponda.

trescientos	¿cuánto cuesta?	esas	precio	busco	quizás	tiene razón	cuestan

Mario: ______________ algo para mi primer día de trabajo en una oficina.

Dependienta: Sí, señor. Tenemos unas camisas muy bonitas aquí. ¿Que color le gusta?

Mario: No sé. ______________ esta camisa azul. ______________

Dependienta: Cuatrocientos pesos. Pero tenemos otras que no ______________ tanto.

Mario: ¿Esas camisas que están sobre la mesa?

Dependienta: Sí, ______________ camisas. Están en oferta *(on sale)* hoy. Cuestan sólo ______________ pesos.

Mario: Entonces me llevo una de ésas. Es un buen ______________, ¿verdad?

Dependienta: Sí, ______________. Es un buen precio. Muchas gracias, señor.

Actividad F

Piensa en cómo estás vestido(a) hoy. ¿Qué ropa llevas ahora? ¿Te gusta? ¿Te queda bien o te queda mal? Escribe una breve descripción de tu ropa y da tu opinión sobre ella.

____

____

____

____

____

Capítulo 7A

Nombre ______________________ Fecha ______________

Actividad G

Imagina que trabajas como dependiente(a) en una tienda de ropa. Responde a estas preguntas. Toma apuntes primero, luego escribe las respuestas en forma de párrafo en tu cuaderno.

1. ¿Cómo se llama la tienda?
2. ¿Qué tipo de ropa vendes?
3. ¿Quiénes son los clientes?
4. ¿Cuánto cuesta la ropa?
5. ¿Qué días y a qué horas está abierta la tienda?

Fondo cultural (Nivel 1, pág. 327, Nivel B, pág. 162)

Fernando Botero (1932–) es un artista muy famoso de Medellín, Colombia. Sus pinturas y esculturas representan a personas y objetos que tienen un tamaño exagerado. Las figuras celebran la vida y se ríen de lo que representan.

- ¿Qué mensaje puede querer transmitir un artista como Botero cuando en sus obras presenta una visión humorística de políticos y personas importantes? Contesta en español o en inglés.

Fondo cultural (Nivel 1, pág. 328, Nivel B, pág. 165)

Las monedas de Bolivia, Perú y Costa Rica son diferentes. Los países latinoamericanos tienen nombres especiales para sus monedas nacionales y usan diferentes símbolos y abreviaturas. En Bolivia la moneda oficial es *el boliviano* (su abreviatura es BOB). El *nuevo sol* (su abreviatura es *s/*) es la moneda oficial del Perú. La moneda de Costa Rica es el *colón,* y su símbolo es una ¢ colocada antes de la cantidad; por ejemplo, ¢100 significa "100 colones". En casi toda Latinoamérica se usan *céntimos* o *centavos.* Las imágenes en el dinero impreso honran la historia y la cultura de cada país.

- ¿En qué se parecen estas imágenes a las que se usan en las monedas y billetes de los Estados Unidos? Contesta en español o en inglés.

Gramática

(Nivel 1, pág. 330, Nivel B, pág. 168)

Gramática interactiva

Analiza

- Subraya las formas de los verbos de la tabla que no tienen un cambio en el radical.
- En los ejemplos, encierra en un círculo el infinitivo que sigue al verbo conjugado.

¿Recuerdas?

Ya has aprendido a usar *quiero / quieres* y *prefiero / prefieres* para decir lo que quieres o prefieres.

Verbos con cambios en el radical: *pensar, querer y preferir*

Los verbos como *pensar ("to think", "to plan"), querer ("to want")* y *preferir ("to prefer")* tienen un cambio de *e* → *ie* en el radical. El cambio se da en todas sus formas con la excepción de *nosotros* y *vosotros.* A continuación están las formas de estos verbos:

(yo)	**pienso** **quiero** **prefiero**	(nosotros) (nosotras)	**pensamos** **queremos** **preferimos**
(tú)	**piensas** **quieres** **prefieres**	(vosotros) (vosotras)	**pensáis** **queréis** **preferís**
Ud. (él) (ella)	**piensa** **quiere** **prefiere**	Uds. (ellos) (ellas)	**piensan** **quieren** **prefieren**

Después de los verbos *pensar, querer* y *preferir* se usa el infinitivo.

¿Piensas comprar esa blusa?
***Do you plan to buy** that blouse?*

Fíjate en estas frases y nota la diferencia entre ellas:

Pienso en ir a Colombia.
(Estoy pensando en hacer un viaje a Colombia).

Pienso ir a Colombia.
(Tengo un plan definitivo de ir a Colombia).

Quiero ir a Colombia.
(Deseo ir a Colombia).

Quiero a mis padres.
(Amo a mis padres).

Actividad H

Compárate con tu hermano(a), que prefiere lo opuesto *(the opposite)* de lo que tú prefieres. Completa las oraciones según el modelo.

Modelo preferir/ropa elegante
Yo prefiero la ropa elegante, pero mi hermana prefiere la ropa deportiva.

1. preferir/ropa que no cuesta mucho

____

____

2. querer ir/un almacén grande

____

____

3. pensar comprar/pantalones largos

____

____

4. preferir llevar/ropa nueva

____

____

5. pensar/que la ropa de muchos colores es bonita

____

____

Actividad I

Contesta las preguntas en tu cuaderno según tus propias opiniones.

1. ¿Qué ropa piensas llevar este fin de semana?
2. ¿Qué ropa piensa llevar tu mejor amigo(a)?
3. Por lo general, ¿qué prefieres llevar los fines de semana?
4. Por lo general, ¿qué prefiere llevar tu mejor amigo(a)?

Nombre ______________________ Fecha ______________

Gramática

(Nivel 1, pág. **332**, Nivel B, pág. **172**)

Adjetivos demostrativos

Los adjetivos demostrativos se usan para señalar nombres: ***esta** gorra, **estos** calcetines, **esa** camisa, **esos** zapatos.* Observa que *esta* y *estos* se refieren a cosas que están cerca de ti, mientras que *esa* y *esos* se refieren a cosas que están a cierta distancia.

A continuación se muestran los adjetivos demostrativos correspondientes en español. Así como otros adjetivos, los adjetivos demostrativos concuerdan en género y número con el nombre que les sigue.

	"this", "these"	*"that", "those"*
SINGULAR	**este** suéter **esta** falda	**ese** vestido **esa** chaqueta
PLURAL	**estos** suéteres **estas** faldas	**esos** vestidos **esas** chaquetas

Gramática interactiva

Encuentra

- En la tabla, subraya la parte de las formas de *este* que no cambia. Esta parte se llama la raíz.
- También subraya la parte de las formas de *ese* que no cambia. Las partes no subrayadas son las terminaciones.

Estrategia

Usa rimas para recordar significados Para recordar la diferencia entre estos adjetivos demostrativos que son similares, memoriza esta rima: En español, los adjetivos *"this"* y *"these"* se escriben con *t,* mientras en la traducción de *"that"* y *"those"* no se la ve.

Ampliación del lenguaje

(Nivel 1, pág. **333**, Nivel B, pág. **166**)

El lenguage no verbal

Aprendiste el gesto *¡Ojo!,* que significa "ten cuidado". Otro gesto común de los hispanohablantes significa "mucho dinero". Este gesto se hace con la palma de la mano hacia arriba y frotando las puntas de los dedos. A menudo se acompaña con expresiones como *¡Cuesta muchísimo!* o *Es mucho dinero.* También lo puedes usar para describir a una persona rica.

Actividad J

Eduardo y Guillermo están comprando pantalones en un almacén. Completa el diálogo con las formas correctas de los adjetivos demostrativos.

Eduardo levanta unos pantalones y dice:

EDUARDO: ¿Qué piensas de ________ pantalones, Guille?

GUILLE: No sé. Me gustan más ________ pantalones negros en la otra mesa.

EDUARDO: Pero ________ pantalones están en oferta. No cuestan mucho.

GUILLE: Bueno, cómpralos. (Guille levanta una gorra). ¿Y ________ gorra?

EDUARDO: No me gusta. Prefiero ________ gorra que llevas tú.

GUILLE: Te la vendo. ¿Necesitas calcetines? ________ calcetines rojos encima de las camisas son bonitos.

EDUARDO: De acuerdo. ________ calcetines van bien con mis zapatos.

Actividad K

Estás de compras con un amigo pero él necesita ayuda. Ofrécele dos posibilidades según el modelo.

Modelo —No sé qué camisa quiero comprar.
—*¿Te gusta esta camisa roja o prefieres probarte esa camisa azul?*

1. —No sé qué pantalones comprar.
____

2. —Este traje no me queda bien y la fiesta es esta noche.
____

3. —Necesito botas pero no quiero pagar mucho.
____

4. —Quiero una chaqueta de cuero *(leather)*.
____

Nombre ______________________ Fecha ______________

Fondo cultural (Nivel 1, pág. 335, Nivel B, pág. 175)

Carolina Herrera es una de las líderes mundiales en el diseño de modas. Algunas de las mujeres más elegantes del mundo llevan la ropa, los perfumes y los accesorios de esta diseñadora venezolana. Ella es una de muchos diseñadores hispanos que están dejando su huella en el mundo de la moda.

- ¿Quiénes son otros diseñadores famosos de moda? ¿De qué manera influyen en la cultura de la vida diaria?

____

____

Ampliación del lenguaje

Nombres invariables y nombres ambiguos

Normalmente, los nombres tienen una forma para el masculino y otra para el femenino: *chico / chica; jugador / jugadora.*

- Los nombres **invariables** tienen la misma forma para el masculino y el femenino: *la jirafa macho / la jirafa hembra; el elefante macho / el elefante hembra.*
- Los nombres **ambiguos** no tienen un género gramatical definido, por lo que pueden usarse en femenino o en masculino: *el mar / la mar; el modelo / la modelo.*

Actividad L

Lee el *Fondo cultural* sobre Fernando Botero de la página 327 (Nivel B, pág. 162) de tu libro de texto. ¿Qué ropa lleva la familia cuando está en casa un fin de semana? Descríbela en un párrafo breve.

____

____

____

____

____

____

Capítulo 7A

Nombre ______________________ Fecha ______________

Conexiones Las matemáticas

(Nivel 1, pág. 334, Nivel B, pág. 174)

Estás ahora en la tienda de ropa "Perfección" de la Actividad 20 de tu libro de texto. Calcula el porcentaje de descuento de la ropa en el anuncio. Con un(a) compañero(a), haz preguntas y contesta según el modelo.

Modelo A: —*Perdón, señor (señorita). ¿Cuánto cuesta ese suéter rosado?*
B: —*Hoy este suéter cuesta sólo 32 dólares. Es un descuento del 29 por ciento.*
A: —*¡Genial! Quiero comprar el suéter. ¡Qué buen precio!*

Actividad M

Es importante saber calcular cuánto dinero representa un porcentaje de descuento. Aquí tienes los precios de algunos artículos de una tienda de tu comunidad. Calcula el nuevo precio basándote en el porcentaje de descuento de cada artículo.

1. *Falda larga con volantes*
   Precio anterior: 50 dólares Descuento: 20% Precio actual: ______________
2. *Pantalón azul de chico*
   Precio anterior: 30 dólares Descuento: 10% Precio actual: ______________
3. *Traje de caballero*
   Precio anterior: 200 dólares Descuento: 50% Precio actual: ______________
4. *Traje de baño*
   Precio anterior: 100 dólares Descuento: 30% Precio actual: ______________
5. *Zapatos de señora*
   Precio anterior: 75 dólares Descuento: 20% Precio actual: ______________

El español en la comunidad

(Nivel 1, pág. 335, Nivel B, pág. 175)

Busca una tienda en tu comunidad o en el Internet donde se venden productos que vienen de países hispanos. Visita la tienda o la página Web y haz una lista del tipo de artículos que se pueden comprar allí. ¿Se parecen a los artículos del anuncio? Trae tu lista a la clase y compárala con la de otros estudiantes. ¿Cuáles son los artículos más comunes que se pueden comprar en estas tiendas?

Capítulo 7A

Nombre ____________________ Fecha ____________________

¡Adelante! (Nivel 1, págs. 336–337, Nivel B, págs. 176–177)

Lectura 1

Lee las actividades del margen antes de leer el artículo.

Estrategia

Predecir Mirar las fotos y mapas de un artículo y leer su título te permite predecir de qué tratará el artículo. Esto te ayudará a anticipar el tipo de palabras y expresiones que vas a encontrar en la lectura.

Lectura interactiva

Predice

- Antes de leer el artículo, mira las fotos y lee el título del artículo en tu libro de texto.
- Señala el tipo de información que crees que vas a encontrar.

  ___ cómo fabricar ropa tradicional

  ___ descripciones de ropa tradicional

  ___ el clima de Panamá

  ___ festivales de Panamá

  ___ comida de Panamá

  ___ sitios turísticos de Panamá

  ___ la geografía de Panamá
- Verifica tus predicciones y subraya la información que señalaste en la lista que encontraste en la lectura.

Tradiciones de la ropa panameña

Una tradición panameña de mucho orgullo es llevar el vestido típico *(typical attire)* de las mujeres, "la pollera". Hay dos tipos de pollera, la pollera montuna y la pollera de gala, que se lleva en los festivales. La pollera de gala se hace a mano y cuesta muchísimo dinero por la cantidad de joyas que adornan el vestido. ¿Cuánto cuesta una pollera de gala? Puede costar unos 1,850 dólares americanos, y requiere unos siete meses de trabajo. La pollera es tan importante que en la ciudad de Las Tablas celebran el Día Nacional de la Pollera, el 22 de julio.

Si quieres celebrar con los panameños, puedes visitar la ciudad de Las Tablas, en la provincia de Los Santos. Las Tablas es famosa por ser el mejor lugar para celebrar los carnavales. Durante el carnaval y en otros festivales, puedes admirar los vestidos y los bailes tradicionales.

El canal de Panamá conecta el océano Pacífico con el mar Caribe y el océano Atlántico. El istmo de Panamá es la conexión entre dos continentes, y tiene costas sobre el océano Pacífico y sobre el mar Caribe. Es famoso por el canal en el que navegan barcos de todo el mundo.
El folklore panameño es muy variado. La música, los bailes y los vestidos son importantes en la vida social, especialmente en las provincias del centro del país.

Otro tipo de ropa de Panamá viene de los indios Kuna, un grupo de indígenas que viven en las islas de San Blas. Las mujeres llevan una blusa hecha de molas. Las molas son paneles decorativos que forman la parte de adelante y de detrás de las blusas. Las mujeres muestran su talento y expresión personal con los diseños originales de las molas. Los diseños representan formas humanas y animales. Hoy día, puedes ver y admirar molas como objetos de arte en muchos museos y colecciones.

Nombre ________________ Fecha ________________

Actividad N

Contesta las siguientes preguntas según la información del artículo sobre las tradiciones de la ropa panameña.

1. ¿Cuál es el vestido típico de Panamá? ¿Hay más de un tipo o son todos iguales?

2. ¿Qué se celebra el 22 de julio? ¿Dónde se celebra?

3. ¿Qué características personales tienen las molas que llevan las mujeres?

4. Ahora piensa en tu comunidad, ¿hay un vestido típico para alguna ocasión especial?

5. Tu escuela quiere diseñar un vestido o traje típico para el aniversario de la escuela. En tu opinión, ¿qué símbolos debe llevar el vestido o traje? ¿De qué colores y materiales debe ser?

Fondo cultural

(Nivel 1, pág. **337**, Nivel B, pág. **177**)

El Carnaval es una celebración tradicional en muchos países latinoamericanos. Tiene lugar durante las semanas previas a la Cuaresma *(Lent).* Por lo general, el *Carnaval* incluye la coronación de una reina de belleza, desfiles, disfraces recargados *(elaborate costumes),* música en las calles y bailes. El *Carnaval* de Las Tablas, un pueblo cerca de la costa del Pacífico en Panamá, es muy popular y atrae a miles de visitantes cada año.

- ¿Qué desfiles o celebraciones tradicionales tienen lugar en tu comunidad? Compáralas con la celebración del *Carnaval.* Contesta en español o en inglés.

Nombre _______________ Fecha _______________

Lectura 2

Lee el artículo antes de hacer las actividades del margen.

Estrategia

Usar conocimientos previos
Muchas veces lo que ya sabemos sobre un tema nos ayuda a entender un texto. Trata de hacer una conexión entre una idea o término nuevo y lo que ya sabes.

Lectura interactiva

Usa conocimientos previos
Piensa en lo que sabes del vaquero *(cowboy)* norteamericano y recorre la lectura.

- Encierra en un círculo un verbo en infinitivo que nombra una de las tareas de un vaquero.
- Subraya los nombres de algunos animales que se asocian con el vaquero.
- Subraya dos veces la pieza de ropa que corresponde a "chaps" en inglés y una palabra que nombra una parte de un sombrero.

El gaucho y su vestimenta

Una de las figuras más típicas de la Argentina es el gaucho: un hombre de campo, tostado por el sol, siempre a caballo y con una ropa que lo distingue de los demás. Aunque existen diferentes ideas sobre el origen del gaucho, la mayoría dice que los gauchos son jinetes *(horsemen)* y su misión era atrapar las miles de cabezas de ganado cimarrón (vacas y toros) y caballos salvajes que poblaban las pampas argentinas hace varios siglos. En un principio, el gaucho es libre, sin residencia fija, recorre grandes distancias, alejado de las ciudades. Poco a poco, las tierras y el ganado empiezan a tener propietarios *(owners),* y el gaucho va desapareciendo o se incorpora a los pequeños poblados que aparecen en el territorio argentino.

Muchos pintores retratan al gaucho en diferentes actitudes: parado en la puerta de su rancho, jugando o bebiendo en una tienda local. En esos cuadros lleva pantalones amplios y con grandes bordados debajo de su chiripá (una especie de cubierta sobre el pantalón o calzón) y que sujetan a su cintura con un cinturón. Para protegerse del frío el gaucho usa un poncho de brillantes colores, a manera de capa o enroscado *(rolled up)* en un brazo.

En días de fiesta usa un chaleco abierto, cerrado con dos botones sobre una camisa con pliegues *(pleats* or *folds).* También usa un saco corto que adorna con botones de plata *(silver).* Protege su cabeza con un pañuelo que, a su vez, cubre con un sombrero de copa alta. El pañuelo puede usarse también atado al cuello. Todos los elementos de su vestimenta se incorporan a un atuendo *(outfit)* originalmente español, que poco a poco se adapta a las necesidades de su trabajo en el campo.

Capítulo 7A

Nombre ______________________ Fecha ____________

Actividad Ñ

Lee estas oraciones sobre los gauchos y los vaqueros. Haz una *X* en la Columna G si la frase se aplica a los gauchos; haz una *X* en la Columna V si se aplica a los vaqueros. Marca las dos columnas si la frase se aplica a ambos.

G V

___ ___ **1.** Atrapa ganado salvaje.

___ ___ **2.** Recorre las pampas argentinas.

___ ___ **3.** Es un hombre libre, sin residencia fija.

___ ___ **4.** Lleva pantalones amplios con grandes bordados.

___ ___ **5.** Lleva un pañuelo en el cuello.

___ ___ **6.** Lleva jeans, una camisa y un sombrero.

Actividad O

Responde a estas preguntas sobre la lectura.

1. ¿Qué es un gaucho?

____

____

2. Menciona por lo menos tres elementos de la vestimenta de gaucho.

____

____

3. ¿Por qué cambia la vestimenta del gaucho?

____

____

Nombre ______________________ Fecha ______________

La cultura en vivo (Nivel 1, pág. 338, Nivel B, pág. 178)

Las molas

Las molas son trabajos de arte en telas de colores brillantes, creadas por los indígenas kuna, de las islas de San Blas, un grupo de islas cerca de la costa de Panamá en el mar Caribe. *Mola* es una palabra kuna que significa "blusa". Esta forma de arte inicialmente se usaba para hacer ropa, pero hoy en día el término *mola* se refiere a cualquier pieza de tela hecha con este método.

Las mujeres kuna cortan un patrón de tela y lo cosen sobre otras capas de tela que están cosidas juntas. Algunas piezas de las capas superiores se cortan para mostrar los colores de debajo y crear un diseño. Después, las mujeres adornan su trabajo con detalles. Muchos diseños de las molas representan la naturaleza o los animales. Cada mola puede tardar semanas en crearse.

¡Inténtalo!
Aquí te presentamos la manera de hacer *molas* con papel.

Materiales:

- 2 lápices
- 2 gomas elásticas
- cartulina *(thin cardboard)*
- pegamento
- tijeras

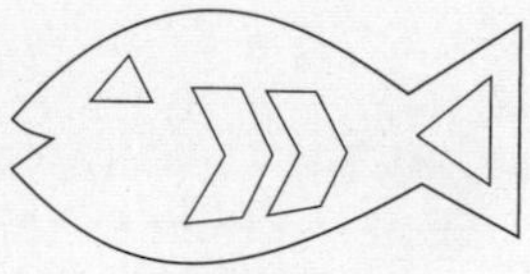

Figura 1

Instrucciones:

1. Tu profesor(a) te dará un patrón para trazarlo sobre una cartulina. Puedes hacer un trazo con un molde de galletas o dibujar un diseño sencillo inspirado en la naturaleza (por ejemplo: una hoja, una flor o un abeto). *(Fig. 1)*
2. Dibuja todas las líneas dobles con dos lápices unidos con la goma elástica. *(Fig. 2)*
3. Corta todos los pedazos de papel que NO queden entre las dos líneas. *(Fig. 3)*
4. Pega la figura que cortaste sobre una cartulina de un color que haga contraste.
5. Corta alrededor de la figura pegada, dejando un borde del segundo color. *(Fig. 4)*
6. Pega esta figura sobre otra pieza de cartulina y corta alrededor, dejando un borde del nuevo color. Pega la pieza completa sobre un fondo que haga contraste.

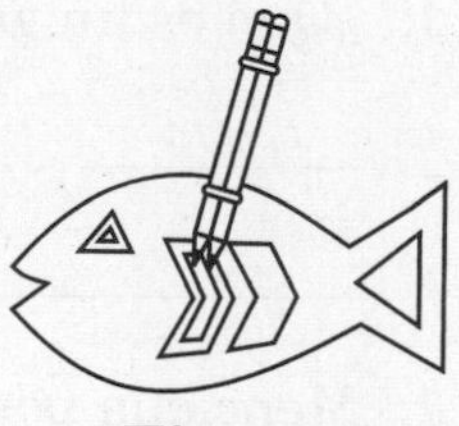

Figura 2

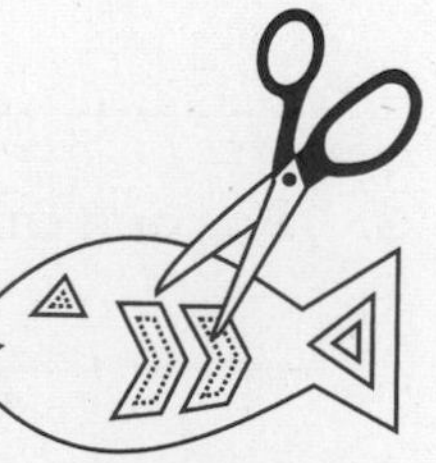

Figura 3

¡Piénsalo!
¿Tú o alguien de tu familia practica alguna manualidad tradicional? ¿Tienes ropa que has hecho o has decorado tú para expresar tus intereses o tu personalidad?

Figura 4

Capítulo 7A

Nombre ______________________ Fecha ______________

Presentación oral (Nivel 1, pág. 339, Nivel B, pág. 179)

¿En qué puedo servirle?

Tarea

Tú y un(a) compañero(a) van a interpretar los papeles de cliente y dependiente en una tienda de ropa. Van a hacer y responder a preguntas sobre los artículos de ropa que se venden en la tienda. El (La) cliente debe decidir si quiere comprar los artículos o no.

Estrategia

Pedir comentarios Al practicar con un(a) compañero(a), pídele que te haga comentarios para corregir tus errores y mejorar tu presentación.

1. **Preparación**
   Trabaja con un(a) compañero(a) para preparar el guión. Una persona hará el papel de vendedor(a) y la otra, el de comprador(a). Prepárate para representar los dos papeles. Decide el tipo de ropa que se va a vender en la tienda y lleva a la clase artículos de ropa o fotos de una revista. Ponle un nombre a la tienda.

   Cliente: Haz una lista de expresiones y preguntas que puedes hacer para preguntar sobre la ropa, para describirla y para indicar si la vas a comprar o no.

   Dependiente(a): Haz una lista de expresiones y preguntas que puedes usar para ayudar al (a la) cliente, respondiendo a sus preguntas y mostrándole ropa.

2. **Práctica**
   Trabaja con tu compañero(a) y practica los dos papeles. Puedes revisar *A primera vista,* la *Videohistoria* y la Actividad 9 para darte ideas. Puedes usar tus notas mientras practicas, pero no durante la presentación.

3. **Presentación**
   Tu profesor(a) asignará los papeles. La persona que representa al (a la) vendedor(a) empieza la conversación. Debe continuar hablando hasta que el (la) comprador(a) tome la decisión de comprar o no comprar el artículo.

4. **Evaluación**
   Quizá tu profesor(a) te dé los criterios de cómo va a ser evaluada tu presentación. Probablemente, tu presentación será evaluada teniendo en cuenta:
   - lo bien que mantienes la conversación
   - lo completa que es tu preparación
   - lo bien que usas el vocabulario nuevo y el aprendido anteriormente

Capítulo 7A

Repaso del capítulo (Nivel 1, pág. 342, Nivel B, pág. 182)

Vocabulario y gramática

Repaso del capítulo

Para prepararte para el examen, revisa si...
- conoces el vocabulario nuevo y la gramática.
- puedes realizar las tareas de la página 343; Nivel B, pág. 183.

para hablar acerca de las compras

buscar	to look for
comprar	to buy
el dependiente, la dependienta	salesperson
¿En qué puedo servirle?	How can I help you?
entrar	to enter
la tienda	store
la tienda de ropa	clothing store

para hablar acerca de la ropa

el abrigo	coat
la blusa	blouse
las botas	boots
los calcetines	socks
la camisa	short
la camiseta	T-shirt
la chaqueta	jacket
la falda	skirt
la gorra	cap
los jeans	jeans
los pantalones	pants
los pantalones cortos	shorts
la sudadera	sweatshirt
el suéter	sweater
el traje	suit
el traje de baño	swimsuit
el vestido	dress
los zapatos	shoes
¿Cómo me/te queda(n)?	How does it (do they) fit (me/you)?
Me/te queda(n) bien/mal.	It fits (They fit) me/you well/poorly.
llevar	to wear
nuevo, -a	new

otras palabras útiles

quizás	maybe
Perdón.	Excuse me.
¡Vamos!	Let's go!

para hablar acerca de los precios

¿Cuánto cuesta(n)...?	How much does (do)...cost?
costar *(o → ue)*	to cost
el precio	price
tanto	so much
doscientos, -as	two hundred
trescientos, -as	three hundred
cuatrocientos, -as	four hundred
quinientos, -as	five hundred
seiscientos, -as	six hundred
setecientos, -as	seven hundred
ochocientos, -as	eight hundred
novecientos, -as	nine hundred
mil	a thousand

para indicar si alguien tiene razón

tener razón	to be correct

para indicar objetos específicos

los/las dos	both
este, esta	this
estos, estas	these
ese, esa	that
esos, esas	those

pensar *to think, to plan*

pienso	**pensamos**
piensas	**pensáis**
piensa	**piensan**

preferir *to prefer*

prefiero	**preferimos**
prefieres	**preferís**
prefiere	**prefieren**

querer *to want*

quiero	**queremos**
quieres	**queréis**
quiere	**quieren**

Más práctica

Practice Workbook Puzzle 7A-8
Practice Workbook Organizer 7A-9

Nombre ____________________ Fecha ____________________

Preparación para el examen (Nivel 1, pág. 343, Nivel B, pág. 183)

En el examen vas a... | **Éstas son las tareas que te pueden ser útiles para el examen...** | **Si necesitas repasar...**

1 Escuchar

Escuchar Escuchar y entender por qué la gente devuelve ropa a una tienda.

Escucha lo que las personas le dicen a la vendedora de una tienda mientras devuelven o cambian ropa que recibieron como regalo. Intenta determinar si devuelven la ropa porque: a) no les queda bien; b) no les gusta el color o estilo; c) es muy cara; d) simplemente no les gusta.

Nivel 1:
págs. 322–325 *A primera vista*
págs. 326–332 Acts. 5, 10–11, 17
Nivel B:
págs. 156–161 *A primera vista*
págs. 163–172 Acts. 8, 12, 24

2 Hablar

Hablar Describir lo que piensas comprar con un certificado de regalo de tu tienda de ropa favorita.

Para tu cumpleaños te regalaron certificados de regalo de tu tienda de ropa favorita. Describe por lo menos cuatro cosas que te gustaría comprar. Puedes decir algo así: *Me gustaría comprar un suéter rojo. Prefiero esos suéteres que me quedan grandes.*

Nivel 1:
págs. 322–325 *A primera vista*
págs. 327–334 Acts. 6, 9, 12–13, 15, 20
pág. 339 *Presentación oral*
Nivel B:
págs. 156–161 *A primera vista*
págs. 164–174 Acts. 10, 14, 18–19, 27
pág. 179 *Presentación oral*

3 Leer

Leer Leer y entender la hoja de pedido en el Internet de una tienda que es muy popular.

Quieres pedir trabajo en una tienda. Necesitan a una persona que hable español para interpretar los pedidos que se hacen por el Internet. Lee la información para ver si puedes decirles: a) la descripción del artículo ordenado; b) el color; c) el precio.

	Artículo	Color	Precio
A.	sudadera	rojo/azul	355 pesos
B.	abrigo	negro	801 pesos
C.	falda	blanco/marrón/verde	506 pesos

Nivel 1:
págs. 322–325 *A primera vista*
págs. 328–334 Acts. 10, 20
Nivel B:
págs. 156–161 *A primera vista*
págs. 165–174 Acts. 12, 27

4 Escribir

Escribir Llenar una hoja de pedido para ciertos artículos de ropa que te gustaría comprar para regalar.

Pide los artículos siguientes usando la hoja de pedido de la Red: a) botas negras para tu hermana, que es muy pequeña; b) una gorra azul y blanca para tu hermano, que necesita una talla pequeña; c) tres pares de calcetines grises para tu papá, quien tiene los pies MUY grandes.

Artículo	Color	Tamaño

Nivel 1:
págs. 322–325 *A primera vista*
págs. 327–331 Acts. 7–8, 12, 15
Nivel B:
págs. 156–161 *A primera vista*
págs. 162–169 Acts. 6–7, 11, 16, 19

5 Pensar

Pensar Demostrar una comprensión de las perspectivas culturales respecto a las artesanías y a la ropa.

Piensa en algo que consideras una artesanía folklórica estadounidense que ha pasado de generación en generación. ¿En qué se parece o se diferencia de las molas que hacen los indígenas kuna?

Nivel 1:
págs. 336–337 *Lectura*
pág. 338 *La cultura en vivo*
Nivel B:
págs. 176–177 *Lectura*
pág. 178 *La cultura en vivo*

Nombre _______________ Fecha _______________

¿Qué sabes ya?

(Nivel 1, págs. 344–345, Nivel B, págs. 184–185)

Cuando vas a comprar algo para un(a) amigo(a) o para un familiar, ¿te gusta ir a un centro comercial o a una tienda pequeña? Escribe el nombre de cinco cosas que te gusta comprar en un centro comercial y otras cinco que normalmente compras en una tienda pequeña o especializada. Contesta en español, o en inglés.

En un centro comercial	En una tienda pequeña / especializada

Arte y cultura (Nivel 1, pág. 345, Nivel A, pág. 185)

Ñandutí, que significa red de araña en la lengua guaraní, es el nombre de tejidos finos de encaje de Paraguay, un país de Sudamérica. Los tapices para colgar en las paredes y los manteles son ejemplos de los artículos complicados y coloridos que se hacen con este tejido. Los telares de ñandutí pueden encontrarse en las puertas de los hogares de Itauguá, un pequeño pueblo en el que se elabora la mayoría del *ñandutí* del país.

- Por lo general, los artículos hechos a mano son más caros que los producidos en masa. ¿Por qué crees que algunas personas están dispuestas a pagar más dinero por estos artículos? Contesta en español o en inglés.

Nombre _______________ Fecha _______________

Capítulo 7B

¡Qué regalo!

Objetivos del capítulo

- Hablar sobre comprar regalos
- Contar qué sucedió en el pasado
- Usar pronombres de objeto directo
- Comprender las perspectivas culturales con respecto a los regalos

Conexión geográfica (Nivel 1, pág. 344, Nivel B, pág. 184)

En este capítulo vas a estudiar varios estados de los Estados Unidos, además de algunos países hispanos. Mira los estados del mapa e indica por lo menos una cosa típica que puedes comprar en cada uno como regalo para tu mamá. Contesta en español o en inglés.

Modelo Texas: *Un cinturón de vaquero* (cowboy)

Texas: (No repitas el modelo). _______________

Illinois: _______________

Nueva York: _______________

California: _______________

Florida: _______________

Capítulo 7B

Nombre ______________________ Fecha ______________

A primera vista (Nivel 1, págs. **346–347**, Nivel B, págs. **186–187**)

Nota

Dónde y *adónde* son adverbios interrogativos para preguntar sobre un lugar. La diferencia entre ellos es que *adónde* se usa con verbos de movimiento como *ir, venir, llegar* y otros similares.

- ¿*Dónde* está Ana?
- ¿*Adónde* va Ana?

Actividad A

Contesta estas preguntas usando palabras y expresiones del vocabulario.

1. ¿Adónde vas para comprar unos zapatos?
____

2. ¿Adónde vas para comprar un libro interesante?
____

3. ¿Qué cosas puedes comprar en una joyería? Escribe por lo menos tres.
____

4. ¿A qué tienda vas para comprar una lavadora?
____

5. ¿Dónde pones las llaves?
____

6. ¿Qué te pones en las manos cuando tienes frío?
____

7. ¿Qué dices de un objeto que cuesta demasiado dinero?
____

8. ¿Qué dices de un objeto que cuesta poco dinero?
____

Ampliación del lenguaje

Cognados falsos

Los cognados falsos son palabras que son casi iguales en inglés y en español pero que tienen significados diferentes. Debes tener mucho cuidado con este tipo de palabras. Un ejemplo de falsos cognados son **librería** y *library.*

Library se traduce en español como **biblioteca.**
Librería se traduce en inglés como *book store.*

Nombre ____________________ Fecha ____________

Videohistoria (Nivel 1, págs. **348–349**, Nivel B, págs. **188–191**)

Actividad B

Responde a las preguntas siguientes sobre la *Videohistoria*. Usa frases completas.

1. ¿Por qué va Manolo a la tienda?

 ____

2. ¿Qué quiere comprar Manolo?

 ____

3. ¿Qué piensa Claudia de la idea de Manolo? ¿Qué propone ella?

 ____

4. ¿Qué hacen los chicos con el paquete cuando salen de la joyería?

 ____

5. ¿Cómo reacciona la tía de Manolo cuando ve el regalo?

 ____

6. ¿Cómo termina la historia? Escribe un párrafo corto para explicar qué ocurre después.

 ____

 ____

Actividad C

¿Fuiste alguna vez a comprar un regalo y te pasó algo curioso? ¿Compraste un regalo por el Internet? ¿Qué compraste? ¿Cuándo lo compraste? Si no tienes ninguna historia interesante, usa tu imaginación para escribir en tu cuaderno un párrafo corto para explicar que pasó.

anoche	ayer	pagué...por	software
el año pasado	en la Red	la semana pasada	venden

____

____

Nombre ______________________ Fecha ______________

Manos a la obra (Nivel 1, págs. 350–353, Nivel B, págs. 192–195)

Actividad D

Indica qué regalo puedes comprar para cada persona de la lista. Después, explica por qué crees que es un buen regalo para esa persona.

1. Para tu mamá

   Regalo: ______________________

   Razón: ______________________

2. Para tu papá

   Regalo: ______________________

   Razón: ______________________

3. Para tu mejor amigo(a)

   Regalo: ______________________

   Razón: ______________________

4. Para tu novio(a)

   Regalo: ______________________

   Razón: ______________________

5. Para tu profesor(a) de español

   Regalo: ______________________

   Razón: ______________________

6. Para un estudiante de intercambio que está en tu casa

   Regalo: ______________________

   Razón: ______________________

Actividad E

¿Qué regalos te gustan a ti? ¿Por qué? Responde en un párrafo corto que escribirás en tu cuaderno.

Nombre ______________________ Fecha ______________

Actividad F

Vas a abrir una tienda de regalos en un nuevo centro comercial de tu ciudad. Debes tener artículos para todo tipo de personas y gustos. Describe dos artículos para cada categoría.

1. En la sección de regalos para señoras:

____

____

2. En la sección de regalos para señores:

____

____

3. En la sección de regalos para jóvenes:

____

____

4. En la sección de regalos para mascotas:

____

____

Fondo cultural

(Nivel 1, pág. **350**, Nivel B, pág. **192**)

Los centros comerciales y grandes almacenes son populares en los países hispanos, pero mucha gente todavía compra en tiendas especializadas tradicionales. Frecuentemente, estas tiendas pertenecen a familias y ellos mismos las administran, por eso la lealtad de los clientes va creciendo de generación a generación.

- ¿Cómo crees que pueden sobrevivir las pequeñas tiendas especializadas cuando los grandes almacenes (donde se puede comprar de todo) y centros comerciales son tan populares? ¿Dónde prefieres hacer compras? ¿Por qué? Contesta en español o en inglés.

Capítulo 7B

Nombre ______________________ Fecha ______________

Gramática

(Nivel 1, pág. 354, Nivel B, pág. 196)

El pretérito de los verbos terminados en *-ar*

Para hablar acerca de acciones que fueron completadas en el pasado, usas el tiempo pretérito. Para formar el tiempo pretérito de un verbo terminado en *-ar,* añade las terminaciones del pretérito al radical del verbo.

Éstas son las formas del pretérito de *comprar:*

(yo)	compr**é**	(nosotros) (nosotras)	compr**amos**
(tú)	compr**aste**	(vosotros) (vosotras)	compr**asteis**
Ud. (él) (ella)	compr**ó**	Uds. (ellos) (ellas)	compr**aron**

Observa el acento gráfico en las terminaciones *-é* y *-ó.* La forma *nosotros(as)* es la misma para el presente y para el pretérito. Te darás cuenta del tiempo en que se habla por el contexto.

¿Recuerdas?
En español, las terminaciones de los verbos identifican quién realiza la acción (el sujeto) y cuando la realiza (el tiempo).

Gramática interactiva

Compara

- Subraya las terminaciones de las formas de **nosotros** y **vosotros** en la tabla de la derecha.
- ¿En qué se parecen o diferencian de las terminaciones de **nosotros** del presente del indicativo del mismo verbo?

____

____

____

Reflexiona

¿Cómo puedes saber si el verbo está en el presente o en el pretérito cuando lo ves en una oración?

____

____

____

¿Recuerdas?

arreglar	cortar	hablar	nadar
bailar	dibujar	lavar	pasar
caminar	escuchar	levantar	patinar
cantar	esquiar	limpiar	trabajar
cocinar	estudiar	montar	usar

Actividad G

Completa las tablas siguientes.

(yo)	trabajé	(nosotros) (nosotras)	
(tú)		(vosotros) (vosotras)	trabajasteis
Ud. (él) (ella)		Uds. (ellos) (ellas)	

(yo)		(nosotros) (nosotras)	hablamos
(tú)		(vosotros) (vosotras)	
Ud. (él) (ella)	habló	Uds. (ellos) (ellas)	

Capítulo 7B

Nombre ______________________ Fecha ______________

Ampliación del lenguaje

(Nivel 1, pág. 353, Nivel B, pág. 195)

Nombres que terminan en *-ería*

Los nombres que terminan con el sufijo *-ería* suelen indicar un lugar en que se vende, hace o repara algo. Este sufijo se añade a una forma de la palabra que sirve para dar nombre a un artículo específico. Por ejemplo, si sabes lo que es *una joya,* entiendes que puedes comprar joyas en *la joyería.*

Venden flores para todas las ocasiones en esta florería en Argentina.
Muchos españoles pasan tiempo con sus amigos en una pastelería.
En esta joyería venden pulseras, anillos y collares.
Muchos mexicanos compran tortillas en una tortillería cerca de su casa.

¡Inténtalo!

Muchas veces ves estos carteles en las tiendas. Di qué venden en cada una de ellas.

heladería	librería	pastelería
papelería	panadería	zapatería

Modelo joyería
En la joyería venden joyas como anillos, pulseras y collares.

Actividad H

Completa las oraciones con la forma correcta de cada verbo en el pretérito y algunos detalles adicionales.

Modelo Mi hermana (comprar) (juguetería)
Mi hermana compró una pelota para su amiga en la juguetería.

1. Mis padres (cocinar) (pastelería)
____

2. Yo (escuchar) (cafetería)
____

3. Tú (estudiar) (librería)
____

4. Mi profesora (trabajar) (joyería)
____

5. Mi primo (conversar) (frutería)
____

Nombre ____________________ Fecha ____________

Gramática

(Nivel 1, pág. **356**, Nivel B, pág. **198**)

Gramática interactiva

Encuentra
Fíjate en los ejemplos con verbos terminados en *-car* y *-gar.* Léelos en voz alta. Fíjate en que el cambio ortográfico es necesario para mantener el sonido original del verbo en el pretérito.

- Subraya las formas de los verbos en *-car* y *-gar* que mantienen la ortografía original del infinitivo en los ejemplos.
- Encierra en un círculo las formas que tienen un cambio en su ortografía.

El pretérito de los verbos terminados en *-car* y *-gar*

Las formas del pretérito de los verbos terminados en *-car* y *-gar* sufren un cambio en su ortografía para la conjugación de *yo.*

buscar: c* ➤ *qu yo bus***qué***
Silvia y Rosa bus***caron*** aretes pero yo bus***qué*** un collar.

pagar: g* ➤ *gu yo pa***gué***
¿Cuánto pa***gaste*** por tu cadena? Pa***gué*** 13 dólares.

Los verbos como *jugar* cuyo radical cambia en el presente, no tienen un cambio en el pretérito.

El sábado pasado **jugué** al tenis.
Mis hermanos **jugaron** al básquetbol.

Actividad 1

Completa este párrafo sobre la última vez que Carlos compró regalos. Conjuga el verbo entre paréntesis en el pretérito. Presta atención a los cambios ortográficos.

La semana pasada fui *(I went)* al centro comercial con mis amigos. Cuando *(nosotros / llegar)* __________ allí, *(yo / buscar)* __________ un almacén para comprar todos mis regalos. Allí yo *(comprar)* __________ una camiseta para mi primo. *(Yo / pagar)* __________ quince dólares por ella. Fernando me dijo: "¡Qué barata! Ayer, mi hermano y yo *(pagar)* __________ veinte dólares por una camiseta igual a esa". Fernando *(buscar)* __________ otra camiseta para él, pero todas eran pequeñas. Roberto y Antonio *(comprar)* __________ unos aretes para su hermana.

Pronunciación

(Nivel 1, pág. **357**, Nivel B, pág. **199**)

Las combinaciones de letras *gue* y *gui*

Sabes que cuando la letra *g* va delante de las letras *a, o* o *u,* se pronuncia como la *g* en "go", y que la *g* delante de *e* e *i* se pronuncia como la *h* en "he".

Para mantener el sonido de la *g* en "go" delante de *e* e *i,* se añade una *u: gue, gui.* La *u* no se pronuncia. Lee en voz alta las palabras siguientes:

Guillermo guitarra espaguetis guisantes hamburguesa Miguel

Nombre ______________________ Fecha ____________

Gramática

(Nivel 1, pág. **360**, Nivel B, pág. **202**)

Pronombres de objeto directo

Un objeto directo indica qué o quién recibe la acción del verbo.

Busco **una cadena**.
Compré **unos guantes**.

Para evitar repetir un nombre de objeto directo, el nombre se sustituye por un pronombre de objeto directo.

¿Dónde compraste tus aretes?
Los compré en la joyería Sánchez.

	SINGULAR	PLURAL
Masc.	**lo** *it*	**los** *them*
Fem.	**la** *it*	**las** *them*

Los pronombres de objeto directo concuerdan en género y número con los nombres a los que sustituyen.

¿Tienes mi pulsera? No, no la tengo.
¿Tienes mis anillos? No, no los tengo.

Cuando el objeto directo es un nombre, éste sigue al verbo conjugado. El pronombre de objeto directo va *antes* del verbo conjugado.

Si un infinitivo sigue al verbo conjugado, el pronombre de objeto directo puede ir antes del verbo conjugado o unido al infinitivo.

¿Quieres comprar **el llavero**?
Sí, **lo** quiero comprar; o
Sí, quiero comprar**lo**.

Gramática interactiva

Encuentra

- En los ejemplos, subraya los pronombres de objeto directo y encierra con un círculo el nombre al que sustituyen.
- Une con una línea cada pronombre con el nombre al que sustituye.

Actividad J

Responde a las preguntas siguientes usando los pronombres de objeto directo.

1. ¿Compraste el libro? ______________________
2. ¿Pedro gastó todo su dinero? ______________________
3. ¿Vamos a comprar estos guantes? ______________________
4. ¿Ustedes compraron las carteras? ______________________

Capítulo 7B

Nombre ______________________ Fecha ______________

Fondo cultural (Nivel 1, pág. **356**, Nivel B, pág. **198**)

El Museo del Oro en Bogotá, Colombia alberga más de 33,000 objetos de oro, esmeraldas y otras piedras preciosas hechas por culturas precolombinas; es decir, culturas que ya existían antes de la llegada de Colón a las Américas. Estas civilizaciones antiguas consideraban el oro como una energía del sol generadora de vida.

- ¿Qué clases de museos especializados has visitado en tu comunidad o en otros lugares? ¿Qué aprendiste de los objetos que se exhibían en esos lugares? Contesta en español o en inglés.

Ampliación del lenguaje

El prefijo *pre-*

Los prefijos son partículas que se colocan delante de una palabra para crear una palabra nueva. Tanto en inglés como en español existen muchas palabras formadas con prefijos que vienen del latín. Uno de estos prefijos es ***pre-***, que significa *"antes de"*: ***pre**colombino(a)* = "que ya existía antes de la llegada de Colón a las Américas".

¡Inténtalo!
Fíjate en las palabras siguientes que empiezan con el prefijo ***pre-***, tanto en español como en inglés. Explica su significado.

preceder	*precede*	______________
precolonial	*precolonial*	______________
predeterminar	*predetermine*	______________
prehistoria	*prehistory*	______________
prevenir	*prevent*	______________
preventivo(a)	*preventive*	______________

¿Qué otras palabras conoces en español que empiecen con el prefijo ***pre-***?

____

____

Capítulo 7B Nombre ______________________ Fecha ______________

Conexiones La historia (Nivel 1, págs. 358–359, Nivel B, págs. 200–201)

Estudia la línea cronológica, los eventos y el mapa en tu libro de texto. Luego usa el pretérito para emparejar estos eventos históricos con las personas en la línea cronológica, escribiendo frases completas.

Modelo 1. *En 1942, Cristóbal Colón llegó* (arrived) *a la República Dominicana.*

Los eventos

a. fundar la misión de San Diego de Alcalá
b. pagar 15 millones de dólares a México según el Tratado de Guadalupe Hidalgo
c. empezar la construcción del canal de Panamá
d. explorar la Florida
e. ayudar a Cuba y Puerto Rico a declarar su independencia de España
f. buscar las siete ciudades de Cibola en el suroeste de los Estados Unidos
g. llegar a la República Dominicana

Las personas

1. Cristóbal Colón, 1492
2. Juan Ponce de León, 1513
3. Francisco Vázquez de Coronado, 1540
4. Fray Junípero Serra, 1769
5. El presidente James K. Polk y los Estados Unidos, 1848
6. El presidente William McKinley y los Estados Unidos, 1898
7. El presidente Theodore Roosevelt y los Estados Unidos, 1904

Fondo cultural (Nivel 1, pág. 362, Nivel B, pág. 205)

Los zapotecas y otros grupos indígenas del estado mexicano de Oaxaca tienen sus propias lenguas y culturas. Sin embargo, cada mes de julio se reúnen para celebrar la *Guelaguetza,* una palabra zapoteca que significa "ofrenda" o "regalo". La *Guelaguetza* se celebró por primera vez hace más de 3,000 años con música, danzas y comida. En nuestros días, la fiesta dura dos semanas y se celebra con danzas regionales, música, disfraces y comida.

- ¿Qué celebración de tu cultura es parecida? Contesta en español o en inglés.

El español en el mundo del trabajo

(Nivel 1, pág. 363, Nivel B, pág. 206)

Las grandes tiendas y las compañías de pedido por correo emplean compradores que buscan artículos por todo el mundo para sus clientes. Este tipo de persona suele necesitar conocimientos de otros idiomas para encontrar artículos en lugares donde no se habla inglés y para negociar precios.

- ¿Qué tiendas de tu comunidad podrían contratar a compradores para recorrer el mundo (o por el Internet) y buscar productos de países hispanos? Contesta en español o en inglés.

 Nombre ______ Fecha ______

¡Adelante! (Nivel 1, págs. 364–365, Nivel B, págs. 208–209)

Lectura 1

Lee el artículo sobre la compradora de unos almacenes y después completa las actividades del margen.

Estrategia

Usar la experiencia previa Piensa en un viaje que hiciste a otra ciudad. ¿Fuiste de compras? ¿Qué artículos únicos de ese lugar encontraste en las tiendas de esa ciudad?

Lectura interactiva

Usa la experiencia previa

- Piensa en las cosas que compras cuando vas de viaje y haz una lista: ¿Qué cosas compras en una gran ciudad? ¿Qué cosas compras en una tienda de comidas? ¿Qué cosas compras en una tienda de objetos típicos?
- Después de leer el texto subraya las cosas de tu lista que Luisa ha comprado.

De compras con Luisa la compradora

¡Me encanta ir de compras! Hay muchos lugares donde me gusta ir de compras en los vecindarios hispanos. Siempre es una experiencia divertida. Hay cosas que uno puede comprar que son muy baratas y que no hay en otros lugares. Voy a hablar de mis aventuras por las comunidades hispanas de Nueva York, Miami, Los Ángeles y San Antonio.

En el Barrio de Nueva York en la calle 116, venden ropa, comida típica del Caribe, discos compactos, libros y mucho más. Allí compré una camiseta con la bandera de Puerto Rico. En junio siempre hay una celebración grande que se llama el Festival de la calle 116. ¡Me encanta Nueva York!

La Pequeña Habana y la calle Ocho son el corazón de la comunidad cubana en Miami. Hay bodegas que venden productos típicos cubanos: frijoles negros y frutas tropicales como el maguey y la papaya. Allí compré pasta de guayaba, un dulce delicioso que los cubanos comen con queso blanco. ¡Qué rico!

La calle Olvera es la calle más antigua de la ciudad de Los Ángeles y allí uno puede ver la cultura mexicana. Hay muchos restaurantes y muchos lugares para comprar artesanías. Me encanta ir de compras a las joyerías porque las joyas me fascinan. En las joyerías de la calle Olvera venden joyas de plata, aretes, collares, anillos y mucho más. En una joyería de allí compré una pulsera muy bonita a un precio muy bajo.

¡Ahora vamos a hablar de San Antonio! ¡Qué compras! En esta ciudad bonita de Texas, hay tiendas de artesanías mexicanas que son fabulosas. Mis favoritas están en el Mercado, o como dicen en inglés, *Market Square.* Allí compré una piñata para mi hermano, una blusa bordada para mi madre, una cartera para mi padre y un sarape para decorar mi dormitorio... ¡y no pagué mucho!

Capítulo 7B Nombre ____________________ Fecha ____________

Actividad K

Responde a las preguntas siguientes según la lectura. Usa frases completas.

1. ¿Qué cosas interesantes venden en Nueva York?

____

____

2. ¿Qué cosas interesantes venden en San Antonio?

____

____

3. ¿Qué cosas interesantes venden en Miami?

____

____

Actividad L

Piensa en tu ciudad y divídela en dos barrios importantes, basándote en las diferencias culturales y en las tiendas que puedes encontrar en cada uno. Anota en tu cuaderno los nombres de los barrios o de las secciones de tu ciudad. Ahora, para cada sección, escribe el tipo de tiendas y de artículos para regalo que puedes encontrar allí.

Fondo cultural

(Nivel 1, pág. 365, Nivel B, pág. 209)

Las artesanías hechas a mano de Puerto Rico, México u otros países hispanos han sido populares a través de los años entre los turistas que buscan ideas para regalos. Ahora estas artesanías están recibiendo reconocimiento como obras de arte de alta calidad. En el Museo del Centro de Bellas Artes Mexicanas de Pilsen, un vecindario de Chicago, los visitantes pueden ver colecciones permanentes de pinturas, tejidos, esculturas, cerámica y joyería de plata de todas partes de México. Otros tipos de productos hechos a mano están a la venta en la tienda de regalos del museo.

- ¿Crees que las artesanías deban ser exhibidas en los museos junto a las obras de arte? ¿Por qué sí o por qué no? Contesta en español o en inglés.

Capítulo 7B

Nombre ______________________ Fecha ______________

Lectura 2

Lee el artículo sobre las compras en el Perú y haz la actividad del margen.

Estrategia

Buscar ideas principales
Identificar las ideas principales en cada párrafo de un texto te ayudará a comprender mejor el texto completo.

Lectura interactiva

Busca ideas principales
Después de leer el texto, subraya la idea principal de cada párrafo.

De compras en el Perú

El Perú tiene una gran variedad de artesanías que son verdaderos tesoros por su belleza y el valor del trabajo de cada pieza.

En los mercados y tiendas de artesanía peruanos podemos encontrar muchas cosas diferentes. Allí podemos comprar objetos de cerámica, tapices *(tapestries)*, prendas de lana de alpaca (una especie animal de los Andes sudamericanos parecida a la llama), joyería de plata, retablos *(altar pieces)*, tallados en piedra y bordados y accesorios como bolsas, mochilas y carteras, entre otros productos. Elegir un regalo en estos lugares es muy difícil porque todo es muy bello y casi siempre ofrecen buenos precios.

Uno de los objetos más típicos del Perú son los suéteres de alpaca. El proceso de fabricación de estos suéteres es el siguiente: Una vez al año se corta el pelo de la alpaca para obtener la lana. Los artesanos usan técnicas e instrumentos muy antiguos para transformar la lana en hilo *(thread)* para tejer. Cuando el hilo está preparado, forman madejas *(skeins)*, las lavan y a algunas les dan color. Después, tejen los suéteres (que en el Perú se llaman *chompas*). Cada suéter es una pieza única.

Además de los suéteres, los artesanos producen otros artículos como chalecos, gorros, guantes, gorros y bufandas *(scarves)* de alpaca. Con materiales como el cuero, la lana de oveja y otras telas, producen camisas, blusas, bolsos, mochilas, cojines, monederos y una gran variedad de productos para todas las edades, los bolsillos y los gustos.

Actividad M

Responde a las preguntas siguientes según la lectura.

1. ¿Qué tipo de artesanías se producen en el Perú?

______

______

______

2. Resume el proceso de fabricación de los suéteres de alpaca.

______

______

______

Actividad N

Piensa en algún objeto de artesanía típico de la región donde vives. ¿Cómo es? ¿Cómo se fabrica? Escribe un párrafo corto para explicar lo que sabes de ese objeto.

______

______

______

Fondo cultural (Nivel 1, pág. 363, Nivel B, pág. 206)

El Rastro de Madrid es, según dicen, uno de los mercados de pulgas más grandes del mundo. Ubicado en una de las secciones más viejas de la ciudad, *el Rastro* atrae a miles de visitantes cada domingo del año. Los vendedores alinean sus puestos en las calles para ofrecer todo tipo de mercancías, desde *jeans* hasta obras de arte. Tanto los que buscan gangas como los coleccionistas de antigüedades regatean con los vendedores para obtener los mejores precios.

- ¿Has ido a un mercado de pulgas de tu comunidad o de tu estado? ¿Qué cosas encontraste allí? Compara las cosas que puedes encontrar en ese mercado con las que puedes comprar en El Rastro de Madrid. Contesta en español o en inglés.

Nombre ______________________ Fecha ______________

Perspectivas del mundo hispano (Nivel 1, pág. 366, Nivel B, pág. 210)

¿Por qué vas al centro comercial?

¿Por qué van las personas al centro comercial? Mira en la tabla de tu libro de texto las diferencias entre los consumidores de Chile y de los Estados Unidos.

En los Estados Unidos muchas personas van al centro comercial a ver qué mercancía hay disponible y a pasar el tiempo. En Chile, muchas personas van a los centros comerciales porque quieren comprar algo específico. Ellos deciden a dónde ir, según lo que necesitan comprar.

Para muchos residentes de los Estados Unidos, ir al centro comercial significa más que ir de compras. El centro comercial ofrece oportunidades para comer y pasar el tiempo con los amigos. Para el 50% de los consumidores en los Estados Unidos, el ambiente del centro comercial es muy importante. Sólo el 13% de los consumidores chilenos piensan que el ambiente es importante.

Aunque sus motivos para ir al centro comercial son diferentes, el 80% de los consumidores tanto chilenos como estadounidenses hacen alguna compra cuando están allí.

¡Investígalo!
Entrevista por lo menos a tres personas de tu edad y a tres adultos. Pregúntales cuáles son las razones principales que tienen para ir al centro comercial, cómo deciden a qué centro comercial van a ir y si normalmente compran algo mientras están allí. Compara tus resultados con los resultados de la tabla para los compradores en los Estados Unidos y Chile.

¡Piénsalo!
¿Por qué los consumidores de los Estados Unidos consideran el ambiente del centro comercial un factor importante para decidir adónde ir de compras? Teniendo en cuenta lo que has leído sobre las razones por las que los chilenos van de compras, ¿qué piensas que espera un(a) dependiente(a) de un centro comercial en Chile cuando entras a su tienda? ¿Cómo crees que se puede sentir un(a) estudiante de intercambio de Chile yendo al centro comercial contigo y con tus amigos?

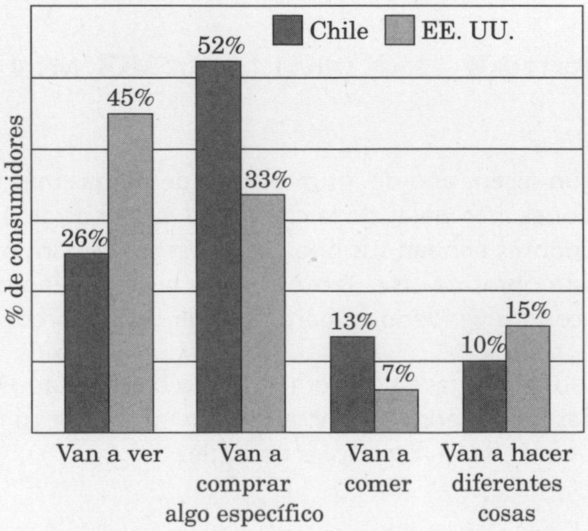

Capítulo 7B

Nombre ____________________ Fecha ____________

Presentación escrita (Nivel 1, pág. 367, Nivel B, pág. 211)

Un regalo para mi...

Tarea

Hace poco compraste un regalo para un miembro de tu familia. Escribe una carta a tu primo(a) o a otro familiar para que él / ella no compre el mismo regalo.

Estrategia

Organiza la información Pensar con anticipación en el formato correcto y en la información necesaria, te ayudará a escribir una carta mejor.

1. **Preparación**
Un miembro de tu familia está celebrando un cumpleaños especial. Piensa en el regalo que compraste. Responde a las siguientes preguntas para ayudarte a organizar tus pensamientos.
   - ¿Para quién es el regalo?
   - ¿Qué compraste?
   - ¿Dónde compraste el regalo?
   - ¿Por qué compraste ese regalo?
   - ¿Cuánto pagaste por el regalo?
   - ¿Cuándo es la fiesta de cumpleaños?

2. **Borrador**
Usa las respuestas a las preguntas del Paso 1 que te ayudarán a escribir un primer borrador de tu carta. Puedes empezar tu carta con *Querido(a)...* o *Hola...*, y termina con *Tu primo(a)...* o *Saludos* o *Hasta pronto.*

3. **Revisión**
Lee la carta y revisa la ortografía, el vocabulario, los verbos y la concordancia. Intercambia tu carta con la de un(a) compañero(a), quien revisará si:
   - la carta es fácil de leer y entender
   - contiene toda la información necesaria
   - sigue el formato correcto para una carta
   - hay errores

4. **Publicación**
Escribe otra vez la carta, haciendo los cambios o adiciones necesarios. Comenta tu carta con tu profesor(a). También la puedes incluir en tu portafolios.

5. **Evaluación**
Es posible que tu profesor(a) te dé los criterios de cómo va a ser evaluada tu carta. Tu carta probablemente será evaluada teniendo en cuenta:
   - lo fácil que resulta entenderla
   - la cantidad de información que se incluye sobre el regalo
   - si el saludo y la despedida son apropiados
   - la precisión en el uso del pretérito

> Querido Mauricio:
>
> Compré un reloj pulsera para el abuelito. Lo compré en el almacén Génova, que está en el centro comercial Plaza del Río. No pagué mucho por él. Creo que al abuelito le va a gustar. Voy a ver a toda la familia el dos de octubre para la fiesta de cumpleaños del abuelito.
>
> Tu primo,
> Luis

Capítulo 7B

Repaso del capítulo (Nivel 1, pág. 370, Nivel B, pág. 214)

Vocabulario y gramática

Repaso del capítulo

Para prepararte para el examen, revisa si...
- conoces el vocabulario nuevo y la gramática.
- puedes realizar las tareas de la página 371 (Nivel B, pág. 215).

para hablar acerca de los lugares adonde vas de compras

el almacén *pl.* **los almacenes**	department store
en la Red	online
la joyería	jewelry store
la librería	bookstore
la tienda de descuentos	discount store
la tienda de electrodomésticos	household appliance store
la zapatería	shoe store

para hablar acerca de regalos que podrías comprar

el anillo	ring
los anteojos de sol	sunglasses
los aretes	earrings
el bolso	purse
la cadena	chain
la cartera	wallet
el collar	necklace
la corbata	tie
los guantes	gloves
el llavero	key chain
el perfume	perfume
la pulsera	bracelet
el reloj pulsera	watch
el software	software

para hablar acerca de quién puede recibir un regalo

el novio	boyfriend
la novia	girlfriend

para hablar acerca de comprar y vender

barato, -a	inexpensive, cheap
caro, -a	expensive
mirar	to look (at)
pagar (por)	to pay (for)
vender	to sell

para hablar acerca de tiempo pasado

anoche	last night
el año pasado	last year
ayer	yesterday
hace + *time expression*	...ago
la semana pasada	last week

otras expresiones útiles

¡Uf!	Ugh! Yuck!

pretérito de verbos regulares terminados en *-ar*

compré	**compramos**
compraste	**comprasteis**
compró	**compraron**

pretérito de verbos terminados en *-car* y *-gar*

Estos verbos sufren un cambio de ortografía en la forma *yo* del pretérito.

buscar *c* → *qu*	yo busqué
pagar *g* → *gu*	yo pagué
jugar *g* → *gu*	yo jugué

pronombres de objeto directo

SINGULAR			PLURAL	
M.	**lo**	it	**los**	them
F.	**la**	it	**las**	them

Más práctica

Practice Workbook Puzzle 7B-8
Practice Workbook Organizer 7B-9

Capítulo 7B

Nombre ____________________ Fecha ____________

Preparación para el examen (Nivel 1, pág. 371, Nivel B, pág. 215)

En el examen vas a...	Éstas son las tareas que te pueden ser útiles para el examen...	Si necesitas repasar...
1 Escuchar Escuchar a alguien que describe qué compró como regalo y dónde lo compró.	Al escuchar a esta joven que describe lo que compró para la *quinceañera* de su amiga, intenta determinar: a) qué compró; b) dónde lo compró; c) cuánto le costó.	Nivel 1: **págs. 346–349** *A primera vista* **págs. 347–350** Acts. 1, 4 Nivel B: **págs. 186–191** *A primera vista* **págs. 187–192** Acts. 1, 6
2 Hablar Intercambiar opiniones sobre si algunos artículos son caros o baratos.	Piensa en algún regalo que compraste. Cuéntale a tu compañero(a) qué compraste, para quién lo compraste y cuánto te costó. Pregúntale a tu compañero(a) si piensa que el regalo es caro o barato. Luego tu compañero(a) va a comentarte sobre la misma información y te hará las mismas preguntas acerca de un regalo que él o ella compró.	Nivel 1: **págs. 350–354** Acts. 5–8, 12 Nivel B: **págs. 192–205** Acts. 7, 9–10, 23, 25, 26–27
3 Leer Leer y entender un anuncio electrónico para una tienda que se puede encontrar en el Internet.	Mientras navegas por el Internet, encuentras un sitio de una tienda de descuentos en la Ciudad de México. ¿Puedes nombrar al menos dos ventajas para los clientes que compran allí? **Tienda virtual de descuentos** Todos nuestros clientes reciben un descuento del 10%. Tenemos de todo—perfume para su novia, bolsos para su mamá, videojuegos para su hermano y software para Ud. Tenemos los mejores precios y descuentos en la Red. Si paga por algo en la Tienda virtual, va a recibir "ePesos". Puede usarlos en su próxima visita.	Nivel 1: **págs. 346–349** *A primera vista* **pág. 352** Act. 9 Nivel B: **págs. 186–191** *A primera vista* **pág. 194** Act. 11
4 Escribir Escribir una breve explicación acerca de artículos que has comprado este año escolar con tu propio dinero.	Como una entrada para tu diario escolar, explica cómo gastaste tu dinero del último mes. Describe: a) por lo menos dos prendas de ropa o accesorios que compraste; b) dónde compraste los artículos; c) cuánto te costaron.	Nivel 1: **págs. 354–362** Acts. 12, 16, 19, 20, 22 **pág. 367** *Presentación escrita* Nivel B: **págs. 199–205** Acts. 18, 22–23, 27 **pág. 211** *Presentación escrita*
5 Pensar Demostrar una comprensión de las perspectivas culturales con respecto a las compras.	Piensa en lo que haces cuando vas a un centro comercial. Basándote en lo que has aprendido en este capítulo, ¿es lo mismo que hacen los chilenos? ¿Qué semejanzas y diferencias puedes encontrar en los centros comerciales y en la actitud de los compradores de ambos países?	Nivel 1: **pág. 366** *Perspectivas del mundo hispano* Nivel B: **pág. 210** *Perspectivas del mundo hispano*

Nombre ______________________ Fecha ______________________

¿Qué sabes ya?

(Nivel 1, págs. 372–373, Nivel B, págs. 216–217)

¿Qué te gusta hacer en tus vacaciones? Completa la tabla siguiente con los nombres de lugares a los que te gusta ir en tus vacaciones. Nombra por lo menos una cosa que puedes hacer allí.

Lugares adonde ir	Cosas para hacer
a la playa	nadar

Arte y cultura (Nivel 1, pág. 371, Nivel A, pág. 217)

El artista español Joaquín Sorolla y Bastida (1863–1923) fue famoso por sus pinturas del mar y de la costa. Conocido como *el pintor de la luz*, Sorolla era un maestro en capturar el movimiento y el reflejo de la luz y el agua en el mar y el cielo. Pintó muchos retratos de bañistas en las playas de Valencia, su región nativa. La ciudad de Valencia sigue siendo un destino importante para los muchos turistas españoles e internacionales que visitan los bellos pueblos y playas de la Costa Blanca.

- ¿Qué crees que sería importante poner en una pintura de tu ciudad o de tu pueblo? Contesta en español o en inglés.

Nombre Fecha

Capítulo 8A

De vacaciones

Objetivos del capítulo

- Hablar sobre cosas para hacer durante las vacaciones
- Describir lugares para visitar durante las vacaciones
- Hablar sobre sucesos del pasado
- Comprender las perspectivas culturales con respecto a los viajes y a las vacaciones

Conexión geográfica (Nivel 1, pág. 372, Nivel B, pág. 216)

Estos países y estados tienen una conexión con el tema de este capítulo. Mira el mapa y escribe el nombre de por lo menos un país donde puedes hacer estas actividades.

1. Visitar la selva *(jungle):*

 ____

2. Tomar el sol en la playa:

 ____

3. Esquiar en la nieve:

 ____

4. Visitar ruinas indígenas:

 ____

Go Online Web Code jce-0002 PHSchool.com

 Nombre ______________________________ Fecha ____________________

A primera vista (Nivel 1, págs. **374–375**, Nivel B, págs. **218–219**)

Actividad A

Usa las pistas para encontrar palabras del vocabulario relacionadas con las vacaciones.

1. Sitio: ___ ___(1) ___ ___(7) ___
2. Allí juegan al fútbol: ___ ___ ___(12) ___ ___(16) ___ ___
3. Nadar debajo del agua: ___(19) ___ ___ ___ ___(7) ___
4. El mono y el oso son: ___ ___(5) ___ ___(6) ___ ___(8) ___ ___
5. En el parque de... puedes montar en la montaña rusa *(roller coaster)*.

   ___ ___ ___(13) ___ ___ ___ ___(2) ___ ___ ___ ___
6. Allí puedes ver obras de arte: ___ ___(1) ___ ___ ___(4)
7. Nación: ___(17) ___ ___(18) ___
8. Allí puedes ver monos y osos: ___ ___ ___ ___ ___(15) ___(10) ___ ___(3) ___
9. Gran extensión de agua salada: ___ ___ ___(9)
10. Fuimos otra vez: ___ ___(11) ___ ___ ___ ___(14) ___ ___ ___ ___

Mira las palabras del vocabulario que escribiste arriba. Después, escribe la letra que corresponde a cada número para saber qué respondió Inés a la pregunta siguiente: *¿Qué hiciste en tus vacaciones? (¡Ojo! Las letras con acento se cuentan como letras regulares).*

F ___(1) ___(2)   ___(3) ___(4) ___(5)   ___(6) ___(2)   f ___(7) ___(6) ___(2) ___(8) ___(2) ___(7)   ___(7)   ___(8) ___(7)

___(7) ___(9) ___(10) ___(11) ___(5) ___(12) ___(2) ___(5) ___(7).   ___(13) ___(2) ___(7) j ___(7) ___(6) ___(4) ___(14)

___(11) ___(5)   ___(7) ___(13) ___(2) ___(15) ___(5).   ___(16) ___(1) ___(9) ___(7) ___(5) ___(12) ___(11)   ___(6) ___(2) ___(14)

___(13) ___(7) ___(3) ___(7) ___(3) ___(2) ___(4) ___(5) ___(11) ___(14)   ___(7) ___(17) ___(9) ___(11) ___(5) ___(16) ___(18)

___(7)   ___(6) ___(4) ___(5) ___(12) ___(7) ___(9)   ___(7)   ___(3) ___(7) ___(19) ___(7) ___(8) ___(8) ___(4).

Capítulo 8A

Nombre ______________________ Fecha ____________

Videohistoria (Nivel 1, págs. **376–377**, Nivel B, págs. **220–223**)

Actividad B

Responde a las preguntas siguientes sobre la *Videohistoria*. Usa frases completas.

1. ¿Adónde van los chicos?

____

____

2. ¿Qué van a hacer allí?

____

____

3. Gloria dice que el viaje fue un desastre. ¿Por qué dice eso?

____

____

4. Tomás no tiene la misma opinión que Gloria sobre el viaje. ¿Por qué piensa Tomás que el viaje no fue malo?

____

____

Actividad C

Imagina que vas con tus amigos(as) a una reserva natural en tu región. Escribe una historia corta para contar qué hicieron, qué vieron y qué ocurrió. Usa las palabras y expresiones siguientes.

el árbol	descansar	Me gustó	¿Qué te pasó?
los boletos	Fue un desastre	un pájaro	tremenda(o)
¿Cómo lo pasaste?	impresionante	parque nacional	el viaje

____

____

____

Capítulo 8A

Nombre ______________________ Fecha ______________

Manos a la obra (Nivel 1, págs. 378–382, Nivel B, págs. 224–229)

Actividad D

Responde a las siguientes preguntas usando las palabras del vocabulario. Usa frases completas.

1. ¿Dónde puedes ver edificios muy grandes? ______________________
2. ¿Qué papel necesitas para poder viajar en un tren o en un autobús? ______________________
3. ¿Cuál es el animal que vuela? ______________________
4. ¿Qué puedes ver en un teatro? ______________________
5. ¿Qué puedes hacer en un lago? ______________________
6. ¿Cómo puedes ir de Miami a Puerto Rico por el mar? ______________________
7. ¿Qué puedes hacer en la playa si no te gusta el agua? ______________________
8. ¿Qué son la Estatua de la Libertad y la Torre Eiffel? ______________________

También se dice...

el autobús =
el camión (México)
el colectivo, el ómnibus (Argentina)
la guagua (Puerto Rico, Cuba)
el micro (Bolivia, Perú, Chile)

el parque de diversiones =
el parque de atracciones (España)

sacar fotos =
tomar fotos, fotografiar

Actividad E

Habla con tu compañero(a) sobre su viaje favorito. Haz las preguntas necesarias para saber adónde fue y con quién. Pregúntale dos cosas que hizo y si recomienda el lugar y por qué. Anota la información en la tabla siguiente.

El viaje favorito de...	
nombre del lugar	
cómo es el lugar	
atracciones o actividades	
recomendación	

Nombre ______________________ Fecha ____________

Actividad F

Tienes la oportunidad de elegir tus vacaciones ideales. ¿Qué vas a hacer? Escribe un párrafo corto para explicar todo sobre estas vacaciones: el lugar o lugares, la forma de viajar, los(las) compañeros(as) de viaje y las actividades.

____

____

____

____

____

Pronunciación

(Nivel 1, pág. 380, Nivel B, pág. 229)

Los diptongos

En español hay dos grupos de vocales: "fuertes" (*a*, *e* y *o*) y "débiles" (*i* y *u*).

Cuando una vocal débil se combina con cualquier otra vocal, los sonidos de ambas vocales se mezclan y forman un solo sonido que se llama diptongo. Lee las palabras siguientes en voz alta:

limpiar	baile	siete	seis	estadio	ciudad
fuimos	cuarto	juego	aire	piensas	autobús

Cuando dos vocales fuertes están juntas, cada una de ellas se pronuncia de forma individual. Lee las palabras siguientes en voz alta:

teatro	museo	pasear	bucear	cereal	video
leer	zoológico	traer	idea	tarea	cumpleaños

Si hay un acento escrito sobre una vocal débil, esa vocal se pronuncia como si fuera una vocal fuerte. Lee las palabras siguientes en voz alta:

día	frío	tíos	zapatería
joyería	país	esquío	gustaría

¡Inténtalo!

Lee en voz alta algunos versos de "Cielito lindo", una canción mexicana muy popular entre las bandas de mariachis. ¿Puedes identificar los diptongos? Vuelve a leer los versos y después intenta cantar la canción.

De la sierra morena
cielito lindo, vienen bajando
un par de ojitos negros,
cielito lindo, de contrabando.
¡Ay, ay, ay, ay!
Canta y no llores,
porque cantando se alegran,
cielito lindo, los corazones.

Gramática

(Nivel 1, pág. **383**, Nivel B, pág. **230**)

El pretérito de los verbos terminados en *-er* y en *-ir*

Los verbos regulares terminados en *-er* y en *-ir* tienen un pretérito muy parecido. Aquí están las formas del pretérito de *aprender* y *salir*. Fíjate en las terminaciones *-í* y *-ió:*

(yo)	aprendí	(nosotros) (nosotras)	aprendimos
(tú)	aprendiste	(vosotros) (vosotras)	aprendisteis
Ud. (él) (ella)	aprendió	Uds. (ellos) (ellas)	aprendieron

(yo)	salí	(nosotros) (nosotras)	salimos
(tú)	saliste	(vosotros) (vosotras)	salisteis
Ud. (él) (ella)	salió	Uds. (ellos) (ellas)	salieron

¿Recuerdas?
Ya has aprendido a hablar acerca de acciones que ocurrieron en el pasado usando verbos regulares terminados en *-ar.*

Gramática interactiva

Identifica formas

- Subraya las terminaciones de los verbos de las tablas.
- ¿Hay alguna diferencia entre las terminaciones de los verbos *aprender* y *salir*?

______

- Encierra en un círculo las terminaciones que llevan acento. Fíjate en que la primera y la tercera persona del singular llevan acento en la última letra.

Actividad G

Lee las frases siguientes y después, escribe una frase lógica con el verbo entre paréntesis.

Modelo La semana pasada yo visité Roma. (comprar)
Compré muchos recuerdos para mis amigos.

Nota
El verbo *ver* es regular en el pretérito pero no lleva acento gráfico en ninguna de sus formas:

vi	viste	vio
vimos	visteis	vieron

1. El verano pasado Miguel visitó Italia.

   (comer) ______

2. Ayer Alberto y Ana fueron al parque de diversiones.

   (decidir) ______

3. Yo visité el museo de arte la semana pasada.

   (ver) ______

Nombre ______________________ Fecha ____________

Actividad H

Mira los lugares que visitó la familia Saga durante sus vacaciones. Usa un verbo terminado en ***-er*** o en ***-ir*** para escribir una cosa que hicieron en cada lugar.

1. Yolanda y Lourdes ______________________________

2. El señor Saga ______________________________

3. Tú y Lourdes ______________________________

4. La familia Saga y yo ______________________________

Fondo cultural

(Nivel 1, pág. 383, Nivel B, pág. 228)

***El metro* de la Ciudad de México** es uno de los sistemas de trenes subterráneos más avanzados del mundo. Es rápido, moderno y muy barato. Además, una amplia red de autobuses cruza la ciudad. Las líneas terminadas en un número par van de este a oeste, mientras que las terminadas en un número impar van de norte a sur. Unos minibuses verdes y grises llamados *peseros* también tienen servicio de pasajeros en rutas importantes.

- ¿Por qué crees que la Ciudad de México tiene un sistema de transporte público tan avanzado y variado? Contesta en español o en inglés.

Ampliación del lenguaje

Mayúsculas

Escribimos con mayúscula inicial la primera palabra de una frase y los nombres propios como:

- nombres y apellidos de personas: ***M**arta **R**uíz*
- nombres de ciudades y países: ***M**éxico, **M**onterrey;* si el nombre de la ciudad lleva artículo o la palabra "ciudad", estas palabras también se escriben con mayúscula: ***L**a **P**az, **C**iudad de **M**éxico.*
- nombres de los puntos cardinales *(Norte, Sur, Este y Oeste): La brújula muestra el **N**orte.* Cuando las palabras norte, sur, este y oeste se refieren a la dirección en que están estos puntos, no son nombres propios; entonces, se escriben con minúscula: *La línea del metro va de este a oeste.*

Capítulo 8A

Nombre ______________________ Fecha ______________

Gramática

(Nivel 1, pág. **385**, Nivel B, pág. **232**)

El pretérito de *ir*

Ir es irregular en el pretérito. Observa que las formas del pretérito de *ir* no llevan acento ortográfico.

(yo)	**fui**	(nosotros) (nosotras)	**fuimos**
(tú)	**fuiste**	(vosotros) (vosotras)	**fuisteis**
Ud. (él) (ella)	**fue**	Uds. (ellos) (ellas)	**fueron**

El pretérito de *ir* es igual que el pretérito de *ser.* El contexto hace más claro el significado.

José fue a Barcelona.
El viaje fue un desastre.
Nosotros fuimos a visitar a María.
Nosotros fuimos amigos por muchos años.

Gramática interactiva

Identifica formas
Subraya las formas del pretérito de los verbos **ir** y **ser** en los ejemplos.

Reflexiona
Escribe una **I** junto a los ejemplos que muestran el verbo **ir** en el pretérito. Escribe una **S** junto a los ejemplos que muestran el verbo **ser** en el pretérito.

Actividad I

La familia González tuvo una semana muy ocupada. Mira el calendario y usa el pretérito del verbo ***ir*** para explicarle a tu amigo adónde fue la familia González para hacer cada actividad.

lunes	martes	miércoles	jueves	viernes	sábado
Marta: comer con amigas	José y Pablo: jugar al básquetbol	Marina y yo: comprar ropa	Tú: ver la nueva película de Gael García Bernal	Sra. González: ver a una amiga	Todos: ir a visitar a los abuelos

Modelo *El lunes, Marta fue a comer con unas amigas al restaurante.*

1. El martes, ______________________________.
2. El miércoles, ______________________________.
3. El jueves, ______________________________.
4. El viernes, ______________________________.
5. El sábado, ______________________________.

Capítulo 8A

Nombre ____________________ Fecha ____________________

Gramática

(Nivel 1, pág. **387**, Nivel B, pág. **236**)

La *a* personal

Sabes que el objeto directo es la persona o cosa que recibe la acción de un verbo. Cuando el objeto directo es una persona o un grupo de personas, normalmente usas la palabra *a* delante del objeto. Esta *a* se llama "a personal".

Visité **a mi abuela.**
Vimos **a Juan y Gloria**

También puedes usar la *a* cuando el objeto directo es una mascota.

Busco **a mi perro**, Capitán.

Para preguntar quién recibe la acción del verbo, usa *¿A quién?*

¿**A quién** visitaron ustedes?

Gramática interactiva

Identifica formas
Encierra en un círculo todas las *a* personales que encuentres en los ejemplos.

Nota

Ya has estudiado los pronombres de objeto directo *lo, las, los* y *las*. Estos pronombres de objeto directo pueden referirse a personas o a cosas. Observa que los pronombres no llevan la *a* personal.

- ¿Viste ***a* tus primos** durante tus vacaciones?
- Sí, **los** vi.

Actividad J

Lee la siguiente conversación y escribe la *a* personal donde sea necesario. En los lugares que no se necesite usar la *a*, escribe una *X*.

ESTEBAN: Estas vacaciones visité ___ México.

ISABEL: Nosotros fuimos a visitar ___ nuestros tíos que viven en Los Ángeles. Lo pasamos muy bien. Vimos ___ toda la ciudad y también vimos ___ mucha gente por las calles.

ESTEBAN: Tú quieres mucho ___ tus tíos, ¿verdad?

ISABEL: Sí, somos una familia muy unida. Yo ___ los llamo por teléfono todas las semanas.

ESTEBAN: Oye Isabel, ¿por qué no hablamos más tarde? Ahora tengo muchas cosas que hacer: tengo que llevar ___ mi perro al veterinario; luego tengo que ir a buscar ___ mi hermano pequeño; a las cuatro ___ lo llevo a su clase de judo.

ISABEL: Está bien. ¿Podemos vernos a las seis? Tengo muchas fotos de Los Ángeles. Ana ___ las vio esta mañana y dice que son unas fotos preciosas.

Nombre ______________________ Fecha ______________

Fondo cultural (Nivel 1, pág. 384, Nivel B, pág. 235)

La Patagonia es una región muy grande con mucho viento y diversos climas y terrenos. Se encuentra en el extremo sur de Sudamérica. Queda al este de Los Andes y abarca partes de Chile y casi un cuarto del territorio de la Argentina. Es una zona escasamente *(scarcely)* poblada que sirve de hogar a muchas especies de animales. Hay una gran colonia (400,000 pares) de pingüinos magallánicos. Las áreas de cría *(breeding)* de los pingüinos son las costas este y oeste de Chile y Argentina, así como las islas de la costa.

- ¿Qué regiones de los Estados Unidos pueden compararse con la Patagonia? ¿Qué tipo de animales viven en esas regiones? Contesta en español o en inglés.

____

____

Ampliación del lenguaje (Nivel 1, pág. 389, Nivel B, pág. 239)

Nombres que terminan en *-io* y en *-eo*

Las palabras latinas para nombrar edificios y lugares se conservan aún en muchos idiomas, también en español. En muchos nombres de lugares, la terminación del latín *-um* (que se mantiene en bastantes palabras del inglés aún hoy en día) cambió a *-io* o a *-eo* en español. Ya conoces algunas de estas palabras: *el estadio, el museo o el gimnasio.*

¡Inténtalo!

Basándote en tus conocimientos de inglés y en lo que sabes sobre la influencia del latín en los nombres de lugares en español, empareja cada definición con la palabra correcta de la lista en español.

1. Donde normalmente se da un discurso
2. Normalmente está en un cementerio
3. Aquí puedes ver muchos tipos de vida marina
4. Aquí es donde te sientas para ver obras de teatro o conciertos en la escuela
5. Aquí es donde aprendes sobre las estrellas y los planetas
6. Aquí es donde los romanos iban a ver deportes

a. el auditorio
b. el podio
c. el acuario
d. el planetario
e. el coliseo
f. el mausoleo

Capítulo 8A

Nombre ______________________ Fecha ______________

Conexiones La geografía (Nivel 1, pág. 388, Nivel B, pág. 238)

¿Conoces bien los países de las Américas? Empareja las descripciones con los países apropiados.

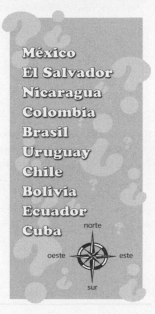

México
El Salvador
Nicaragua
Colombia
Brasil
Uruguay
Chile
Bolivia
Ecuador
Cuba

norte
oeste
este
sur

1. Este país es el más grande de América Central. En el suroeste hay un lago muy grande que tiene el mismo nombre que el país. El lago está muy cerca de la frontera con Costa Rica. En el país está el mar Caribe, donde el clima es tropical y llueve mucho.

2. Este país pequeño tiene dos regiones tropicales —en el este y en el oeste— con montañas en el centro. Un cuarto de las personas del país son de origen indígena y hablan quechua, el idioma de los incas. Su nombre viene de la línea imaginaria que cruza el país.

3. Las ciudades más grandes de este país, como la capital, están en el centro, donde hay montañas y volcanes. En el norte hay desiertos extensos y en el sur hay selvas tropicales. Este país comparte una frontera con los Estados Unidos.

4. Este país es el más grande de América del Sur, con el río más grande del mundo. Una gran parte del país es selva tropical, con miles de especies de plantas, árboles y animales como monos, jaguares y tucanes. No hablan español aquí; hablan portugués.

5. Es el único país de América del Sur que tiene playas en el mar Caribe y en el océano Pacífico. Es un país famoso por su café, que viene de los valles fértiles.

El español en la comunidad (Nivel 1, pág. 389, Nivel B, pág. 237)

Puede que en tu comunidad se hallen algunos de los sitios que estudiaste en este capítulo, como *un museo, un teatro, un zoológico* o *un parque de diversiones.* Piensa en diferentes oportunidades para usar el español en cada uno de estos lugares. A medida que aprendas más español, tal vez puedas guiar las excursiones de turistas que hablan español. Podrías ayudar a crear folletos y mapas en español para ayudar a los visitantes hispanos. ¿Puedes pensar en otras oportunidades?

- Visita uno de estos lugares en persona o en línea para ver qué información escrita hay disponible en español. Lleva esos materiales a tu clase para comentarlos con tus compañeros.

"POR FAVOR
NO LES DÉ COMIDA
A LOS ANIMALES"

¡Adelante! (Nivel 1, págs. 390–391, Nivel B, págs. 240–241)

Lectura 1

Estrategia

Usar claves del contexto Si no reconoces una palabra, mira las otras palabras de la oración para adivinar su significado. ¿Puedes adivinar qué quieren decir *antigua, altura, construyeron* y *nivel*?

Lee el diario del viaje de Sofía y haz las actividades del margen.

Lectura interactiva

Usa claves del contexto

- Basándote en el contexto, indica el significado de las siguientes palabras en la lectura:

1. imperio ______
2. proclamó ______
3. ruinas ______
4. arqueólogo ______
5. misterioso ______
6. fotógrafa ______

- Subraya las palabras del contexto que te han dado pistas para averiguar su significado.

Álbum de mi viaje a Perú

por Sofía Porrúa

domingo, 25 de julio

Estoy en Perú con mis amigos Beto y Carmen. Vamos en autobús a Cuzco, antigua capital del imperio inca. Hoy día es una ciudad pequeña y una atracción turística. Beto está sacando muchas fotos con su cámara digital. Carmen está dibujando todo lo que ve. Las montañas son fantásticas.

miércoles, 28 de julio

Hoy es el Día de la Independencia peruana. En esta fecha en 1821, José de San Martín proclamó la independencia de Perú. En Lima, una gran ciudad moderna y capital del país, hay grandes celebraciones.

jueves, 29 de julio

Hoy estamos en Machu Picchu, ruinas impresionantes de una ciudad antigua de los incas. A más de 2.000 metros de altura en los Andes, los incas construyeron calles, casas, acueductos, palacios, templos y terrazas para cultivar. Hiram Bingham, un arqueólogo de la universidad de Yale, descubrió Machu Picchu en 1911 y estudió sus ruinas.

miércoles, 4 de agosto

Ahora estamos en un avión pequeño. Sobre la tierra podemos ver algo misterioso: hay un desierto donde vemos enormes dibujos de animales y figuras geométricas. Se llaman las Líneas de Nazca. Miden más de 300 metros y tienen más de dos mil años. ¿Quiénes las dibujaron y por qué? Es necesario estar en un avión para verlas. ¿Cómo dibujaron algo tan grande sin poder verlo?

Mañana regresamos a Cuzco y el domingo salimos de Perú. ¡Un viaje muy interesante! Beto tiene sus fotos y Carmen sus dibujos. Yo no soy ni fotógrafa ni artista, por eso voy a comprar tarjetas postales como recuerdos.

Capítulo 8A

Nombre ______________________ Fecha ______________

Actividad K

Basándote en lo que leíste en el diario del viaje de Sofía, responde a las preguntas.

1. ¿Qué tipo de atracciones turísticas esperas encontrar en Cuzco? ¿Por qué?

____

____

2. ¿Qué cosa interesante puedes ver viajando en avión sobre un desierto?

____

____

3. ¿Qué características hacen de Machu Picchu un lugar especial?

____

____

Actividad L

Tomando el diario de Sofía como modelo, usa el pretérito de uno o más verbos entre paréntesis para escribir un diario sobre un viaje de tres días a algún lugar. Escribe la fecha, adónde fuiste y qué hiciste allí o qué viste.

Fecha: ______________

El primer día de mi viaje yo (visitar, ir, comprar, pasear)

____

Fecha: ______________

El segundo día de mi viaje, mi familia y yo (bucear, esquiar, sacar fotos, jugar)

____

Fecha: ______________

Finalmente, el último día de mi viaje yo (comprar, escribir, jugar, visitar)

____

Nombre ____________________ Fecha ____________

Lectura 2

Lee el artículo sobre la primera vuelta al mundo y completa las actividades del margen.

Estrategia

Seguir la ruta geográfica Al leer un texto sobre un viaje o una expedición, sigue la ruta en un mapa a medida que lees para tener una visión más clara de las distancias y las dificultades.

Lectura interactiva

Sigue la ruta

- En la lectura, subraya los nombres de los sitios por donde pasó la expedición de Magallanes y anótalos en una hoja de papel.
- Usando tus notas, sigue la ruta de Magallanes en un mapa del mundo. ¿Crees que ésa es la ruta más corta para dar la vuelta al mundo? ¿Qué ruta seguirías tú?

La primera vuelta al mundo

En los primeros años del siglo XVI, España y Portugal luchaban por convertirse *(become)* en el imperio más importante y grande del mundo. Aunque los dos países decidieron repartirse los territorios descubiertos por Colón, Portugal controlaba el paso a Asia por el sur de África. Los dos países deseaban controlar las riquezas y las especias de Asia.

El emperador Carlos V de España decidió financiar o proporcionar el dinero necesario para una expedición de Fernando de Magallanes. Magallanes quería llegar hasta Asia por una nueva ruta. Fue así como surgió el proyecto del primer viaje de circunnavegación del mundo (es decir, el primer viaje para dar la vuelta al mundo).

Esta gran aventura duró más de tres años. En el momento de salir, Magallanes tenía cinco naves y doscientos cincuenta hombres. Pasaron por las Islas Canarias y por el Cabo Verde y por fin llegaron al Brasil. Siguieron hacia el sur, pasando por el Río de la Plata. En noviembre de 1520 llegaron al estrecho bautizado en honor a Magallanes y desde allí pasaron al océano Pacífico. De allí, fueron hacia el noroeste con la esperanza de llegar a Asia.

A lo largo del viaje Magallanes enfrentó numerosos problemas, como rebeliones, enfermedades y ataques en los puertos a los que llegaba. En abril de 1521, Magallanes murió en medio de un ataque indígena, por lo que no pudo completar la primera vuelta al mundo. El viaje fue terminado por Sebastián Elcano, quien llegó a España con una sola nave y diecisiete marineros en septiembre de 1522.

Capítulo 8A

Nombre ____________________ Fecha ____________________

Actividad M

Para cada frase, escribe una oración para apoyarla con información de la lectura.

Idea	Prueba en el texto
Carlos V era un hombre rico.	____________________ ____________________
El viaje alrededor del mundo fue difícil.	____________________ ____________________
Magallanes fue un hombre valiente.	____________________ ____________________

Actividad N

Responde a las preguntas sobre la lectura.

1. ¿Con cuántos barcos empezó Magallanes el viaje? ¿Cuántos llegaron a España al final?

____

____

2. ¿Por qué quería Magallanes ir a Asia?

____

____

3. ¿Cuántos hombres salieron en el viaje? ¿Cuántos llegaron a España?

____

____

4. ¿Por qué crees que no volvieron todos a España? Contesta en español o en inglés.

____

____

Nombre ______________________ Fecha ______________

La cultura en vivo (Nivel 1, pág. 392, Nivel B, pág. 242)

Los ojos de Dios

Al viajar por el mundo hispano, puedes encontrar una maravillosa variedad de arte y artesanías. Mucha de esta artesanía tiene su origen antes de la llegada de los españoles a las Américas. Una forma de arte popular entre los visitantes de partes de México es *el ojo de Dios.*

El ojo de Dios es un tejido en forma de diamante. Como un regalo, simboliza buenos deseos. Parece ser que *el ojo de Dios* tiene su origen en Perú, unos 300 años antes de Cristo. En la actualidad, los mejores artesanos de estas figuras son los indígenas de la región de la Sierra Madre en México. La gente de las tribus cora, huicol, tarahumara y tepehuane hacen y usan estas figuras en su vida diaria.

¿Cómo se hace un *ojo de Dios*?

Materiales

- hilo
- tijeras
- dos palitos de la misma medida
- opcional: plumas, adornos o borlas para el decorado final

Instrucciones

1. Ata los dos palitos en forma de cruz. *(Fig. 1)*
2. Ata la punta del hilo al centro de la cruz.
3. Pasa el hilo por encima y alrededor de cada palito, con el hilo apretado. *(Fig. 2)* Para cambiar el color haz un nudo con las puntas de los hilos de diferente color. El nudo debe quedar por el revés. Haz un pequeño nudo en la parte de atrás y déjalo lo suficientemente largo como para hacer una argolla para colgar el adorno.
4. Puedes poner plumas, adornos o borlas en las puntas de cada palito. Cuelga tu decoración para que todos la disfruten.

¡Piénsalo!

¿Cuáles son las artesanías tradicionales de los Estados Unidos? ¿Cuál es la herencia étnica de estos trabajos de artesanía?

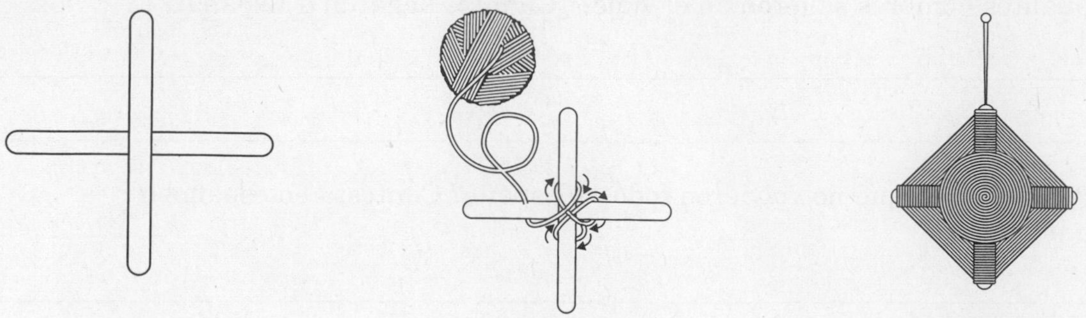

Figura 1 **Figura 2** **Figura 3**

Capítulo 8A

Nombre ____________________ Fecha ____________

Presentación oral (Nivel 1, pág. 393, Nivel B, pág. 243)

Mi viaje

Tarea

Cuéntale a un(a) amigo(a) sobre un viaje que hiciste. Pueden ser unas vacaciones o un viaje de visita a tu familia, o puedes inventar el viaje que quieras. Usa fotografías o dibujos para hacer más interesante tu descripción.

Estrategia

Usar organizadores gráficos Usar un organizador gráfico como una red de palabras te ayudará a pensar mejor en lo que quieres decir en tu presentación.

1. **Preparación**
Usa la red de palabras para ayudarte a organizar lo que hiciste en el viaje. Piensa en información y eventos para poner en cada círculo. Trae fotografías del viaje o haz dibujos para ilustrar cada parte del viaje en la red. Diseña la ilustración de tu viaje para que se vea interesante.

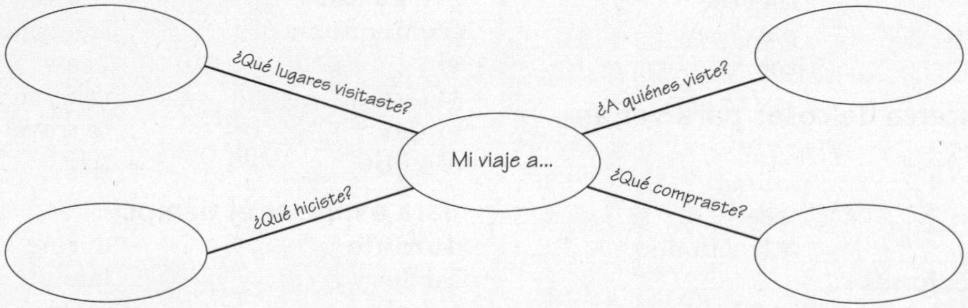

2. **Práctica**
Trabaja con un(a) compañero(a) y usa la información de tu red para hablar de tu viaje. Repasa tu historia varias veces usando fotografías y dibujos. Puedes usar tus notas en la práctica, pero no durante la presentación. Termina tu presentación diciendo cómo te sentiste durante el viaje.

Modelo *En marzo, fui a Florida para visitar a mi abuelita y a mis primos. Tomamos el sol en la playa y nadamos mucho. Aprendí a bucear y vi animales muy interesantes en el mar. Me gusta mucho Florida. Es un lugar fantástico. El viaje fue muy divertido.*

3. **Presentación**
Habla acerca de tu viaje con un grupo pequeño o con toda la clase. Usa tus fotografías y dibujos para hacer tu presentación.

4. **Evaluación**
Es posible que tu profesor(a) te dé los criterios de cómo va a ser evaluada tu presentación. Tu presentación probablemente será evaluada teniendo en cuenta:
- cuánta información comunicas
- lo bien que usas las fotografías y dibujos en tu historia
- la facilidad con la que se entiende lo que dices

Capítulo 8A

Repaso del capítulo (Nivel 1, pág. 396, Nivel B, pág. 246)

Vocabulario y gramática

Repaso del capítulo

Para prepararte para el examen, revisa si...
- conoces el vocabulario nuevo y la gramática.
- puedes realizar las tareas de la página 309.

para hablar acerca de lugares para visitar durante las vacaciones

la ciudad	city
el estadio	stadium
el lago	lake
el lugar	place
el mar	sea
el monumento	monument
el museo	museum
el país	country
el parque de diversiones	amusement park
el parque nacional	national park
el teatro	theater
la obra de teatro	play
el zoológico	zoo

para hablar acerca de cosas para ver en las vacaciones

el animal	animal
el árbol	tree
la atracción *pl.* las atracciones	attraction(s)
el mono	monkey
el oso	bear
el pájaro	bird

para hablar acerca de cosas para hacer en las vacaciones

aprender (a)	to learn
bucear	to scuba dive/snorkel
(comprar) recuerdos	(to buy) souvenirs
descansar	to rest, to relax
montar a caballo	to ride horseback
pasear en bote	to go boating
tomar el sol	to sunbathe
visitar	to visit

para hablar acerca de maneras de viajar

en	by
el autobús	bus
el avión	airplane
el barco	boat, ship
el tren	train

para hablar acerca de tus vacaciones

el boleto	ticket
como	like, such as
¿Cómo lo pasaste?	How was it (for you)?
dime	tell me
fantástico, -a	fantastic
Fue un desastre.	It was a disaster.
el hotel	hotel
impresionante	impressive
ir de vacaciones	to go on vacation
Me gustó.	I liked it.
¿Qué hiciste?	What did you do?
¿Qué te pasó?	What happened to you?
regresar	to return
salir	to leave, to go out
¿Te gustó?	Did you like it?
tremendo, -a	tremendous
vi	I saw
¿Viste...?	Did you see?
viajar	to travel
el viaje	trip

para expresar el tiempo

durante	during
tarde	late
temprano	early

pretérito de los verbos terminados en *-er* e *-ir*

aprendí salí	aprendimos salimos
aprendiste saliste	aprendisteis salisteis
aprendió salió	aprendieron salieron

pretérito de *ir*

fui	fuimos
fuiste	fuisteis
fue	fueron

Más práctica

Practice Workbook Puzzle 8A-8
Practice Workbook Organizer 8A-9

Capítulo **8A** Nombre ______________________ Fecha ______________

Preparación para el examen

En el examen vas a...	Éstas son las tareas que te pueden ser útiles para el examen...	Si necesitas repasar...
1 Escuchar Escuchar y entender lo que alguien dice sobre lo que hizo y sobre adónde fue de vacaciones.	Como parte de una presentación en la clase de español, un estudiante habló de sus últimas vacaciones. Mientras escuchas, intenta determinar: a) adónde fue; b) una cosa que hizo; c) una cosa que vio.	Nivel 1: **págs. 374–377** *A primera vista* **págs. 375–378** Acts. 1, 4–5 Nivel B: **págs. 218–223** *A primera vista* **págs. 219–225** Acts. 1, 7–9
2 Hablar Hablar acerca de tu mejor viaje o tus mejores vacaciones.	Averigua adónde fue tu compañero(a) de clase en sus mejores vacaciones y lo que él / ella hizo y vio. Mientras escuchas, haz un dibujo con los detalles del viaje. Luego tu compañero(a) te va a pedir que describas tus mejores vacaciones. ¿Coinciden tus dibujos con las descripciones?	Nivel 1: **págs. 379–386** Acts. 6, 8, 11, 16, 18 **pág. 393** *Presentación oral* Nivel B: **págs. 226–237** Acts. 11, 14, 20, 27 **pág. 243** *Presentación oral*
3 Leer Leer y entender una tarjeta postal de vacaciones.	Lee la tarjeta postal que Javier envió a su amigo el verano pasado durante sus vacaciones familiares. ¿Qué cosas dice que le gustaron? ¿Hubo algo que no le gustó? ¡Hola! Salí de vacaciones la semana pasada y ahora estamos aquí en Puerto Rico. Visitamos a nuestra tía en San Juan. Ayer fuimos al Viejo San Juan, donde vi muchos monumentos. También vi El Morro, un lugar muy famoso. ¡Fue fabuloso! Hoy fui a la playa de Luquillo y tomé el sol. Los otros bucearon por tres horas, pero a mí no me gusta el mar. Después, comimos arroz con pollo en un restaurante. ¡Uf! ¡Siempre arroz con pollo aquí! Regreso el sábado. ¡Hasta luego! Javier	Nivel 1: **págs. 379–388** Acts. 7, 9, 21 **págs. 390–391** *Lectura* Nivel B: **págs. 226–238** Acts. 10, 12, 28 **págs. 240–241** *Lectura*
4 Escribir Escribir una narrativa breve acerca del viaje de un personaje imaginario.	Una maestra de primer grado te pide que escribas un cuento en español para sus estudiantes. Ella tiene un oso de peluche, el Oso Teo, en su clase, así que decides escribir el cuento acerca de él y su viaje. Explica adónde fue, qué hizo, qué vio y qué comió. Comienza escribiendo algo así como, *"El Oso Teo fue de viaje a su parque favorito..."*	Nivel 1: **págs. 378–389** Acts. 4, 14–15, 18, 22 **págs. 390–391** *Lectura* Nivel B: **págs. 225–239** Acts. 8, 17–18, 27, 29 **págs. 240–241** *Lectura*
5 Pensar Demostrar una comprensión de las perspectivas culturales respecto a las artesanías y a las manualidades.	Piensa en un regalo que le puedes dar a alguien que simbolice buena suerte y buena fortuna en nuestra cultura. Compáralo con alguna artesanía tradicional mexicana que se regala por la misma razón. Describe su significado y su historia en el mundo hispano.	Nivel 1: **pág. 392** *La cultura en vivo* Nivel B: **pág. 242** *La cultura en vivo*

Nombre ____________________ Fecha ____________________

¿Qué sabes ya?

(Nivel 1, págs. 398–399, Nivel B, págs. 248–249)

¿Cómo puedes ayudar a la gente de tu comunidad? Añade lugares u organizaciones donde puedes ayudar. Explica qué servicios puedes prestar a cada uno. Escríbelos en la tabla de abajo.

Lugar	Tarea
un hospital	dar libros y revistas a los enfermos
una piscina de la comunidad	enseñar a los niños a nadar

Arte y cultura (Nivel 1, pág. 399, Nivel A, pág. 249)

¿Te gustaría ayudar? Esta joven está ayudando en un programa de servicios a la comunidad en Miami. ¿Has considerado alguna vez combinar tus habilidades para hablar español con el servicio comunitario? En los Estados Unidos, los Cuerpos de Paz ofrecen muchas oportunidades para trabajar de voluntario en el extranjero. Los voluntarios ayudan con su trabajo a comunidades, familias e individuos en áreas que incluyen la educación, los servicios de salud, el desarrollo comercial, el medio ambiente y la agricultura. Hoy día, el 28% de los voluntarios de los Cuerpos de Paz sirven en América Latina y el Caribe y son entrenados para trabajar y comunicarse en español.

- ¿Cómo crees que saber dos idiomas te ayuda a servir a otras personas? ¿En qué tipo de proyectos te gustaría trabajar como voluntario(a) del Cuerpo de Paz?

____

____

____

Nombre ________________ Fecha ________________

Capítulo **8B**

Ayudando en la comunidad

Objetivos del capítulo

- Conversar sobre el trabajo voluntario y formas de proteger el medio ambiente
- Hablar sobre lo que dice la gente
- Hablar sobre lo que las personas hicieron para ayudar a otros
- Comprender las perspectivas culturales con respecto al trabajo voluntario

Conexión geográfica (Nivel 1, pág. **398**, Nivel B, pág. **248**)

Todos estos países, del más grande al más pequeño, tienen una conexión con el tema de este capítulo. Lee las listas a continuación y escoge la que está en orden de tamaño del más grande al más pequeño. Puedes usar los mapas y las tablas de las páginas xviii a xxxi de tu libro de texto.

1	2	3
México	México	Perú
Perú	Perú	México
España	España	España
Ecuador	Ecuador	Ecuador
Guatemala	Guatemala	Guatemala
República Dominicana	Costa Rica	Costa Rica
El Salvador	República Dominicana	República Dominicana
Costa Rica	El Salvador	El Salvador
Puerto Rico	Puerto Rico	Puerto Rico

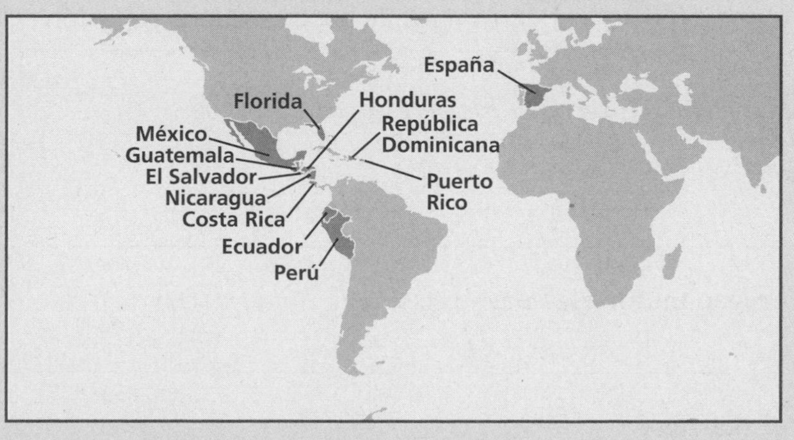

Go Online Web Code jce-0002 PHSchool.com

Nombre ______________________ Fecha ____________

A primera vista (Nivel 1, págs. 400–401, Nivel B, págs. 250–251)

Actividad A

Imagina que eres un voluntario en tu comunidad. Clasifica los lugares en los que puedes trabajar, la gente a la que puedes ayudar y las cosas que puedes reciclar. Escribe el vocabulario a continuación en la columna correspondiente.

el vidrio	el jardín	los niños	el centro de reciclaje	el campamento
el plástico	el barrio	el cartón	la gente pobre	los ancianos
la bolsa	la lata	el periódico		

Lugares	Gente	Cosas

Actividad B

Imagina que estás preparando la sección de reciclaje de la página Web de tu comunidad. En la sección hay preguntas que se hacen con frecuencia. Escribe las respuestas en tu cuaderno, basándote en el calendario de abajo y en tus ideas. Usa oraciones completas.

lunes	martes	miércoles	jueves	viernes
vidrio y metal	basura no reciclable	plástico	periódicos y otros tipos de papel	cajas y otros tipos de cartón

Modelo ¿Cuándo recogen los periódicos? *Recogen los periódicos los jueves.*

1. ¿Qué puedes llevar los viernes?

____

2. ¿Cuántos días a la semana recogen materiales para reciclar?

____

3. ¿Necesito separar el vidrio del plástico?

____

Nombre ______________________________ Fecha ______________

Videohistoria (Nivel 1, págs. **402–403**, Nivel B, págs. **252–255**)

Actividad C

Responde a las preguntas sobre la *Videohistoria* con oraciones completas.

1. ¿Por qué le encanta a Tomás el trabajo de voluntario?

____

2. ¿Qué les llevan Gloria y Raúl a los niños en el hospital?

____

3. ¿Qué piensa Gloria de su experiencia de voluntaria en el hospital?

____

4. ¿Qué hay que hacer con la ropa que recoge la "Casa Latina"?

____

Actividad D

Escribe una o dos frases explicando el trabajo voluntario de cada personaje de la *Videohistoria* y qué piensa cada uno(a) de su trabajo. Usa las expresiones y las palabras del texto.

1. Raúl

____

____

2. Gloria

____

____

3. Tomás

____

____

Nombre ______________________ Fecha ______________

Manos a la obra (Nivel 1, págs. 404–407, Nivel B, págs. 256–261)

Actividad E

Es el primer día que Pablo trabaja de voluntario en el centro para ancianos. Conversa con su amiga, Lourdes. Completa la conversación con palabras de la lista.

necesario	increíble	hospital	trabajo	ancianos	decidir

PABLO: Hola, Lourdes. ¿Hace cuánto tiempo que trabajas en el centro para __________?

LOURDES: Llevo un año aquí. Antes trabajaba en el __________ de niños.

PABLO: Parece que te gusta mucho el __________ voluntario.

LOURDES: ¡Ay sí! Yo creo que es __________ ayudar a los demás.

PABLO: Sí. Es __________ el número de actividades con las que podemos ayudar.

LOURDES: Para mí, el único problema es __________ dónde quiero trabajar de voluntaria. ¡Hay tantas oportunidades!

Actividad F

Imagina que trabajas en el centro de reciclaje de la calle Bolívar. Responde a estas preguntas de un reportero que quiere escribir un artículo sobre el centro.

REPORTERO: ¿Qué reciclan en el centro?

TÚ: ______________________________

REPORTERO: ¿Quién puede hacer trabajo voluntario?

TÚ: ______________________________

REPORTERO: ¿Qué hacen los voluntarios aquí?

TÚ: ______________________________

REPORTERO: ¿Qué cambios puedes ver en la comunidad?

TÚ: ______________________________

Nombre ______________________ Fecha ______________

Actividad G

Jaime, Laura y Antonio quieren trabajar de voluntarios. Lee las descripciones y elige un trabajo para cada uno. Explica por qué crees que debe hacerlo.

Jaime: Es muy trabajador. Le gusta mucho estar al aire libre. De niño, siempre ayudaba a sus padres en proyectos de construcción.

Actividad recomendada: ______________________

Explicación: ______________________

____

Laura: Es muy cariñosa y le encanta hablar con la gente. Ella piensa que puede aprender mucho de las personas mayores. Su abuela de noventa años vive con su familia.

Actividad recomendada: ______________________

Explicación: ______________________

____

Antonio: Está muy preocupado por su barrio. Piensa que es necesario recoger la basura, limpiar los jardines y reciclar el papel y el plástico.

Actividad recomendada: ______________________

Explicación: ______________________

____

Fondo cultural

(Nivel 1, pág. 405, Nivel B, pág. 257)

El reciclaje España es uno de los países europeos líderes en reciclaje. El programa español de reciclaje de vidrio se llama *Ecovidrio*. Viene de las palabras *ecología* y *vidrio.* El programa *Ecovidrio* comenzó en los últimos años de la década de 1990 y ha sido muy exitoso. El reciclaje del vidrio es una excelente manera de reducir los desechos *(waste)* y proteger el medio ambiente *(environment)*.

- ¿Qué hace tu comunidad para reciclar el vidrio? ¿Qué más hace tu comunidad para ayudar a reducir los desechos?

Nombre ______________________ Fecha ______________

Gramática

(Nivel 1, pág. 408, Nivel B, pág. 262)

El presente de *decir*

El verbo *decir* significa *"to say"* o *"to tell"*. Éstas son las formas del tiempo presente:

(yo)	**digo**	(nosotros) (nosotras)	**decimos**
(tú)	**dices**	(vosotros) (vosotras)	**decís**
Ud. (él) (ella)	**dice**	Uds. (ellos) (ellas)	**dicen**

La forma de *yo* es irregular: ***digo***.

Fíjate que la *e* de *decir* cambia a *i* en todas las formas menos en *nosotros* y *vosotros*.

¿Recuerdas?
Ya has usado algunas formas de *decir* en las preguntas *¿Cómo se dice?* y en *Y tú, ¿qué dices?*

Gramática interactiva

Identifica

- Subraya las formas de *decir* en que la e cambia a *i*.
- Escribe las formas de *decir* que no tienen cambio de vocal.

____

____

Actividad H

Completa el diálogo con las formas del presente de *decir*.

RODRIGO: ¿Qué ________, Joaquín, nos ayudas a recoger basura de la calle el sábado?

JOAQUÍN: No sé. Mi profesor ________ que tengo que estudiar. Mi amigo ________ que debo jugar al fútbol. Mis padres ________ que tengo que ir a visitar a mi abuelo. ¡No sé qué hacer!

RODRIGO: Yo te ________ qué hacer. Antonio y yo te ________ qué hacer. Pídeles permiso a tus padres para ayudarnos a recoger basura.

JOAQUÍN: ¿A nadie le importa lo que ________ yo?

Gramática

(Nivel 1, pág. **410**, Nivel B, pág. **264**)

Pronombres de objeto indirecto

El objeto indirecto indica *a quién* o *para quién* se realiza una acción. Los pronombres de objeto indirecto se utilizan para sustituir a un nombre que tiene la función de objeto indirecto.

Les doy dinero.	*I give money to them.*
Te llevo el vidrio y las latas.	*I'll bring you the glass and the cans.*
¿Nos reciclas estas botellas, por favor?	*Will you please recycle these bottles for us?*

Los pronombres de objeto indirecto van antes del verbo conjugado. A continuación se muestran los distintos pronombres de objeto indirecto:

SINGULAR		PLURAL	
me	*(to / for) me*	**nos**	*(to / for) us*
te	*(to / for) you*	**os**	*(to / for) you*
le	*(to / for) him, he; you (formal)*	**les**	*(to / for) them; you (formal)*

Cuando el infinitivo está después de un verbo conjugado, el pronombre de objeto indirecto puede unirse al infinitivo o colocarse antes del verbo conjugado.

Quiero darle un juguete al niño.
o: Le quiero dar un juguete al niño.

Ya que *le* y *les* tienen más de un significado, se puede añadir *a* + el nombre propio correspondiente, el nombre o el pronombre para clarificar o enfatizar.

Les damos lecciones a Miguel y a Felipe.

Les damos lecciones a los niños.

Les damos lecciones a ellos.

Gramática interactiva

Encuentra
Subraya todos los pronombres de objeto indirecto en los ejemplos.

Relaciona
- En los tres ejemplos de la parte inferior de la tabla, encierra en un círculo las partes que aclaran el significado de *les*.
- Luego, une con una raya cada frase con el pronombre de objeto indirecto correspondiente.

Nombre ______________________ Fecha ______________

Actividad I

Escribe las frases de nuevo cambiando los objetos indirectos por pronombres.

Modelo El voluntario separó el plástico del vidrio para mí.
El voluntario me separó el plástico del vidrio.

1. Inés compró los juguetes para sus hermanos pequeños.

____

2. Yo preparé la cena para ti.

____

3. Mi madre lavó el uniforme para mí.

____

4. Mis abuelos trajeron un video para mí y mi hermano.

____

Actividad J

Completa la carta que Miguel escribió a su amigo usando las formas correctas de los pronombres de objeto indirecto. Si el pronombre se une al infinitivo, subraya la palabra.

Querido Javier:

¿Cómo estás? Yo estoy bien. Te escribo para hacer _____ una pregunta. Mi hermana hace trabajo voluntario con los niños. Dice que los niños _____ preguntan muchas cosas. Prefiero no trabajar con niños. Mis padres son voluntarios y el jefe _____ pide trabajar los fines de semana.

El otro día fui al centro de reciclaje y _____ dieron una tarea muy interesante. Los voluntarios _____ dijeron que el trabajo no era difícil. ¿Por qué no trabajas en el centro de reciclaje conmigo? ¿Crees que _____ gustaría a nosotros?

No olvides dar _____ un saludo a tus padres de mi parte. Mis padres _____ mandan un abrazo. Hasta pronto.

Tu amigo,

Miguel

Go Online PHSchool.com Web Code jcd-0815

Nombre ______________________ Fecha ______________

Gramática

(Nivel 1, pág. **412**, Nivel B, pág. **266**)

El pretérito de *hacer* y *dar*

Hacer y *dar* son verbos irregulares en pretérito. Observa que estos verbos no llevan acento ortográfico en el pretérito.

- El radical del pretérito del verbo *hacer* es *hic-*. En las formas *Ud./él/ella,* la *-c-* cambia a *-z-*, pero el sonido "s" es el mismo: *hizo.*
- El radical del pretérito del verbo *dar* es *di-*. El mismo radical se usa para todas las formas.

(yo)	**hice**	(nosotros) (nosotras)	**hicimos**
(tú)	**hiciste**	(vosotros) (vosotras)	**hicisteis**
Ud. (él) (ella)	**hizo**	Uds. (ellos) (ellas)	**hicieron**

(yo)	**di**	(nosotros) (nosotras)	**dimos**
(tú)	**diste**	(vosotros) (vosotras)	**disteis**
Ud. (él) (ella)	**dio**	Uds. (ellos) (ellas)	**dieron**

Gramática interactiva

Analiza

- Subraya el radical en cada forma del verbo **dar**.
- Examina el radical en cada forma del verbo **hacer**. Haz un círculo alrededor del radical que es diferente.

Reflexiona

- En las formas *Ud./él/ella* del verbo **hacer** la *c* cambia a la *z* para mantener el sonido de una *s.* ¿Cómo sonaría la forma sin el cambio?

Actividad K

Este año va a ser completamente diferente para estas personas. Lee lo que hicieron o van a hacer y completa la frase usando los verbos *hacer* y *dar.*

1. ¡Voy a hacer muchas cosas este año! El año pasado, yo no __________ nada.
2. El señor Olivera __________ tres presentaciones el año pasado.
3. El año pasado, los jóvenes __________ la fiesta en la escuela.
4. Tú no le __________ nada a tu papá en su cumpleaños.
5. Nosotros tenemos que hacer un desfile. ¡El año pasado no __________ ninguno!

Capítulo 8B

Nombre ______________________ Fecha ____________

Fondo cultural (Nivel 1, pág. 406, Nivel B, pág. 261)

El arte de vidrio México es famoso por la producción de hermosos artículos de vidrio *(glass)*. Muchas de estas obras de arte, incluyendo una gran cantidad de vasos, tazas y floreros, son hechos con el vidrio de botella o de parabrisas de los carros, que han sido reciclados. El vidrio es derretido y soplado a mano para hacer diferentes figuras. Los artesanos también hacen bandejas y ventanas decorativas. Cortan diferentes piezas de vidrios de colores hasta formar un *collage*. Después, las derriten y forman una sola pieza. Cada obra de arte de vidrio reciclado es única.

- ¿Qué artículos diarios u objetos de arte conoces que están hechos con materiales reciclados?

____

____

Fondo cultural (Nivel 1, pág. 407, Nivel B, pág. 259)

La Asociación Conservacionista de Monteverde de Costa Rica protege el bosque lluvioso *(rain forest)* de la Reserva Biológica Bosque Nuboso Monteverde. Jóvenes de todo el mundo vienen a ayudar a preservar el bosque natural. Los voluntarios dan mantenimiento a los senderos *(trails)* y ayudan en los proyectos de preservación.

- ¿Qué programas de tu comunidad o estado son similares al programa de Costa Rica?

____

____

Fondo cultural (Nivel 1, pág. 412, Nivel B, pág. 267)

El Hospital de la Caridad, un hospicio (asilo) de Sevilla, España, fue fundado en el siglo XVI por los monjes *(monks)* de la *Hermandad de la Caridad.* Hoy, los hermanos siguen cuidando de personas pobres o de ancianos como parte de su larga tradición de cuidado de los necesitados *(needy)*.

- ¿Qué programas de tu comunidad dan ayuda a las personas necesitadas?

____

____

Capítulo 8B Nombre ____________________ Fecha ____________________

Conexiones Las matemáticas (Nivel 1, pág. 407)

1. Mira el mapa de Costa Rica en tu libro de texto. Las áreas protegidas (como parques nacionales y reservas) están indicadas en verde. Estima qué porcentaje del área total del país es el área protegida.

2. Mira la tabla de tu libro de texto que compara las áreas protegidas con el área total del país. Trabaja con otro(a) estudiante para:

   - calcular qué porcentaje del área total es el área protegida.
   - comparar la respuesta con las estimaciones que hicieron Uds.

3. Averigua cuántas millas cuadradas tienen los Estados Unidos y cuántas de estas millas son parques nacionales y, por lo tanto, áreas protegidas. Busca la información en una enciclopedia o en el Internet.

4. Calcula qué porcentaje del área total de los Estados Unidos son estos parques. Preparen un informe sobre los resultados.

Áreas protegidas	**Área total**
4.656 millas cuadradas	19.730 millas cuadradas

Modelo *El área total de los Estados Unidos es de* __________ *millas cuadradas.*

__________ *millas cuadradas son parques nacionales. Estos parques*

representan el __________ *por ciento del país.*

El español en el mundo del trabajo

(Nivel 1, pág. 415, Nivel B, pág. 271)

Tal vez encuentres organizaciones de servicio a la comunidad en tu vecindario, en las cuales es de gran ayuda saber hablar español. Estas organizaciones pueden ser centros médicos, comedores populares, centros para ancianos, consejerías profesionales y de entrenamiento para el trabajo y programas para después de la escuela. Con tus habilidades puedes hacerte voluntario(a) en esta clase de agencias, como primer paso para saber si te puede interesar buscar un trabajo en el sector no lucrativo.

- Pregunta en las agencias locales y busca cuáles ofrecen servicios en español (o en otras lenguas). Escribe una lista de oportunidades para voluntarios(as) en tu comunidad en las cuales puedes usar el español.

 Nombre ______ Fecha ______

¡Adelante! (Nivel 1, págs. 416–417, Nivel B, págs. 272–273)

Lectura 1

Haz las actividades del margen antes de leer la lectura.

Estrategia

Reconocer cognados Reconocer los cognados en el artículo siguiente te puede ayudar a entenderlo mejor.

Lectura interactiva

Reconoce cognados

- El primer párrafo de la lectura tiene 84 palabras. ¿Qué porcentaje de los nombres, verbos y adjetivos crees que son cognados?

  ___ 25%

  ___ 50%

  ___ 75%

- Subraya los cognados del primer párrafo, inclusive los que se repiten.

Nota

En los Estados Unidos, al escribir números, se usan comas para separar las unidades de millar (1,000 casas = mil casas). En muchos países del mundo y en la mayoría de los países hispanos se usan puntos en lugar de comas para separar las unidades de millar (1.000 casas = mil casas).

Hábitat para la Humanidad Internacional

Hábitat es una organización internacional que ayuda a la gente pobre a tener casa. Su objetivo es construir casas seguras que no cuestan mucho para las personas que no tienen mucho dinero. Hábitat trabaja con las familias pobres, con los grupos de voluntarios y con las personas que les dan dinero. Esta organización tiene más de 2.500 proyectos en muchas comunidades de los Estados Unidos y otros 1.600 proyectos en más de 83 países diferentes. Hábitat ha construido unas 125.000 casas en todo el mundo.

Guatemala tiene catorce afiliados de Hábitat. Cada afiliado tiene su propio dinero y hace su plan de construcción y sus proyectos. Los afiliados de Guatemala tienen mucho éxito. Han construido más de 10.000 casas y tienen planes para construir 15.000 más en los años que vienen. Según Hábitat, las personas pobres tienen que ayudar a construir sus casas. Es una manera positiva de ayudar a los demás. Hábitat les da los materiales de construcción y los trabajadores voluntarios. Cuando la casa está construida, el nuevo propietario paga una pequeña hipoteca cada mes. Después, los nuevos propietarios tienen que ayudar a otros futuros propietarios a construir sus casas.

La mayoría del dinero viene de donaciones privadas y del trabajo voluntario de muchísimas personas. Los grupos voluntarios son una parte fundamental del éxito de la organización.

Capítulo 8B

Nombre ____________________ Fecha ____________

Actividad L

¿Cómo funciona Hábitat para la Humanidad Internacional? Vuelve a leer la lectura y resalta con un marcador las reglas de la organización. Completa el resumen visual para explicar cómo funciona Hábitat.

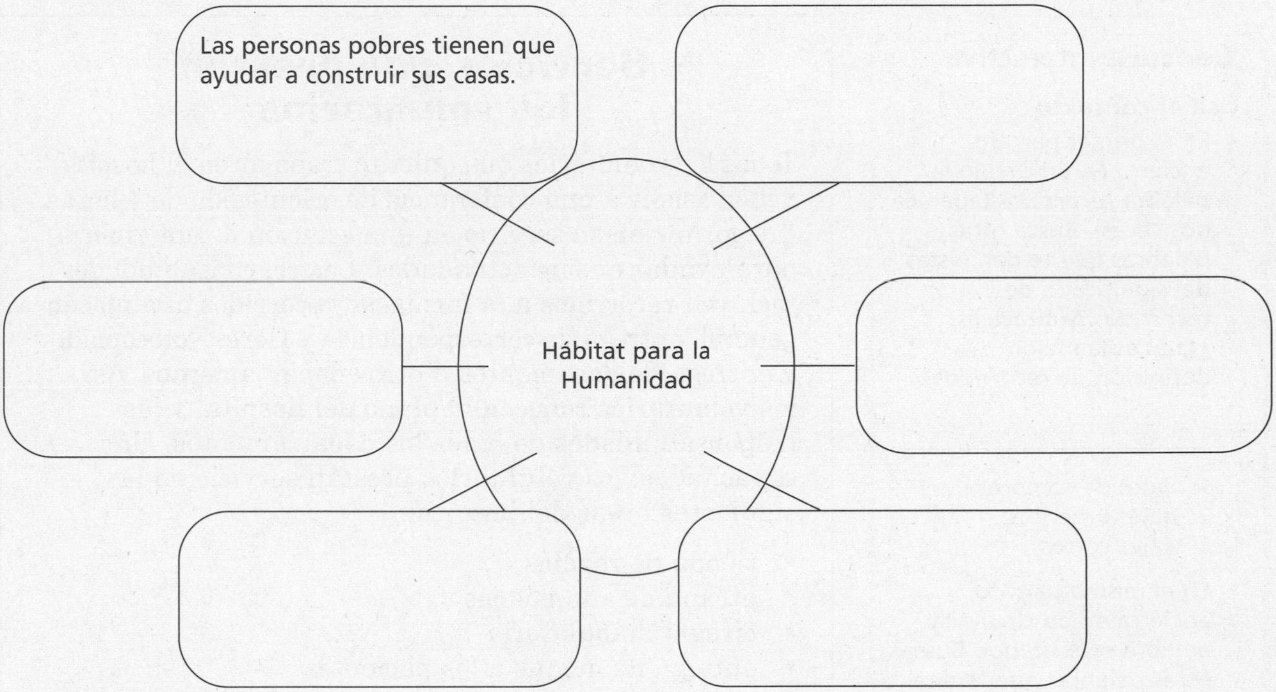
Las personas pobres tienen que ayudar a construir sus casas.
Hábitat para la Humanidad

Fondo cultural (Nivel 1, pág. 417, Nivel B, pág. 273)

El trabajo voluntario AmeriCorps es una organización de voluntarios que trabajan en comunidades urbanas y rurales a lo largo de los Estados Unidos. Ellos enseñan a los niños a leer, ayudan a las víctimas de desastres naturales y participan en otras actividades que benefician a personas necesitadas *(needy)*.

Una de las ventajas de servir como voluntario en AmeriCorps es que se aprenden destrezas *(skills)* que pueden ser usadas más adelante en el lugar donde trabajas.

- ¿Cuáles son algunas de las destrezas que un voluntario puede aprender? ¿Por qué son importantes?

Nombre ______________________ Fecha ______________

Lectura 2

Lee esta sección de un folleto sobre el cuerpo de voluntarios de un hospital.

Estrategia

Usar el contexto Al leer un texto con palabras desconocidas, busca palabras y frases alrededor de la palabra que no conoces para descifrar su significado.

Lectura interactiva

Usa el contexto

- En el primer párrafo, encierra en un círculo la palabra *recorridos* (aparece dos veces). Busca otras palabras que te den pistas del significado de *recorridos.* Subráyalas. ¿Cuál es la mejor definición de *recorridos*?

  ____

  1. viajes de compras
  2. viajes urgentes
  3. viajes cortos

- En el mismo párrafo, encierra en un círculo la palabra *capacitados.* Busca otras palabras que te den pistas del significado de *capacitados.* Subráyalas. ¿Cuál es la mejor definición de *capacitados*?

  ____

  1. interesados
  2. preparados
  3. ocupados

Servicios que prestan los voluntarios

Todos los voluntarios que quieran trabajar en el hospital deben asistir a una conferencia de orientación de 4 horas. Luego, inician su servicio en una estación de enfermería para ayudar en sus actividades. Las responsabilidades incluyen recorridos a la farmacia, recorridos al almacén general, entrega de correspondencia y flores, fotocopiado y entrega de documentos a otros departamentos. Así, los voluntarios conocen el plano del hospital y las responsabilidades de todos los departamentos. Una vez capacitados, los voluntarios prestan servicio en las siguientes áreas del hospital:

- tienda de regalos
- oficina de admisiones
- cirugía ambulatoria
- entrega de menús a los pacientes

Los voluntarios juveniles deben tener entre 14 y 18 años. Para ingresar al voluntariado, deben llenar una solicitud, pedir que su padre o madre la firme e incluir tres cartas de recomendación de maestros. Deben comprometerse a un mínimo de 12 horas al mes. Los voluntarios juveniles deben cumplir con un tiempo de 50 horas de servicio para que la oficina de voluntarios les firme un certificado para la escuela o les prepare cartas de recomendación.

Nombre ____________________ Fecha ____________

Actividad M

Responde a estas preguntas.

1. ¿Qué es necesario hacer para estar capacitado(a) como voluntario(a) en el hospital?

2. ¿Cómo conocen los voluntarios el plano del hospital y las responsabilidades de los departamentos?

3. ¿Qué hacen los voluntarios capacitados?

Actividad N

Completa este diálogo en que Julio trata de animar a Rosario a unirse al cuerpo de voluntarios de un hospital.

Rosario: Julio, ¿por qué piensas que yo puedo ser voluntaria?

Julio: ____________________

Rosario: Pero Julio, es mucho trabajo llenar una solicitud, pedir la firma de mi mamá y pedir cartas de recomendación a tres maestros.

Julio: ____________________

Rosario: Y si presto servicio de voluntaria, ¿qué recibo yo?

Julio: ____________________

Nombre ______________________ Fecha ____________

Perspectivas del mundo hispano (Nivel 1, pág. 418, Nivel B, pág. 274)

¿Trabajas como voluntario?

En muchos países hispanos, los estudiantes se inscriben en actividades y organizaciones de voluntarios. En muchas escuelas privadas los estudiantes son animados a servir a su comunidad dos o tres horas por semana. Así aprenden los deberes de un buen ciudadano. El servicio a la comunidad también es una buena oportunidad para explorar las diferentes profesiones como la educación, la medicina o el trabajo social. Por ejemplo, muchos jóvenes trabajan en departamentos de la Cruz Roja y aprenden lo que deben hacer en casos de emergencia. La organización ofrece cursos y algunos estudiantes reciben un grado *(degree)* en servicios de salud.

En muchos países hispanos, los estudiantes son animados a participar en causas que tienen que ver con el medio ambiente *(environment)*. En muchos países, la belleza natural del paisaje no sólo es un recurso de orgullo nacional, sino también un recurso económico importante para el bienestar del país. Los estudiantes trabajan en centros de reciclaje, recolectando papel, vidrio y plástico, así como recogen la basura de las orillas de los caminos y los parques.

¡Investígalo!
Haz un estudio de los estudiantes de tu clase para saber quién hace trabajo voluntario. ¿Qué clase de trabajo hacen? ¿Qué tan seguido participan en actividades de servicio a la comunidad?

____

____

____

____

¡Piénsalo!
¿Los estudiantes de tu escuela son animados a inscribirse en organizaciones de voluntarios? ¿Además de en la escuela, dónde son animados los jóvenes inscribirse en organizaciones de voluntarios?

____

____

____

____

Nombre ______________________ Fecha ______________

Presentación escrita (Nivel 1, pág. 419, Nivel B, pág. 275)

¿Puedes ayudarnos?

Tarea

Los patrocinadores *(sponsors)* de los servicios a la comunidad de tu escuela planean una campaña de limpieza de un parque, de un centro de recreación, de un patio de recreo o de otro lugar en tu comunidad. Haz un cartel anunciando el proyecto e invitando a los estudiantes a participar.

1. **Preparación**
   Responde a las preguntas siguientes acerca de tu proyecto:
   - ¿Qué van a limpiar?
   - ¿Qué tienen que hacer?
   - ¿Dónde está el lugar?
   - ¿Cuándo van a trabajar?
   - ¿Cuántas horas van a trabajar?
   - ¿Quién(es) puede(n) participar?

2. **Borrador**
   Prepara un primer borrador usando las respuestas a las preguntas. Organiza la información de una forma clara y lógica. Recuerda que quieres que los estudiantes se detengan a leer el cartel.

Estrategia

Usar preguntas clave Responder a preguntas clave te puede ayudar a pensar en ideas para escribir.

3. **Revisión**
   Revisa que tu cartel tenga la ortografía correcta, los acentos, la puntuación y el vocabulario adecuado. Comenta tu trabajo con tu compañero(a), quien va a revisar lo que sigue en tu presentación:
   - ¿Es la información clara y fácil de entender?
   - ¿Se organiza la información lógicamente?
   - ¿Hay algo que debas cambiar o agregar?
   - ¿Hay errores?

4. **Publicación**
   Prepara una versión final de tu cartel, haciendo los cambios necesarios. Agrega ilustraciones para hacer más llamativo el cartel. Haz una exposición en la sala de clases, en la cafetería o en la biblioteca o agrégalo a tu portafolios.

5. **Evaluación**
   Tal vez tu profesor te dé los criterios de cómo va a ser evaluado tu cartel. Probablemente, tu presentación será evaluada teniendo en cuenta:
   - lo completa que es la información
   - la claridad del lenguaje
   - la presentación visual

Capítulo 8B

Repaso del capítulo (Nivel 1, pág. 422, Nivel B, pág. 278)

Vocabulario y gramática

Repaso del capítulo

Para prepararte para el examen, revisa si...
- conoces el vocabulario nuevo y la gramática.
- puedes realizar las tareas de la página 423; Nivel B, pág. 279.

para hablar acerca del reciclaje

la bolsa	bag, sack
la botella	bottle
la caja	box
el cartón	cardboard
el centro de reciclaje	recycling center
la lata	can
llevar	to take; to carry
el periódico	newspaper
el plástico	plastic
reciclar	to recycle
recoger	to collect; to gather
separar	to separate
usado, -a	used
el vidrio	glass

para hablar acerca de los lugares de una comunidad

el barrio	neighborhood
la calle	street, road
la comunidad	community
el jardín	garden, yard
el río	river

para comentar acerca de posibles trabajos voluntarios

los ancianos	older people
el anciano	older man
la anciana	older woman
el campamento	camp
los demás	others
la escuela primaria	primary school
la gente	people
el hospital	hospital
el juguete	toy
los niños	children
el niño	young boy
la niña	young girl
pobre	poor
el problema	problem
el proyecto de construcción	construction project
el trabajo voluntario	volunteer work
el voluntario, la voluntaria	volunteer

otras expresiones útiles

a menudo	often
decidir	to decide
Es necesario.	It's necessary.
la experiencia	experience
Hay que...	One must...
increíble	incredible
inolvidable	unforgettable
¿Qué más?	What else?
la vez, *pl.* **las veces**	time(s)
otra vez	again

decir *to say, to tell*

digo	**decimos**
dices	**decís**
dice	**dicen**

pronombres del objeto indirecto

SINGULAR	PLURAL
me *(to/for) me*	**nos** *(to/for) us*
te *(to/for) you*	**os** *(to/for) you*
le *(to/for) him, her; you (formal)*	**les** *(to/for) them; you (formal)*

pretérito de *dar*

di	**dimos**
diste	**disteis**
dio	**dieron**

pretérito de *hacer*

hice	**hicimos**
hiciste	**hicisteis**
hizo	**hicieron**

Más práctica

Practice Workbook Puzzle 8B-8
Practice Workbook Organizer 8B-9

Nombre ______________________ Fecha ______________

Preparación para el examen (Nivel 1, pág. 423, Nivel B, pág. 279)

En el examen vas a...	Éstas son las tareas que te pueden ser útiles para el examen...	Si necesitas repasar...
1 **Escuchar** Escuchar y entender una descripción sobre lo que hizo alguien en su comunidad.	Una estación de radio patrocina un concurso para animar a la gente a ayudar en su comunidad. Escucha a alguien contarle al locutor lo que hizo. Identifica si: a) ayudó a los ancianos; b) trabajó en un proyecto de reciclaje; c) donó *(donated)* dinero; d) se ofreció de voluntario en un hospital o una escuela.	Nivel 1: **págs. 400–403** *A primera vista* **págs. 401–413** Acts. 1–2, 4, 18 Nivel B: **págs. 250–255** *A primera vista* **págs. 251–267** Acts. 1–2, 6, 24
2 **Hablar** Hacer preguntas y responder acerca de lo que hicieron tú o alguien que conoces para ayudar a los demás en los últimos meses.	Muchas organizaciones ofrecen becas a estudiantes que ayudan a los demás. Ensaya con un(a) compañero(a) las preguntas y respuestas de las entrevistas para la beca ofrecida por una agencia que trabaja en la comunidad hispana: a) ¿Qué hiciste para ayudar a los demás? b) ¿Por qué decidiste ofrecerte de voluntario?	Nivel 1: **págs. 404–406** Acts. 5–7 Nivel B: **págs. 257–258** Acts. 9–10
3 **Leer** Leer y comprender lo que se donó a diferentes personas o grupos.	El tesorero del club de español preparó el informe de las contribuciones de caridad para mostrarlo a los miembros. Lee un artículo del informe. Indica si se donó: a) efectivo; b) clases para un individuo o grupo; c) ropa; d) muebles. Por ejemplo, puedes leer: *Scott y Jamie le dieron una cama y una cómoda a una familia pobre.*	Nivel 1: **págs. 412–415** Acts. 17, 22 **págs. 416–417** *Lectura* Nivel B: **págs. 267–271** Acts. 23, 30 **págs. 272–273** *Lectura*
4 **Escribir** Escribir una lista de cosas que pueden hacer los adolescentes para ayudar en su comunidad.	Para animar a tus compañeros de clase a participar en *La semana de la comunidad,* haz un cartel para el salón donde sugieras por lo menos cinco actividades. Por ejemplo: *Recicla las botellas.* *Ayuda a los niños de la escuela primaria.*	Nivel 1: **págs. 408–419** Acts. 9–10, 12–13, 15, 17 **pág. 419** *Presentación escrita* Nivel B: **págs. 260–267** Acts. 13–14, 17, 23 **pág. 275** *Presentación escrita*
5 **Pensar** Demostrar una comprensión de las perspectivas culturales respecto al trabajo voluntario.	Piensa en las actividades voluntarias en las que tú y tus amigos participan. Basándote en lo que has aprendido en este capítulo, compáralas con el tipo de trabajo voluntario que hacen los adolescentes en los países donde se habla español.	Nivel 1: **págs. 400–403** *A primera vista* **pág. 407** *Fondo cultural* **págs. 416–417** *Lectura* **pág. 417** *Fondo cultural* **pág. 418** *Perspectivas del mundo hispano* Nivel B: **pág. 248** *Fondo cultural* **págs. 250–255** *A primera vista* **pág. 267** *Fondo cultural* **págs. 272–273** *Lectura* **pág. 274** *Perspectivas del mundo hispano*

Nombre ______________________ Fecha ______________________

¿Qué sabes ya?

(Nivel 1, págs. 424–425, Nivel B, págs. 280–281)

1 ¿Te gusta el cine? ¿Y la televisión? Piensa en los tipos de programas y películas que más te gustan y completa la tabla siguiente.

Programas de televisión	Películas

2 Ahora escribe dos frases completas sobre las películas o programas que más te gustan o que menos te gustan.

a. ______________________

b. ______________________

Arte y cultura (Nivel 1, pág. 425, Nivel A, pág. 281)

Retrato de Luis Buñuel Luis Buñuel (1900–1983) fue un director de cine nacido en España. Filmó películas en España, los Estados Unidos, México y Francia. Sus películas eran a menudo controvertidas *(controversial)* por las fuertes imágenes y los temas difíciles que trataban. Buñuel hizo dos películas surrealistas con Salvador Dalí (1904–1989), el pintor surrealista español más famoso. Estas películas mezclaban la realidad con los sueños. Dalí pintó este retrato de Buñuel en 1924, cuando el pintor tenía 20 años y Buñuel 24.

- ¿Quiénes son algunos jóvenes directores de cine que hacen películas fuera de lo común en la actualidad? Contesta en español o en inglés.

Nombre ______________________ Fecha ______________

Capítulo 9A

El cine y la televisión

Objetivos del capítulo

- Describir películas y programas de televisión
- Expresar opiniones sobre el entretenimiento en los medios de comunicación
- Hablar sobre cosas que has hecho recientemente
- Comprender las perspectivas culturales respecto a gestos comunes

Conexión geográfica (Nivel 1, pág. 424, Nivel B, pág. 280)

Estos países y estados tienen una conexión con el tema de este capítulo. Mira el mapa y escribe qué países, mares u océanos tendría que atravesar un director de cine en las siguientes situaciones.

1. Un director español quiere hacer una película en la península de Yucatán, en México:

____

2. Un director mexicano quiere filmar cocodrilos en la Florida:

____

3. Un director venezolano quiere filmar la vida en la pampa Argentina:

____

Nombre ____________________ Fecha ____________

A primera vista (Nivel 1, págs. 426–427, Nivel B, págs. 282–283)

Actividad A

Imagina que oyes los siguientes comentarios en la televisión. Indica a qué tipo de programa corresponde cada uno. Usa frases completas en tus respuestas.

1. "¡Javier Zapato acaba de meter un gol! Los Leones van ganando dos a cero".

   ____

2. "Presentamos el nuevo video del grupo Arenal. ¡Su ritmo nuevo es único!"

   ____

3. "Hoy en México se presentan los candidatos para las elecciones. Pero ahora Marco nos va a hablar sobre el tiempo para el fin de semana".

   ____

4. "¡Ay Pablo, te quiero tanto! Pero no quiero dejar a mi madre. Ella está muy enferma. Nuestro amor va a tener que esperar".

   ____

5. "Los gatos grandes, como los tigres, tienen mucho en común con los gatos domésticos".

   ____

Actividad B

Responde a las siguientes preguntas sobre los programas de televisión que dan en tu comunidad. Responde con frases completas.

1. ¿Qué programas te aburren?

   ____

2. ¿Cuál es tu programa favorito? ¿Qué día dan ese programa?

   ____

3. ¿A qué hora empieza y a qué hora termina tu programa favorito? ¿Cuánto dura?

   ____

Capítulo 9A Nombre ______________________ Fecha ______________

Videohistoria (Nivel 1, págs. 428–429, Nivel B, págs. 284–287)

Actividad C

Haz un resumen visual de lo que los amigos de la *Videohistoria* quieren mirar en la televisión. Escribe los programas y las películas favoritos de cada chico(a).

Los programas y películas favoritos de...

Ignacio:

____

____

____

____

Javier:

____

____

____

____

Ana:

____

____

____

____

Jorgito:

____

____

____

____

Elena:

____

____

____

____

Actividad D

Responde a las siguientes preguntas sobre la *Videohistoria*.

1. ¿Por qué salen a la calle todos los amigos?

____

____

2. ¿Por qué Jorgito no puede ver los dibujos animados? ¿Qué pasa después?

____

____

Capítulo 9A

Nombre ____________________ Fecha ____________

Manos a la obra (Nivel 1, págs. 430–433, Nivel B, págs. 288–293)

Actividad E

En la tabla siguiente, escribe un adjetivo al lado de cada tipo de programa, para describirlo según tu opinión.

el tipo de programa	adjetivo
de entrevistas	*interesante*
educativo	
de concursos	
de noticias	
deportivo	
de dibujos animados	

Actividad F

Usa los adjetivos de la tabla anterior y una de las expresiones siguientes para dar tu opinión sobre cada tipo de programa de la Actividad E.

me aburren	me encantan

Modelo *Me aburren los programas de entrevistas porque son poco interesantes.*

1. ____________________
2. ____________________
3. ____________________
4. ____________________
5. ____________________

Capítulo 9A Nombre ______ Fecha ______

Fondo cultural (Nivel 1, pág. 431, Nivel B, pág. 290)

Las telenovelas Venezuela, México, Argentina y España producen muchas telenovelas que son populares entre la gente de todas las edades. A diferencia de las telenovelas de los Estados Unidos que continúan durante años con los mismos personajes, estas *telenovelas* suelen durar sólo unos cuantos meses. Entonces se sustituyen con nuevos programas y personajes diferentes.

- ¿Cuáles son las ventajas de las historias que continúan a través de los años frente a las historias que sólo duran unos cuantos meses? ¿Cuáles prefieres? Contesta en español o en inglés.

Actividad G

Vas a ir con tu hermanito a alquilar *(to rent)* una película. Escribe respuestas a sus preguntas para elegir una película apropiada para ustedes dos.

1. ¿Cómo son las películas policíacas?

____

2. ¿Puedo ver esta película de horror?

____

3. ¿Vemos una película de dibujos animados?

____

Actividad H

¿Cuál es la última película interesante que viste? Completa la tabla siguiente con la información de esa película.

Título	
Tipo de película	
Actores	
Duración	
Argumento *(plot)*	
Características	
Se la recomiendo porque...	

Nombre ______________________ Fecha ______________

Gramática

(Nivel 1, pág. 434, Nivel B, pág. 294)

Gramática interactiva

Identifica formas
Subraya las formas de **acabar de + infinitivo** en los ejemplos de la tabla.

Encuentra
Encierra en un círculo el sujeto de cada frase. Si el sujeto no está explícito en la frase, escribe el pronombre sujeto correspondiente.

Acabar de + infinitivo

Para decir que algo acaba de pasar, se usa el presente de *acabar de* + infinitivo.

Acabo de ver un programa musical.
Mis padres acaban de ir al cine.
Acabamos de hablar de esa película.
Acabas de comer la cena.

A pesar de que la acción ocurre en el pasado, se usan las formas del presente de *acabar.*

Actividad 1

Lee la información siguiente sobre varias personas. Después, usa **acabar de + infinitivo** para escribir una frase sobre qué acaba de pasar.

Modelo Tú miras el programa deportivo y estás muy feliz.
Tu equipo favorito acaba de marcar un gol.

1. Julia apaga la tele y sale del cuarto.

____

2. Alejandro y Emilia salen del cine, hablan de la película y ríen.

____

3. Santiago y yo tenemos miedo después de ver esa película.

____

4. Tú cierras tu libro y apagas la luz.

____

5. Ustedes oyen la música de su telenovela favorita y corren hacia la tele.

____

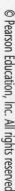

Go Online PHSchool.com Web Code jcd-0903

Capítulo 9A

Nombre ______________________ Fecha ______________________

Ampliación del lenguaje

(Nivel 1, pág. 435, Nivel B, pág. 295)

Palabras de origen griego y árabe

Las lenguas cambian cuando las regiones y naciones se relacionan entre sí o cuando son conquistadas o colonizadas por pueblos que hablan una lengua diferente. Mucho antes de que los romanos llevaran el latín a España, ciertas palabras griegas se habían introducido en el latín. Palabras como *el problema, el programa* y *el drama* eran palabras masculinas en griego. Cuando estas palabras pasaron al latín y después al español, mantuvieron el género masculino a pesar de su teminación en *a.*

¡Inténtalo!
¿Cuáles de estas palabras nuevas usarías en las frases siguientes?

el clima	el sistema	el poema

1. No comprendo __________ de clasificación de películas de este país.
2. Me gustaría visitar Panamá porque __________ es tropical.
3. Me gusta __________ que acabo de leer.

El árabe también tuvo una gran influencia en el español. Alrededor del año 700 a.C., un pueblo que hablaba árabe, los moros, invadieron España desde el norte de África. Mantuvieron el poder durante 800 años y tuvieron una función importante en el desarrollo de la lengua y la cultura española. Las palabras de origen árabe muchas veces empiezan con las letras *al-.* Muchas palabras españolas que tienen una *z* o una *j* también son de origen árabe. Tú conoces estas palabras que vienen del árabe: *alfombra, azúcar* y *naranja.*

¡Inténtalo!
También conoces estas palabras de origen árabe. Escribe las letras que faltan.

a_____ul _____macén _____anahoria

Fondo cultural

(Nivel 1, pág. 434, Nivel B, pág. 294)

Sábado Gigante es uno de los programas que más tiempo llevan en la televisión. Su anfitrión popular, Don Francisco, comenzó este programa de variedades en Chile, su país natal, en 1962. Ahora se emite desde Miami todos los sábados por la noche y presenta comedia, artistas invitados, interpretaciones musicales, juegos y concursos a su público de más de cien millones de televidentes en 42 países.

- ¿Qué programa(s) de televisión conoces que ha(n) tenido éxito continuo a través de los años? Contesta en español o en inglés.

Nombre _______________ Fecha _______________

Gramática

(Nivel 1, pág. 436, Nivel B, pág. 296)

Gustar y verbos similares

Aunque normalmente traducimos el verbo *gustar* como *"to like"*, literalmente significa *"to please"*. Así que cuando dices *Me gustan los programas deportivos,* lo que estás diciendo realmente es, *"Sports programs are pleasing to me"*.

Programas deportivos es el sujeto de la oración y *me* es el objeto indirecto. Aquí está el patrón:

objeto indirecto + forma de *gustar* + sujeto

En una oración con *gustar* el sujeto normalmente va después del verbo. Necesitas saber si el sujeto es singular o plural para saber qué forma de *gustar* debes usar. Si el sujeto está en singular, usa *gusta.* Si está en plural, usa *gustan.* Si está en el infinitivo, usa *gusta.*

Me gusta el actor en la telenovela pero no me gustan las actrices.

A mis amigos les gusta ver películas.

Para enfatizar o dejar en claro a quién se complace, puedes usar una *a* adicional + el pronombre:

A mí me gustan los dibujos animados, pero a él no le gustan.

A continuación, tienes otros verbos similares a *gustar:*

aburrir	A mí me aburren las películas románticas.
doler (*o* ⟶ *ue*)	A Fernando le duelen los pies.
encantar	A mis padres les encanta el teatro.
faltar	Me faltan un cuchillo y un tenedor.
interesar	Nos interesan mucho los programas musicales.
quedar	¿No te queda bien el vestido?

Gramática interactiva

Identifica

- Encierra en un círculo los sujetos de las frases de los ejemplos.
- Subraya los verbos. Une con una línea cada verbo con su sujeto.
- Subraya con dos líneas el pronombre de objeto indirecto en cada frase. Si hay una aclaración de *a quién* o *para quién,* encierra en un cuadro estas palabras y únelas con una línea con el pronombre de objeto indirecto apropiado.

¿Recuerdas?

Usas *me gusta(n), te gusta(n)* y *le gusta(n)* para hablar de los gustos de una persona.

- A mí **me gusta** el cine pero a mi hermano **le gusta** más la televisión.

Actividad J

Completa el párrafo con la forma correcta de los verbos entre paréntesis y un pronombre de complemento indirecto.

Ayer fui con mi amiga Sara a ver una película de horror. A mí *(aburrir)* ______ las películas de horror. Son todas iguales. A mis dos hermanos menores *(encantar)* ______ estas películas. Hoy a todos nosotros *(doler)* ______ los ojos de mirar la pantalla *(screen)* tanto tiempo. ¡Duró casi tres horas! Yo le pregunté a Sara: "¿Por qué *(interesar)* ______ tanto las películas de horror?" Ella me dijo: "Es porque *(faltar)* ______ emociones fuertes en la vida". Yo creo que a mí *(gustar)* ______ una vida un poco más tranquila.

Actividad K

Raúl hizo una encuesta sobre cómo se divierten sus compañeros(as) de clase y anotó los resultados en esta tabla. Escribe un párrafo corto para explicar los resultados de la encuesta. Usa frases completas para decir qué le gusta o no le gusta a cada persona o grupo de personas.

Yolanda	no interesar encantar	el cine ver programas musicales en la tele
Miguel y Antonio	gustar no gustar	las películas de horror las películas de ciencia ficción
Mi profesora	interesar aburrir	los programas deportivos ver programas de concursos
Yo	fascinar encantar	todas las películas las comedias

Modelo *A Yolanda no le interesa el cine, pero le gusta ver programas musicales en la tele.*

______

______

______

______

______

Capítulo 9A

Nombre ______________________ Fecha ______________

Fondo cultural (Nivel 1, pág. 437, Nivel B, pág. 297)

La televisión por cable La industria de la televisión vía satélite y por cable ha crecido enormemente en Latinoamérica. Hay cientos de canales disponibles para los televidentes. Algunos canales de cable se especializan en noticias o deportes y también ofrecen su programación a otros países. Entre los deportes, el fútbol es el que atrae a más televidentes. La Copa Mundial es enormemente popular en Latinoamérica y alrededor del mundo.

- ¿Qué programas de Latinoamérica puedes encontrar en las listas de televisión vía satélite o de cable de tu localidad? Mira algunos de estos programas para saber en qué países se hacen. Contesta en español o en inglés.

Actividad L

Responde a las preguntas siguientes según la información del *Fondo cultural* y tu propia opinión. Usa frases completas y explica tus respuestas.

1. ¿Ven en Latinoamérica muchas personas la televisión por cable?

____

____

2. Fíjate en la palabra *televidente.* Está formada por el prefijo *tele* y la palabra *vidente.* ¿Qué crees que significa?

____

____

3. ¿Qué les gusta ver a los televidentes de Latinoamérica?

____

____

4. ¿Tú ves la televisión por cable? ¿Qué canales y programas te gustan más?

____

____

Nombre ______________________ Fecha ______________________

Conexiones Las matemáticas (Nivel 1, pág. 433, Nivel B, pág. 293)

1. Escribe el número de horas que viste la tele cada día de la semana pasada. Suma estas horas. Calcula el promedio de horas para cada día.

   _____ (total de horas) dividido por 7

   ____

2. Trabaja con un grupo de cuatro personas. Pregunta a tus compañeros(as) el tiempo promedio que vieron la televisión cada día. Escribe la información que recibas de tu grupo.

Modelo A —*Como promedio, ¿cuántas horas viste la tele cada día?*
B —*La vi casi dos horas y media cada día.*

   ____

3. Calcula el promedio de horas que tu grupo vio la tele cada día de la semana pasada. Escribe una frase para presentar la información a la clase.

   ____

El español en la comunidad

(Nivel 1, pág. 439, Nivel B, pág. 298)

Mientras que muchos canales de televisión pierden su audiencia, el número de espectadores que ven televisión en español está aumentando. Mira en el periódico local la guía de televisión y busca listas de canales en español. Busca el nombre de un programa para cada una de las siguientes categorías: entrevistas, noticias, dibujos animados, concursos, programas educativos, programas musicales y telenovelas. Mira uno de esos programas por unos minutos. Aunque al principio pueda ser un poco difícil de entender, intenta mirar estos programas de vez en cuando. Te vas a sorprender de lo mucho que puedes aprender.

- ¿En qué se parecen y se diferencian los programas de los canales que tú ves normalmente y los programas de los canales de televisión en español? Escribe tus opiniones sobre el programa de televisión que viste. Contesta en español o en inglés.

Capítulo 9A

Nombre ____________________ Fecha ____________

¡Adelante! (Nivel 1, págs. 440–441, Nivel B, págs. 300–301)

Lectura 1

Lee el artículo sobre el impacto de la televisión y haz las actividades del margen.

Estrategia

Leer para comprender Lee sin detenerte en las palabras que no conozcas. Después, vuelve a leer y determina si las palabras que no conoces son importantes. Intenta descifrar su significado.

Lectura interactiva

Lee para comprender

- Haz una lectura rápida del texto. Subraya las palabras que no conoces. Después, determina cuáles son importantes para entender el texto y cuáles no. Anota aquí las palabras que son importantes.

____

____

____

____

- Después de terminar la lectura, intenta explicar qué significa cada una de las palabras que no conocías. Si todavía tienes dudas, consulta un diccionario.

____

____

____

____

Una semana sin televisión

¿Sabes que los niños estadounidenses pasan más horas al año pegados a la pantalla de su televisión que haciendo cualquier otra cosa, a excepción de dormir?

Hay estudios que dicen que ver demasiado la televisión puede causar malos hábitos de comida, falta de ejercicio y obesidad. En cuatro horas de dibujos animados el sábado por la mañana los niños pueden ver 202 anuncios sobre refrescos, dulces y cereales azucarados. Esta comida combinada con las horas frente a la pantalla resulta en que uno de cada ocho niños estadounidenses tenga exceso de peso.

También hay estudios que dan nuevas pruebas de la relación entre la televisión y la violencia. Uno de estos estudios indica que niños que ven más de una hora de televisión al día tienen más probabilidad de ser violentos y agresivos de adultos.

¿Quieres participar en una solución? Durante el mes de abril millones de personas en más de doce países apagan la tele por una semana. En vez de ver la tele los participantes van con sus familias o con amigos al campo, o a caminar, montar en bicicleta o visitar un parque.

¿Y qué pasa después de unos días sin televisión? Una niña de diez años dice:

—¿Para qué necesito la tele? Hay muchas cosas más interesantes que puedo hacer.

Capítulo 9A

Nombre ______________________ Fecha ______________

Actividad M

Basándote en lo que aprendiste en el artículo sobre el impacto de la televisión, responde a las siguientes preguntas.

1. ¿Cuáles son algunos efectos negativos de ver muchas horas de televisión?

____

____

____

2. ¿Cómo se relaciona el exceso de peso en los niños con la televisión?

____

____

____

____

Actividad N

Tu familia va a participar en "una semana sin televisión". Escribe abajo las actividades que puedes hacer sólo o con tu familia durante las tres horas diarias que sueles mirar la televisión.

Actividades que no sean ver la tele:

Día de la semana	Primera hora	Segunda hora	Tercera hora
lunes	*hacer ejercicios*	*leer*	*leer*
martes			
miércoles			
jueves			
viernes			
sábado			
domingo			

Capítulo 9A

Nombre ______________________ Fecha ______________

Lectura 2

Lee el artículo sobre *Young Asia Network* y haz las actividades del margen.

Estrategia

Identificar los detalles Usa los detalles presentados en la narrativa para crear una imagen mental del ambiente y del lugar en el que transcurre la acción.

Lectura interactiva

Identifica cognados

- Subraya cinco cognados en la lectura.
- Copia aquí esas palabras y explica su significado.

1. ______________________
2. ______________________
3. ______________________
4. ______________________
5. ______________________

La televisión de los jóvenes asiáticos

Young Asia Network es una cadena de televisión que cuenta con un equipo de profesionales con un promedio de edad de 24 años. Estos jóvenes planifican, investigan, filman y preparan programas de televisión para jóvenes como ellos. Esta cadena nació gracias al apoyo de la fundación *Worldwide International* (WIF) y algunos inversionistas *(investors)* privados.

El objetivo de *Young Asia Network* es ofrecer al público programas divertidos y al mismo tiempo informativos y educativos. Estos programas también reflejan la diversidad de los valores culturales y sociales de Asia, así como los problemas del medio ambiente y del desarrollo de la región. Para reflejar la realidad de los diferentes países asiáticos, *Young Asia Network* tiene estudios en Nepal, India, Malasia y Bangladesh. También tiene colaboradores en otros países del área.

La cadena ha recibido el apoyo de la UNICEF, el Banco Asiático de Desarrollo y la OMS (Organización Mundial de la Salud) para desarrollar programas sobre los derechos del niño, la democracia, el desarrollo sostenible y la naturaleza. También produce programas para hablar sobre los derechos de la mujer (educación, empleo, atención médica, etc.). Aunque los programas se hacen principalmente en inglés, cuentan con doblaje *(dubbing)* o subtítulos en otras lenguas. Uno de los más recientes objetivos de esta cadena es llegar a las minorías étnicas de Europa y a otros continentes.

Capítulo 9A

Nombre ____________________ Fecha ____________

Actividad Ñ

Responde a las preguntas siguientes sobre la lectura.

1. ¿Qué es *Young Asia Network*?

2. ¿Cuál es la principal característica de las personas que trabajan en *Young Asia Network*?

3. ¿Cuál es el objetivo principal de *Young Asia Network*?

4. ¿Qué hace *Young Asia Network* para reflejar la realidad de varios países asiáticos?

5. ¿Cuáles son algunos de los temas de los programas de *Young Asia Network*? Menciona por lo menos cinco.

Actividad O

1. ¿Crees que es interesante que exista una cadena de televisión para jóvenes hispanohablantes? ¿Por qué?

2. ¿Qué temas quieres que se traten en la cadena de televisión? Explica tu respuesta.

Nombre _______________________ Fecha _______________

La cultura en vivo (Nivel 1, pág. 442, Nivel B, pág. 302)

Comunicación sin palabras

Cada cultura tiene gestos que comunican un mensaje. Tú ya conoces los gestos para decir *¡ojo!* y *más o menos.* Aquí te presentamos algunos gestos que se usan en muchos países hispanos para comunicar un mensaje.

mucha gente

¡Hay mucha gente en la fiesta!

(Une las puntas de los dedos; luego abre la mano. Repite este movimiento en un gesto con ritmo).

un poco

Por favor, un poquito de postre.

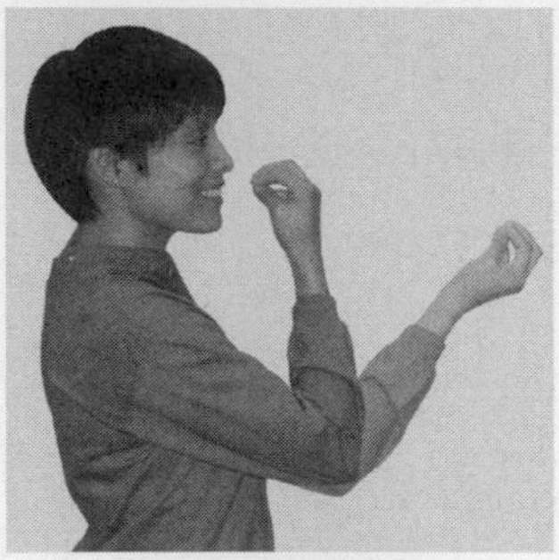

¡a comer!

¡Vamos a comer!
(Con la punta de los dedos agrupados, ponte la mano cerca de la boca y luego extiende la mano doblando el brazo por el codo. Repite el movimiento dos o tres veces).

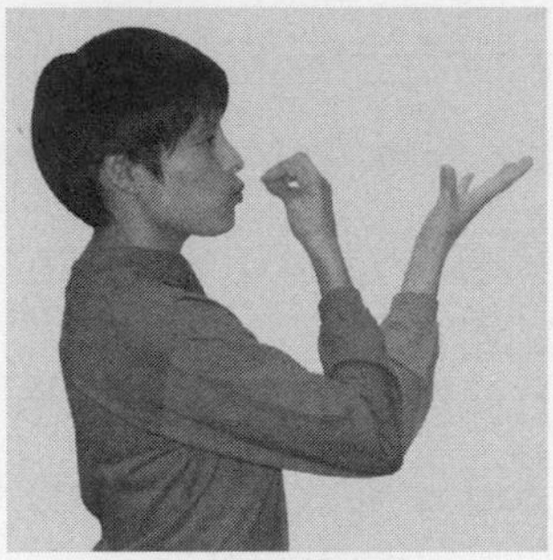

¡qué rico!

¡Este plato está muy rico!
(Bésate los dedos agrupados de una mano y rápidamente empuja la mano hacia afuera y extiende los dedos).

no sé

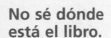

No sé dónde está el libro.

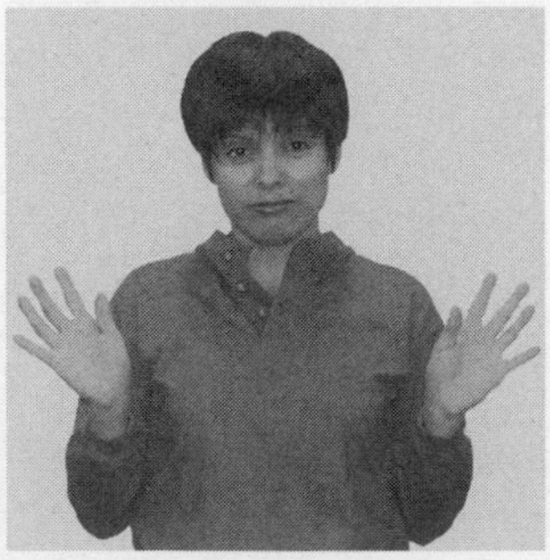

nada

No tengo nada.

¡Inténtalo!
Trabaja con un(a) compañero(a) y crea una pequeña representación usando uno de estos gestos. Preséntala a la clase.

¡Piénsalo!
¿Cuáles son los gestos que usas a menudo? ¿Alguna vez has usado gestos que son similares o iguales a alguno de los que viste en esta página? ¿Piensas que entenderías algunos de los gestos de esta página sin ninguna explicación?

Capítulo 9A

Nombre ______________________ Fecha ______________

Presentación oral (Nivel 1, pág. 443, Nivel B, pág. 303)

¿Qué dan esta semana?

Tarea

Estás evaluando una película o programa de televisión que ya has visto en tu escuela en el sistema de circuito cerrado de televisión. Prepara un resumen de la película o del programa.

Estrategia

Usar tablas Crea una tabla para ayudarte a pensar sobre la información clave de la que quieres hablar. Esto te ayudará a hablar de manera más efectiva.

1. **Preparación**
   Elige una película o un programa de televisión para hablar sobre él. Reúne fotografías o anuncios sobre ese programa del diario o del Internet. Copia el cuadro que se muestra abajo en una hoja de papel y proporciona la información del programa o película que has elegido.

Nombre	
Clase de película o programa	
Actor/actores	
Actriz/actrices	
Cómo es	
Cuánto tiempo dura	
Para quiénes es	
Tus impresiones	

2. **Práctica**
   Usa las notas de tu tabla para hacer tu presentación. Diseña un cartel con los dibujos. Repasa tu presentación varias veces. Puedes usar tus notas en la práctica, pero no durante la presentación. Intenta:
   - presentar toda la información necesaria sobre la película o programa
   - usar frases completas en tu presentación
   - hablar de manera clara

3. **Presentación**
   Presenta la película o el programa de televisión que has escogido a un pequeño grupo o a la clase. Puedes usar el cartel para guiarte en la presentación.

4. **Evaluación**
   Es posible que tu profesor(a) te dé los criterios de cómo va a ser evaluada tu presentación. Tu presentación probablemente será evaluada teniendo en cuenta:
   - lo completa que es
   - cuánta información comunicas
   - la facilidad con la que se entiende lo que dices

Capítulo 9A

Repaso del capítulo (Nivel 1, pág. 446, Nivel B, pág. 306)

Vocabulario y gramática

Repaso del capítulo

Para prepararte para el examen, revisa si...
- conoces el vocabulario nuevo y la gramática.
- puedes realizar las tareas de la pág. 349.

para hablar de los programas de televisión

el canal	channel
el programa de concursos	game show
el programa deportivo	sports show
el programa de dibujos animados	cartoon show
el programa de entrevistas	interview program
el programa de la vida real	reality program
el programa de noticias	news program
el programa educativo	educational program
el programa musical	musical program
la telenovela	soap opera

para hablar de películas

la comedia	comedy
el drama	drama
la película de ciencia ficción	science fiction movie
la película de horror	horror movie
la película policíaca	crime movie, mystery
la película romántica	romantic movie

para hablar de una película o programa

cómico, -a	funny
emocionante	touching
fascinante	fascinating
infantil	for children; childish
realista	realistic
tonto, -a	silly, stupid
violento, -a	violent
me aburre(n)	it bores me (they bore me)
me interesa(n)	it interests me (they interest me)

para preguntar y comentar acerca de películas y programas

el actor	actor
la actriz	actriz
dar	to show
durar	to last
empezar *(e → ie)*	to begin
terminar	to end
más / menos de	more / less than
medio, -a	half
¿Qué clase de...?	What kind of...?

para hablar de lo que acaba de suceder

acabar de + *infinitivo*	to have just...

verbos similares a *gustar*

aburrir	to bore
doler *(o → ue)*	to hurt, to ache
encantar	to please very much, to love
faltar	to be missing
interesar	to interest
quedar	to fit

otras expresiones útiles

antes de	before
casi	almost
¿De veras?	Really?
especialmente	especially
por eso	therefore, for that reason
sobre	about
ya	already

Más práctica

Practice Workbook Puzzle 9A-8
Practice Workbook Organizer 9A-9

Capítulo 9A

Nombre ______________________ Fecha ______________________

Preparación para el examen

En el examen vas a...	Éstas son las tareas que te pueden ser útiles para el examen...	Si necesitas repasar...
1 Escuchar Escuchar y entender las opiniones que expresa la gente acerca de películas y programas de televisión.	Escucha las preguntas de una encuesta acerca de los programas de televisión en español que algunas personas han visto en una nueva estación de televisión por cable. Determina si cada persona piensa que los programas son: a) aburridos; b) interesantes; c) muy violentos; d) muy infantiles o tontos.	Nivel 1: **págs. 426–429** *A primera vista* **págs. 430–435** Acts. 4, 6–7, 13 Nivel B: **págs. 282–287** *A primera vista* **págs. 288–295** Acts. 6, 8–9, 17
2 Hablar Preguntar y responder acerca de los tipos de películas y programas de televisión que prefieren distintas personas.	Conversa con un(a) compañero(a) sobre una película o programa de televisión que acabas ver y dale tu opinión. Pregunta a tu compañero(a) si vio el mismo programa o película y qué opina. Si no vio lo mismo, pídele que te cuente algún programa o película que haya visto. Puedes decir: *Acabo de ver una película fantástica de Tom Cruise...*	Nivel 1: **págs. 426–429** *A primera vista* **págs. 430–437** Acts. 4, 6, 9, 13, 15 **pág. 443** *Presentación oral* Nivel B: **págs. 282–287** *A primera vista* **págs. 288–297** Acts. 6, 8, 12, 17, 19 **pág. 303** *Presentación oral*
3 Leer Leer y entender lo que escribe un crítico de entretenimiento acerca de un nuevo programa de TV.	Antes de comenzar la clase tomas una revista en español y la abres en la sección de entretenimiento. Después de leer parte de la crítica de entretenimiento, intenta determinar la opinión del crítico sobre una nueva telenovela, *Mi secreto.* ¿Le gusta? ¿Por qué? En el primer episodio de ***Mi secreto,*** nos aburren con una historia infantil y con actores sin talento que quieren ser emocionantes pero no pueden. ¡Pienso que este programa es para las personas que no tienen nada que hacer!	Nivel 1: **págs. 426–429** *A primera vista* **pág. 432** Act. 9 Nivel B: **págs. 282–287** *A primera vista* **pág. 291** Act. 12
4 Escribir Escribir acerca de una película que has visto recientemente.	Tienes un diario donde practicas redacción en español. Hoy vas a escribir acerca de una película que has visto recientemente. Menciona el nombre de la película, el tipo de película y lo que te gustó o no te gustó de la película.	Nivel 1: **págs. 431–437** Acts. 8, 13, 15–16 **pág. 443** *Presentación oral* Nivel B: **págs. 290–297** Acts. 10, 17, 19–20 **pág. 303** *Presentación oral*
5 Pensar Demostrar una comprensión de gestos comunes.	Has aprendido que la mayoría de las culturas se pueden comunicar sin palabras. Con un(a) compañero(a) intenta ver si han aprendido los seis gestos que se hacen en el mundo hispano y que se mostraron en este capítulo. ¿Se parecen estos gestos a los de nuestra cultura?	Nivel 1: **pág. 442** *La cultura en vivo* Nivel B: **pág. 302** *La cultura en vivo*

Go Online Web Code jcd-0906 PHSchool.com

Nombre _______________ Fecha _______________

¿Qué sabes ya?

(Nivel 1, págs. 448–449, Nivel B, págs. 308–309)

¿Usas una computadora todos los días? Escribe una frase para cada uso según las categorías de la tabla.

Modelo *Uso la computadora para buscar fotografías para la clase de arte.*

Hacer la tarea	
Comunicarme con mis amigos	
Jugar y divertirme	
Encontrar información	

Arte y cultura (Nivel 1, pág. 449, Nivel A, pág. 309)

La lectura de la carta es una obra del período neoclásico del pintor Pablo Picasso, con influencias de la escultura de la antigua Roma. Los gruesos contornos y el aspecto casi escultural de las figuras destacan la seriedad del momento. En 1921, el correo era el principal medio de comunicación y el uso del teléfono era limitado. Hoy día, iniciativas tales como "Un Laptop por Niño", como se ve en la foto, ayudan a los estudiantes de países en vías de desarrollo a conectarse con la comunidad global.

- ¿Cómo se comunican tú y tus amigos? ¿Cómo podría cambiar la comunicación a nivel mundial si hay acceso igual a la tecnología? Contesta en español o en inglés.

____

____

Nombre ______________________ Fecha ______________________

Capítulo 9B

La tecnología

Objetivos del capítulo

- Hablar sobre computadoras y el Internet
- Aprender a pedir algo y explicar el uso de algo
- Hablar sobre conocer a alguien o saber cómo hacer algo
- Comprender las perspectivas culturales con respecto al uso de la tecnología

Conexión geográfica (Nivel 1, pág. **448**, Nivel B, pág. **308**)

Busca información sobre la población hispana de Texas y la población de España y de México. Compara esos números con la población de los países hispanos de América del Sur (Venezuela, Colombia, Ecuador, Perú, Bolivia, Chile, Argentina, Paraguay y Uruguay). ¿Cuál de estas oraciones es cierta?

1. La población hispana de Texas combinada con la población de México y España es más grande que la de los países hispanos de América del Sur.

2. La población de los países hispanos de América del Sur es más grande que la población hispana de Texas combinada con la población de México y España.

3. La población hispana de Texas combinada con la población de México y España es más o menos igual a la de los países hispanos de América del Sur.

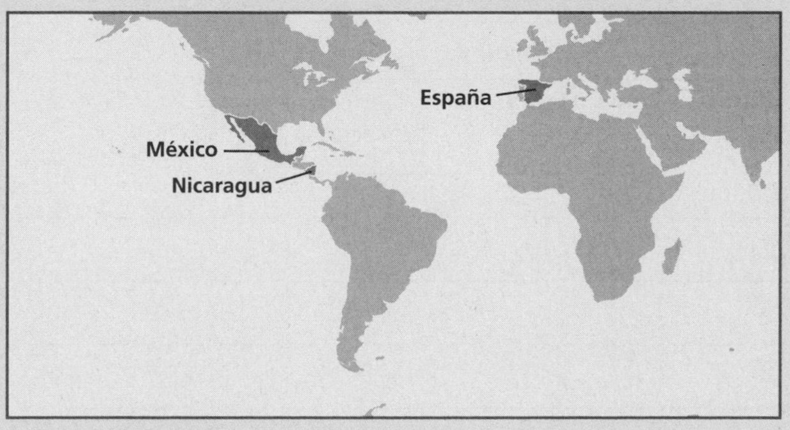

Go Online PHSchool.com Web Code jce-0002

Nombre ______________________ Fecha ______________

A primera vista (Nivel 1, págs. 450–451, Nivel B, págs. 310–311)

Actividad A

¿Qué deben hacer? Fíjate en las imágenes de tu libro de texto. Describe una actividad apropiada para cada situación. Usa las palabras siguientes:

crear documentos	navegar en la Red	hacer gráficos
grabar discos compactos	preparar una presentación con diapositivas	

Modelo María hace su tarea de matemáticas en la computadora.
Debe hacer gráficos.

1. Marta necesita traer una variedad de música a la clase de baile.
____

2. Alberto y José quieren mostrar fotos de su viaje a Costa Rica a su clase.
____

3. Elena tiene que escribir una autobiografía de tres páginas.
____

4. Antonio necesita investigar los deportes mayas pero no tiene tiempo para ir a la biblioteca.
____

Actividad B

Mira el calendario de Rosario y escribe una forma diferente que ella puede usar para comunicarse con las personas de la lista.

lunes	martes	miércoles	jueves
Felicitar al tío en Puerto Rico	Conferencia con profesores	Hablar con mi jefe	Darle las gracias a Ana

1. lunes ______________________________
2. martes ______________________________
3. miércoles ______________________________
4. jueves ______________________________

Nombre ______________________ Fecha ______________

Videohistoria (Nivel 1, págs. 452–453, Nivel B, págs. 312–315)

Actividad C

Responde a estas preguntas sobre la *Videohistoria.*

1. ¿Qué artículo nuevo tiene Ana?

   ____

2. ¿Qué le pregunta Ana a Javier cuando le saca fotos?

   ____

3. ¿Qué se necesita para enviar un mensaje por correo electrónico?

   ____

4. ¿Qué le envían Ana y Javier a Esteban por correo electrónico?

   ____

Actividad D

¿Quién dice cada frase: Ana, Javier o Esteban?

1. "No conozco ese tipo de cámara". ____________
2. "Voy a enviarle una tarjeta a Esteban, mi amigo, en San Antonio". ____________
3. "En Madrid hay muchos cibercafés". ____________
4. "Saludos desde un cibercafé en Madrid". ____________
5. "Es evidente que Javier está muy contento en Madrid". ____________

Actividad E

Ana sabe usar mucha tecnología. Escribe lo que ella sabe hacer con una computadora y el Internet.

____

____

Capítulo 9B

Nombre ______________________ Fecha ______________

Manos a la obra (Nivel 1, págs. 454–457, Nivel B, págs. 316–319)

Actividad F

Enrique está ayudando a su hermana pequeña, Luisa, con un proyecto de la escuela. Completa la conversación con los verbos a continuación.

bajar	buscar	tomar	navegar	escribir	estar

ENRIQUE: Luisa, ¿sabes ________ información en la Red?

LUISA: La verdad es que no, Enrique. Voy a ________ en la Red por primera vez. ¿Me ayudas?

ENRIQUE: Bueno, primero tienes que ________ en línea, es decir, la computadora tiene que estar conectada a la Red.

LUISA: Muy bien, ya estoy en línea. Oye, ¿debo ________ este juego?

ENRIQUE: ¡Ay no! No bajes nada sin hablar conmigo. Hay muchos virus en la Red. Quizá debes ________ un curso de computadoras.

LUISA: Sí, muy bien, pero ¡primero tengo que ________ este informe!

Actividad G

Imagina que tu abuelo quiere aprender a usar la computadora. Responde a sus preguntas para ayudarlo.

1. ¿Qué es un correo electrónico?

   ____

2. ¿Cómo le mando una carta electrónica a mi amigo de Cuba?

   ____

3. ¿Se puede mandar fotos en una carta electrónica?

   ____

4. ¿Puedo escribir la carta y ponerle fotos y luego imprimirla en un papel?

   ____

Capítulo 9B

Nombre ______________________ Fecha ______________

Actividad H

¿Para qué sirven? Escribe una oración completa para describir para qué sirven las siguientes cosas.

Modelo la tarjeta
La tarjeta sirve para decirle "Feliz cumpleaños" a un amigo.

1. la cámara digital

____

2. la computadora portátil

____

____

3. la dirección electrónica

____

4. los gráficos

____

5. la página Web

____

____

Fondo cultural

(Nivel 1, pág. 454, Nivel B, pág. 319)

Las cuevas de Altamira Mucho antes de que el ser humano aprendiera a escribir, hacía pinturas en las paredes de las cuevas. Sus pinturas son el primer registro que tenemos de una forma de comunicación entre los seres humanos. Pinturas espectaculares de bisontes, venados, caballos y jabalíes salvajes fueron descubiertas en 1879 en las cuevas de Altamira, en el norte de España. Estos dibujos tienen más de 14,000 años.

- ¿Por qué crees que los pintores de las cuevas pintaron animales? ¿Qué pintarías tú?

Capítulo 9B

Nombre ______________________ Fecha ______________

Gramática

(Nivel 1, pág. 458, Nivel B, pág. 320)

Gramática interactiva

Analiza

- En la tabla del verbo *pedir,* subraya todos los radicales en que la *e* cambia a *i.* Las terminaciones de *pedir* y *servir* en el presente son las terminaciones regulares.
- En la tabla de *servir,* subraya las terminaciones.

Comprende

En los ejemplos de *servir,* escribe 1 al lado de la frase en que *servir* significa "ofrecer" y 2 al lado de la frase en que *servir* significa "ser útil".

El presente de *pedir* y *servir*

Pedir y *servir* son verbos con cambios en el radical en los cuales la *e* del radical del infinitivo cambia a *i* en todas las formas, excepto en *nosotros* y *vosotros.*

Aquí están las formas del presente de *pedir* y *servir.*

(yo)	pido	(nosotros) (nosotras)	pedimos
(tú)	pides	(vosotros) (vosotras)	pedís
Ud. (él) (ella)	pide	Uds. (ellos) (ellas)	piden

(yo)	sirvo	(nosotros) (nosotras)	servimos
(tú)	sirves	(vosotros) (vosotras)	servís
Ud. (él) (ella)	sirve	Uds. (ellos) (ellas)	sirven

Pedir significa "to ask for".

Juan **pide** la dirección electrónica.
Pedimos más información sobre la Red.

Servir significa "to serve" o "to be useful for".

Servimos refrescos después de la clase.
Las computadoras **sirven** para mucho.

Actividad 1

Completa el ejercicio siguiente con la forma correcta de los verbos *servir* o *pedir.*

Voy a un restaurante español con varios amigos. Primero, nosotros ________ el menú. La mesera nos ________ un vaso de agua a todos. Luego, todos ________ lo que queremos comer. Yo ________ tapas, pero Pablo ________ paella, y Alicia y Elena ________ gazpacho. Varios meseros nos ________ la comida al mismo tiempo. Antes de salir, yo ________ la cuenta.

Nombre ______________________ Fecha ______________

Actividad J

Responde a las preguntas con la forma correcta de los verbos *servir* y *pedir*.

1. ¿Qué pides de comer en los restaurantes italianos?
   ____
2. ¿Sirven tus padres la cena en la cocina o en el comedor?
   ____
3. ¿Tú y tu hermano(a) piden muchos regalos para los cumpleaños?
   ____
4. ¿Tú le sirves el desayuno en la cama a tu madre el Día de la Madre?
   ____
5. ¿La clase pide mucha ayuda en la clase de matemáticas?
   ____

Actividad K

El director de tu escuela les pregunta a los profesores y a los estudiantes qué necesitan. Primero completa la tabla con una idea para su uso. Luego, escribe oraciones para decir lo que cada persona o grupo de personas pide y para qué sirve.

¿Quién?	¿Qué?	¿Para qué?
Sr. Garza	una computadora portátil	
Sra. Soto y Sr. Montes	una página Web para la escuela	
Tú	una cámara digital	
Nosotros	un laboratorio y 6 computadoras	

Modelo *La señorita Robles pide un programa de hacer gráficos. Sirve para enseñar matemáticas.*

1. ______________________________
2. ______________________________
3. ______________________________

Nombre ____________________ Fecha ____________

Gramática

(Nivel 1, pág. **460**, Nivel B, pág. **324**)

Saber y conocer

Sé y *sabes* vienen del verbo *saber*, *"to know"*. Hay otro verbo en español que también significa "to know": *conocer*. Usa *conocer* para hablar acerca de la gente, lugares y cosas con las que estás familiarizado(a).

A continuación están las formas del presente de *saber* y *conocer*. A excepción de la forma *yo*, las formas del presente son regulares.

(yo)	**sé**	(nosotros) (nosotras)	**sabemos**
(tú)	**sabes**	(vosotros) (vosotras)	**sabéis**
Ud. (él) (ella)	**sabe**	Uds. (ellos) (ellas)	**saben**

(yo)	**conozco**	(nosotros) (nosotras)	**conocemos**
(tú)	**conoces**	(vosotros) (vosotras)	**conocéis**
Ud. (él) (ella)	**conoce**	Uds. (ellos) (ellas)	**conocen**

- *Conocer* va seguido de la *a* personal cuando el objeto directo es una persona.

También se pueden usar pronombres de objeto directo con *conocer*.

¿Conocen Uds. a la señora que trabaja en el laboratorio?
Sí, la conocemos bien. ¿Quieres conocerla?

¿Recuerdas?

Has usado (yo) *sé* y (tú) *sabes* para decir que sabes un hecho o que sabes cómo hacer algo.

- ¿**Sabes** dónde está la biblioteca?
- Yo **sé** esquiar bastante bien.

Gramática interactiva

Analiza
Subraya el radical de las formas de *saber* y *conocer*, menos las formas de *yo*.

Encuentra
Los objetos directos indican *quién* o *qué* recibe la acción del verbo.

Encierra en un círculo el objeto directo de las frases de ejemplo.

Capítulo 9B

Nombre ____________________ Fecha ____________

Actividad L

Usa la forma correcta del verbo *saber* o *conocer* para completar estas oraciones.

Modelo Marisol y yo / Pablo — *Marisol y yo conocemos a Pablo.*
Josefina / correr — *Josefina sabe correr.*

1. Eduardo y Juan / nadar

   ____

2. Nosotros / Puebla

   ____

3. Yo / navegar en la Red

   ____

4. Tú / mucho sobre las computadoras

   ____

5. La señora Loreto / mi profesor

   ____

Actividad M

Completa el mensaje electrónico con la forma correcta de los verbos *saber* o *conocer*.

Hola Lola. ¿Cómo estás? ¿Tú ________ que hay una fiesta esta noche? Tienes que ________ a mi amigo Rodrigo. Rodrigo ________ mucho de tecnología. Yo no ________ nada y él me va a enseñar. Yo lo ________ desde el verano pasado. Sus padres también ________ mucho de tecnología. ¡Son profesores en la universidad!

Bueno, nos vemos en la fiesta.

Tu amiga,

Cristina

Nombre ____________________ Fecha ____________

Fondo cultural (Nivel 1, pág. 455, Nivel B, pág. 316)

La Real Academia Española fue fundada en España en 1713 para preservar la calidad, elegancia y pureza de la lengua española. Hoy en día hay *Academias* en todos los países hispanos, incluso en las Filipinas y los Estados Unidos. Estas Academias se aseguran de que los cambios en el español reflejen todas las necesidades de todos los hispanohablantes nativos, que son más de 360 millones. *La Real Academia Española* publica el diccionario más completo y autorizado de la lengua española.

- ¿Por qué crees que es importante preservar la calidad y la pureza de una lengua?

____

____

- ¿Crees que es necesaria una organización parecida a la de la Real Academia para el idioma inglés?

____

____

El español en el mundo del trabajo

(Nivel 1, pág. 463, Nivel B, pág. 327)

La necesidad de compartir información va a ser clave en el siglo XXI. Los nuevos inventos en la medicina, la ciencia, la tecnología, la ingeniería, la industria y en los servicios sociales necesitan ser comunicados a través del mundo. Con un(a) compañero(a), haz una lista de seis formas en las que la información puede ser difundida *(spread).* Para cada una, explica por qué saber español es una ventaja. Comenta tus ideas con la clase.

____

____

____

____

____

____

Capítulo 9B

Nombre ______________________ Fecha ______________

Conexiones La tecnología (Nivel 1, pág. 463, Nivel B, pág. 327)

Actividad N

Lee la información que aparece en tu libro de texto y fíjate en los dibujos de los inventos. Luego escribe el nombre del invento en la línea que corresponde al año en que se inventó.

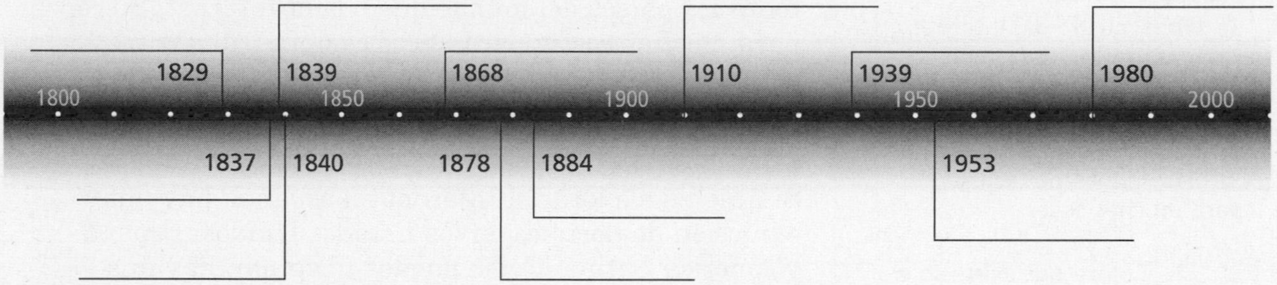

la máquina de escribir	**el televisor de color**	**la primera película con sonido**	**el código Morse**
el teléfono celular	**la pluma**	**el telégrafo**	**el teléfono**
el alfabeto Braille	**el sello**		**el walkie talkie**

Ampliación del lenguaje

¿Qué es un párrafo?

- El párrafo es la unidad básica de cualquier escrito.
- Está formado por una o varias frases con un solo tema central, es decir que todo el párrafo se trata de una misma idea o sujeto. La frase principal expresa la idea central. Las frases secundarias (no centrales) complementan la oración principal y dan más información sobre el tema del párrafo.
- Las frases siguen un orden lógico que sirve para apoyar la idea principal.
- Dentro del párrafo, las frases se unen y se relacionan entre sí por medio de elementos de enlace. Los elementos de enlace son palabras o frases que sirven para unir las oraciones dentro de un párrafo o para marcar una transición de una frase o idea a otra. Los elementos de enlace más importantes son las preposiciones *(para, según),* las conjunciones *(y, pero),* los pronombres relativos *(que, quien, cuyo)* y los adverbios *(entonces, además).*
- Gráficamente, el párrafo empieza con una letra mayúscula y termina con un punto y aparte.

Nombre ____________________ Fecha ____________

¡Adelante! (Nivel 1, págs. 464–465, Nivel B, págs. 328–329)

Estrategia

Usar conocimientos previos Usar lo que sabes de un tema te ayuda a entender lo que lees. Este artículo trata del Internet y su impacto en la lengua española.

Lectura 1

Haz las actividades del margen antes de leer el artículo.

Lectura interactiva

Usa conocimientos previos

Ya sabes mucho del Internet y cómo usarlo. Marca con una *C* las frases ciertas y con una *F* las frases falsas.

___ 1. El Internet se usa para muchas cosas.

___ 2. El Internet existe sólo en los Estados Unidos.

___ 3. El Internet se inventó en los Estados Unidos.

___ 4. Los términos relacionados con el Internet vienen del español.

Lee el artículo y numera y subraya la información que verifica tus respuestas a las frases 1, 2 y 4.

La invasión del ciberspanglish

¿Te gusta usar el Internet? Actualmente hay gente en todos los países del mundo que usa el Internet. Sirve para muchas cosas: para hacer compras, divertirse, educarse, trabajar, buscar información, hacer planes para un viaje y mucho más. Hoy en día uno no puede pensar en una vida sin computadoras o el Internet.

Si quieres explorar el Internet en español, hay una explosión de portales en los Estados Unidos, España y América Latina. Como puedes imaginar, hay una rivalidad grande entre estos portales para atraer a los hispanohablantes. Algunos portales dan la misma información en inglés y español; sólo tienes que hacer clic para cambiarla.

Juntos, el inglés y el español en el Internet dieron origen al "ciberspanglish". A algunas personas no les gusta nada este nuevo "idioma". Piensan que el español es suficientemente rico para poder traducir los términos del inglés. Hay otros que dicen que no hay problema con mezclar los idiomas para comunicarse mejor. Piensan que el "ciberspanglish" es más fácil y lógico porque los términos técnicos vienen del inglés y expresarlos en español es bastante complicado.

Éste es un debate que va a durar mucho tiempo y no presenta solución.

Capítulo 9B

Nombre ____________________ Fecha ____________

Actividad Ñ

Responde a las preguntas siguientes.

1. ¿Para qué usas el Internet? Si no lo usas, di para qué te gustaría usarlo.

2. ¿Por qué crees que hay una explosión de portales en español?

3. ¿El mezclar *(to mix)* dos idiomas es un problema? ¿Por qué?

Actividad O

Lee las dos opiniones a continuación. Explica si estás de acuerdo con alguna y por qué, o da tu propia opinión y explícala.

1. Los idiomas siempre están cambiando y renovándose. El español ya tiene muchas palabras que vienen de otros idiomas, por ejemplo, el latín, el árabe y los idiomas indígenas de las Américas. El español tiene que adaptarse a la tecnología y aceptar el uso de términos que vienen del inglés.

2. Hay que guardar la calidad, la claridad y la pureza del español. El idioma de Cervantes es parte del patrimonio *(heritage)* de todos los hispanos y perdemos algo muy importante cuando aceptamos términos de otro idioma en el español. Y, además, los términos del "ciberspanglish" no suenan bien. Cuando uno los oye, le duele.

Nombre _______________ Fecha _______________

Lectura 2

Lee este artículo sobre la comunicación y haz las actividades del margen.

Estrategia

Usar palabras de secuencia Las palabras de secuencia como *primero, segundo, luego* y *entonces* son elementos de enlace. Muchas veces las palabras de secuencia nos ayudan a comprender una lectura porque organizan los pasos de un proceso.

Lectura interactiva

Usa palabras de secuencia

Lee el artículo sobre el proceso de calificar a los astronautas y encierra en un círculo las palabras de secuencia en el primer párrafo.

Identifica detalles de apoyo

Recuerda que las ideas principales están seguidas por detalles de apoyo. En el segundo párrafo, subraya los detalles que apoyan la idea "La mayoría de sus tareas fuera de la nave son peligrosas y requieren mucha concentración".

¿Te gustaría ser astronauta?

Si tu respuesta es sí, primero necesitas enviar una carta a la oficina de selección del personal que se encuentra en el Centro Espacial Johnson, en Houston, Texas. Segundo, los gerentes del Centro Espacial revisan tu solicitud y te hacen varias entrevistas para conocerte mejor. Si pasas esta etapa, el tercer paso es un entrenamiento que tiene una duración de dos años. En él, tomarás clases de matemáticas, física y otras materias importantes. Pero lo más duro son las pruebas de resistencia física. Tendrás que demostrar que puedes sobrevivir en ambientes difíciles, y que tienes resistencia debajo del agua y a altas velocidades. Además, debes demostrar que tienes capacidad como buzo submarino y nadar largas distancias con todo el equipo puesto. ¿Qué te parece?

Te imaginarás que los astronautas, la mayoría del tiempo, están muy ocupados realizando importantes actividades. La mayoría de sus tareas fuera de la nave son peligrosas y requieren mucha concentración. Conectan cables y antenas y cargan provisiones. Todo esto con el traje espacial puesto y sin gravedad, por lo que sus labores requieren de un gran esfuerzo. Además, dentro de la nave, tienen que hacer experimentos, cuidar de la nave y hacer ejercicio para mantenerse en forma. ¡Uf, cuánto trabajo! ¿Sigues interesado en ser astronauta? ¡Felicidades y mucha suerte!

Capítulo 9B

Nombre ______________________ Fecha ____________

Actividad P

Responde a estas preguntas sobre la lectura.

1. ¿Qué tipo de pruebas tiene que tomar el(la) candidato(a) para astronauta?

2. ¿Cuáles son las tareas de los astronautas dentro de la nave?

3. ¿Qué clases que estudias ahora pueden ayudarte si llegas a ser astronauta?

4. ¿Cómo debe ser una persona para ser un(a) buen(a) astronauta?

Actividad Q

Imagina que el Centro Espacial Johnson te pide que los ayudes a encontrar candidatos para astronauta en tu escuela. Escribe un cartel explicando los requisitos y cualidades necesarias.

Modelo *¿Te gusta la aventura? ¿Eres muy trabajador(a)?...*

Capítulo 9B

Nombre ____________________ Fecha ____________

Perspectivas del mundo hispano (Nivel 1, pág. 466, Nivel B, pág. 330)

¿Para qué usas una computadora?

En muchos países hispanos, el uso de las computadoras y el acceso al Internet, por lo general, no están tan difundidos como en los Estados Unidos. Muchos hogares no tienen teléfono, las computadoras cuestan más dinero, y, en muchos casos, el Internet no es accesible. Es posible encontrar escuelas y bibliotecas que no tienen computadoras y acceso al Internet, a diferencia de lo que pasa en la mayor parte de los Estados Unidos. Por estas razones, se han abierto los llamados *cibercafés.* Los cibercafés son lugares donde los estudiantes se reúnen después de la escuela para hacer sus tareas, hacer consultas o enviar correos electrónicos a sus amigos. Los cibercafés ofrecen un acceso al Internet muy económico.

En años recientes, el número de *portales* que sirven como puntos de acceso al Internet han aumentado y muchos de estos se ofrecen tanto en español como en inglés. El número de buscadores también ha aumentado, haciendo más fácil para los hispanohablantes buscar información o simplemente navegar en el Internet.

¡Investígalo!

Investiga entre tus amigos. En una semana normal, ¿cuánto tiempo usan la computadora y por qué razones?

____

____

____

____

¡Piénsalo!

Nombra tres formas en las que los sitios de Internet en español pueden enseñar más español y entender las perspectivas de los hispanohablantes, según tu opinión.

____

____

____

____

Capítulo 9B

Nombre ______________________ Fecha ______________________

Presentación escrita (Nivel 1, pág. 467, Nivel B, pág. 331)

La computadora en mi vida

Tarea

Tus padres piensan que estás pasando mucho tiempo con la computadora y tú no estás de acuerdo. Envía un mensaje electrónico a tu mejor amigo en México, explicando lo que piensas y el plan que tienes para defender el uso de la computadora frente a tus padres.

Estrategia

Usar ejemplos de apoyo Cuando se prepara un argumento para persuadir, lo primero que debes hacer es dar tu idea y ejemplos que apoyen esa idea. Haz una lista de argumentos que pueden ayudarte en tu presentación.

1. **Preparación**
   Crea una tabla para organizar la información. En la primera columna, haz una lista de tres formas en que usas la computadora. En la segunda columna, escribe las ventajas de usar la computadora.

CÓMO USO LA COMPUTADORA	LAS VENTAJAS DE USAR LA COMPUTADORA
Busco información para mis clases en el Internet.	Aprendo mucho y es muy interesante.

2. **Borrador**
   Usa la información de la carta para escribir un primer borrador de tu correo electrónico. Aquí te presentamos algunas expresiones que puedes incluir:

pienso que...	tengo que...
creo que...	primero, segundo, tercero,...

3. **Revisión**
   Revisa el uso del vocabulario, los acentos, las formas de los verbos, los pronombres y el vocabulario. Tu compañero(a) debe revisar lo siguiente:
   - ¿El párrafo es fácil de leer y de entender?
   - ¿El párrafo da buenas razones y apoya tu idea?
   - ¿Hay algo que quieras agregar para dar más información o algún cambio para que se entienda?
   - ¿Hay errores?

4. **Publicación**
   Vuelve a escribir tu correo electrónico y haz los cambios que creas necesarios. Haz una copia del correo para entregársela a tu profesor(a) y luego agrégala a tu portafolios.

5. **Evaluación**
   Quizá tu profesor(a) te dé los criterios de cómo va a ser evaluado tu párrafo. Probablemente, tu párrafo será evaluado teniendo en cuenta:
   - la cantidad de información que presentas
   - lo bien que presentas cada razón y cada ventaja
   - el uso correcto del vocabulario, de la ortografía y de la gramática

Capítulo 9B

Repaso del capítulo (Nivel 1, pág. 470, Nivel B, pág. 334)

Vocabulario y gramática

Repaso del capítulo

Para prepararte para el examen, revisa si...
- conoces el vocabulario nuevo y la gramática
- puedes realizar las tareas de la pág. 471; Nivel B, pág. 335

para hablar acerca de la comunicación

cara a cara	face-to-face
la carta	letter
comunicarse **(yo) me comunico** **(tú) te comunicas**	to communicate (with)
enviar	to send
la tarjeta	card

para hablar acerca de actividades relacionadas con la computación

bajar	to download
buscar	to search (for)
la cámara digital	digital camera
la canción, *pl.* **las canciones**	song
la composición, *pl.* **las composiciones**	composition
la computadora portátil	laptop computer
crear	to create
el curso **tomar un curso**	course to take a course
la diapositiva	slide
la dirección electrónica	e-mail address
el documento	document
escribir por correo electrónico	to send an e-mail message
estar en línea	to be online
grabar un disco compacto	to burn a CD
los gráficos	graphics
la información	information
el informe	report
el laboratorio	laboratory
navegar en la Red	to surf the Web
la página Web	Web page
la presentación, *pl.* **las presentaciones**	presentation

otras expresiones útiles

complicado, -a	complicated
¿Para qué sirve?	What's it (used) for?
¿Qué te parece?	What do you think?
rápidamente	quickly
Sirve para...	It's used for...
tener miedo (de)	to be afraid (of)

pedir *(e → i) to ask for*

pido	**pedimos**
pides	**pedís**
pide	**piden**

servir *(e → i) to serve, to be useful for*

sirvo	**servimos**
sirves	**servís**
sirve	**sirven**

saber *to know (how)*

sé	**sabemos**
sabes	**sabéis**
sabe	**saben**

conocer *to know, to be acquainted with*

conozco	**conocemos**
conoces	**conocéis**
conoce	**conocen**

Más práctica

Practice Workbook Puzzle 9B-8
Practice Workbook Organizer 9B-9

Nombre ______________________ Fecha ______________

Preparación para el examen (Nivel 1, pág. 471, Nivel B, pág. 335)

En el examen vas a...	Éstas son las tareas que te pueden ser útiles para el examen...	Si necesitas repasar...
1 Escuchar Escuchar y entender lo que dice la gente acerca de cómo usan las computadoras.	Tú alcanzas a escuchar a algunas personas expresar sus opiniones acerca de las computadores. Indica si a cada persona le gusta o disgusta la computadora.	Nivel 1: **págs. 450–454** *A primera vista* **págs. 451–455** Acts. 1–2, 5 Nivel B: **págs. 310–315** *A primera vista* **págs. 311–317** Acts. 1–2, 7
2 Hablar Preguntar y responder sobre lo que sabes del Internet y las computadoras.	Una compañía local de Internet te quiere hacer una entrevista para que trabajes como técnico asistente por teléfono. Para prepararse, tu compañero(a) y tú se van a turnar para entrevistarse mutuamente. Pregunta a tu compañero(a) si: a) sabe navegar en la Red; b) está familiarizado(a) con sitios Web para adolescentes; c) sabe utilizar la computadora para crear música; d) sabe hacer gráficos. Al terminar, intercambien los papeles.	Nivel 1: **págs. 450–454** *A primera vista* **págs. 454–461** Acts. 4, 9, 14–15, 17 Nivel B: **págs. 310–315** *A primera vista* **págs. 317–326** Acts. 8, 11, 17, 20–21
3 Leer Leer y entender parte de una conversación en línea en un salón de chat.	Un adolescente que está en el salón de chat *Mis padres y yo* está molesto. Según el adolescente, ¿qué es lo que no comprenden sus papás? ¿Cuál es la opinión de sus papás? ¡Yo soy muy impaciente! Para hacer la tarea, me gusta tener la información que necesito rápidamente. Mis padres dicen que puedo ir a la biblioteca y buscar libros allí para hacer mi tarea, pero me gustaría tener mi propia computadora. Ellos piensan que las computadoras sólo sirven para jugar videojuegos. ¿Qué hago?	Nivel 1: **págs. 450–454** *A primera vista* **págs. 454–456** Acts. 4, 6, 8 **págs. 464–465** *Lectura* Nivel B: **págs. 310–315** *A primera vista* **págs. 316–318** Acts. 6, 8–9 **págs. 328–329** *Lectura*
4 Escribir Escribir tu perfil personal para una encuesta de la Red.	Estás completando una encuesta de la Red de *MundoChat.* Responde a las siguientes preguntas: a) qué te gusta hacer; b) tu sitio favorito de la Red; c) con qué frecuencia visitas los salones de chat; d) cuánto tiempo pasas en la Red cada día.	Nivel 1: **págs. 458–461** Acts. 10, 14, 16 **pág. 467** *Presentación escrita* Nivel B: **págs. 321–324** Acts. 13, 17–18 **pág. 331** *Presentación escrita*
5 Pensar Demostrar una comprensión de las perspectivas culturales con respecto a la tecnología.	Explica porqué los cibercafés son tan populares en muchos países de habla hispana. Compara la manera en que tú usas las computadoras con la manera en que los adolescentes de esos países las usan. Si tú vivieras en uno de esos países, ¿cómo harías tu tarea de manera diferente?	Nivel 1: **pág. 466** *Perspectivas del mundo hispano* Nivel B: **pág. 330** *Perspectivas del mundo hispano*

Verbos

Presente y pretérito de los verbos regulares

Éstas son las conjugaciones del presente y del pretérito de los verbos regulares terminados en *-ar, -er* e *-ir.*

Infinitivo	Presente		Pretérito	
estudiar	estudio estudias estudia	estudiamos estudiáis estudian	estudié estudiaste estudió	estudiamos estudiasteis estudiaron
correr	corro corres corre	corremos corréis corren	corrí corriste corrió	corrimos corristeis corrieron
escribir	escribo escribes escribe	escribimos escribís escriben	escribí escribiste escribió	escribimos escribisteis escribieron

Presente progresivo

Para enfatizar que una acción ocurre *ahora mismo,* se usa el presente progresivo.

estudiar	estoy estás está	estudiando estudiando estudiando	estamos estáis están	estudiando estudiando estudiando
correr	estoy estás está	corriendo corriendo corriendo	estamos estáis están	corriendo corriendo corriendo
escribir	estoy estás está	escribiendo escribiendo escribiendo	estamos estáis están	escribiendo escribiendo escribiendo

Mandatos afirmativos con *tú*

Para decirle a un amigo, a un familiar o a una persona joven que haga algo, se usa el mandato afirmativo con *tú.* Para estos mandatos, la mayoría de los verbos, tienen las mismas formas que las de *Ud., él* y *ella* en el presente. Algunos verbos tienen una forma irregular para el mandato afirmativo con *tú.*

Regular	Irregular	
¡Estudia!	decir	di
¡Corre!	hacer	haz
¡Escribe!	ir	ve
	poner	pon
	salir	sal
	ser	sé
	tener	ten
	venir	ven

Verbos con cambios en el radical o raíz

La siguiente es una lista alfabética de los verbos con cambios en el radical o raíz. El próximo año escolar aprenderás las formas de los verbos que están en cursiva *(italic)*.

Infinitivo y participio presente	Presente		Pretérito	
costar (o → ue) costando	cuesta	cuestan	costó	costaron
doler (o → ue) doliendo	duele	duelen	dolió	dolieron
dormir (o → ue) *durmiendo*	duermo duermes duerme	dormimos dormís duermen	dormí dormiste *durmió*	dormimos dormisteis *durmieron*
empezar (e → ie) empezando	empiezo empiezas empieza	empezamos empezáis empiezan	empecé empezaste empezó	empezamos empezasteis empezaron
jugar (u → ue) jugando	juego juegas juega	jugamos jugáis juegan	jugué jugaste jugó	jugamos jugasteis jugaron
llover (o → ue) lloviendo	llueve		llovió	
nevar (e → ie) nevando	nieva		nevó	
pedir (e → i) *pidiendo*	pido pides pide	pedimos pedís piden	pedí pediste *pidió*	pedimos pedisteis *pidieron*
pensar (e → ie) pensando	pienso piensas piensa	pensamos pensáis piensan	pensé pensaste pensó	pensamos pensasteis pensaron
preferir (e → ie) *prefiriendo*	prefiero prefieres prefiere	preferimos preferís prefieren	preferí preferiste *prefirió*	preferimos preferisteis *prefirieron*
sentir (e → ie) *sintiendo*	*Ver* preferir			
servir (e → i) *sirviendo*	*Ver* pedir			

Verbos con cambios ortográficos

Estos verbos tienen cambios ortográficos en el presente y/o en el pretérito. Los cambios ortográficos están señalados en letra negra. El próximo año escolar aprenderás las formas de los verbos que están en cursiva *(italic)*.

Infinitivo y participio presente	Presente		Pretérito	
buscar (c→qu) buscando	*Ver verbos regulares*		**busqué** buscaste buscó	buscamos buscasteis buscaron
comunicarse (c→qu) *comunicándose*	*Ver verbos reflexivos*		*Ver verbos reflexivos y* **buscar**	
conocer (c→zc) conociendo	**conozco** conoces conoce	conocemos conocéis conocen	*Ver verbos regulares*	
creer (i→y) *creyendo*	*Ver verbos regulares*		creí creíste ***creyó***	creímos creísteis ***creyeron***
empezar (z→c) empezando	*Ver verbos con cambios en el radical o raíz*		**empecé** empezaste empezó	empezamos empezasteis empezaron
enviar (i→í) enviando	**envío** **envías** **envía**	enviamos enviáis **envían**	*Ver verbos regulares*	
esquiar (i→í) esquiando	*Ver* enviar		*Ver verbos regulares*	
jugar (g→gu) jugando	*Ver verbos con cambios en el radical o raíz*		**jugué** jugaste jugó	jugamos jugasteis jugaron
leer (i→y) leyendo	*Ver verbos regulares*		*Ver* creer	
pagar (g→gu) pagando	*Ver verbos regulares*		*Ver* jugar	
parecer (c→zc) pareciendo	*Ver* conocer		*Ver verbos regulares*	
practicar (c→qu) practicando	*Ver verbos regulares*		*Ver* buscar	
recoger (g→j) recogiendo	**recojo** recoges recoge	recogemos recogéis recogen	*Ver verbos regulares*	

(Continúa en la próxima página).

Verbos con cambios ortográficos (continuación)

Infinitivo y participio presente	Presente		Pretérito	
sacar (c ➤ qu) sacando	*Ver* *verbos regulares*		*Ver* **buscar**	
tocar (c ➤ qu) tocando	*Ver* *verbos regulares*		*Ver* **buscar**	

Verbos irregulares

Estos verbos tienen formas irregulares. El próximo año escolar aprenderás las formas de los verbos que están en cursiva (*italic*).

Infinitivo y participio presente	Presente		Pretérito	
dar dando	doy das da	damos dais dan	di diste dio	dimos disteis dieron
decir *diciendo*	digo dices dice	decimos decís dicen	*dije* *dijiste* *dijo*	*dijimos* *dijisteis* *dijeron*
estar estando	estoy estás está	estamos estáis están	*estuve* *estuviste* *estuvo*	*estuvimos* *estuvisteis* *estuvieron*
hacer haciendo	hago haces hace	hacemos hacéis hacen	hice hiciste hizo	hicimos hicisteis hicieron
ir *yendo*	voy vas va	vamos vais van	fui fuiste fue	fuimos fuisteis fueron
poder *pudiendo*	puedo puedes puede	podemos podéis pueden	*pude* *pudiste* *pudo*	*pudimos* *pudisteis* *pudieron*
poner poniendo	pongo pones pone	ponemos ponéis ponen	*puse* *pusiste* *puso*	*pusimos* *pusisteis* *pusieron*
querer queriendo	quiero quieres quiere	queremos queréis quieren	*quise* *quisiste* *quiso*	*quisimos* *quisisteis* *quisieron*

(*Continúa en la próxima página*).

Verbos irregulares (continuación)

Infinitivo y participio presente	Presente		Pretérito	
saber sabiendo	sé sabes sabe	sabemos sabéis saben	*supe* *supiste* *supo*	*supimos* *supisteis* *supieron*
salir saliendo	salgo sales sale	salimos salís salen	salí saliste salió	salimos salisteis salieron
ser siendo	soy eres es	somos sois son	fui fuiste fue	fuimos fuisteis fueron
tener teniendo	tengo tienes tiene	tenemos tenéis tienen	*tuve* *tuviste* *tuvo*	*tuvimos* *tuvisteis* *tuvieron*
traer *trayendo*	traigo traes trae	traemos traéis traen	*traje* *trajiste* *trajo*	*trajimos* *trajisteis* *trajeron*
venir *viniendo*	vengo vienes viene	venimos venís vienen	*vine* *viniste* *vino*	*vinimos* *vinisteis* *vinieron*
ver viendo	veo ves ve	vemos veis ven	vi viste vio	vimos visteis vieron

Verbos reflexivos

El próximo año escolar aprenderás las formas de los verbos que están en cursiva (*italic*).

Infinitivo y participio presente	Presente	
comunicarse *comunicándose*	me comunico te comunicas *se comunica*	*nos comunicamos* *os comunicáis* *se comunican*
Mandato familiar (*tú*)	**Pretérito**	
comunícate	me comuniqué te comunicaste *se comunicó*	*nos comunicamos* *os comunicasteis* *se comunicaron*